사
랑

충
동

사랑 충동

마리 리즈 라봉테 지음─최정수 옮김

옐로스톤

근원적 상처와 의존적 사랑을 넘어
　　　　　진 정 한　　사 랑 으 로 …

| 차례 |

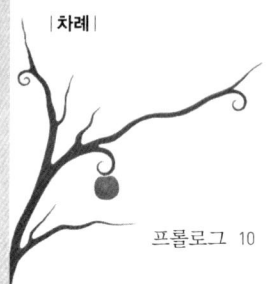

프롤로그 10

: 1부 :
사랑의 조건화

"사랑은 자신을 주며 자신을 취합니다. 사랑은 소유하지 않으며 소유당할 줄도 모릅니다. 사랑은 그 자체로서 충분하기 때문입니다." – 칼릴 지브란, 『예언자』

사랑의 탄생 · 19
근원적 상처 | 사랑하는 인격의 형성 | 부모의 편애

청소년기의 사랑 · 59
부모를 모방하는 사랑 | 부모가 가진 상처

청년기의 사랑 · 67
부모의 삶을 반복하기 | 사랑에 대한 회피 반응

사랑의 태도 · 73
우리에게 사랑이란 무엇인가? | 우리가 원하는 사랑 | 다른 사람을 사랑하는 방식 |
사랑의 위대한 능력

육체와 사랑의 조건화 · 84
신체의 자세와 사랑의 상처

조건화된 사랑에서 해방되기 · 90
조건화에서 벗어나는 첫걸음 | 탐험을 통한 해방 | 사랑의 형성

:2부:

융합적 사랑 1+1=1

"왜냐하면 사랑은 여러분에게 관을 씌워주는 동시에 여러분을 십자가에 매달기도 하기 때문입니다. 그렇습니다. 사랑은 여러분을 성장시키며 여러분의 가지를 쳐줍니다."

– 칼릴 지브란, 『예언자』

융합과 인격 · 104
융합의 여러 단계 | 융합의 이상적 시나리오 | 융합의 능력과 호흡

융합의 과정 · 118
위협과 회피의 인정 단계 | 융합 단계 | 성숙을 위한 분리 단계 |
자아로 귀환하는 이유 단계

융합적 커플 · 141
첫눈에 반하기 | 융합적 커플의 2가지 유형 | 성(性)

융합적 사랑의 치유 · 157
사랑 중독이라는 감옥 | 강박 : 결핍에 대한 반사 반응 |
강박 뒤에 숨은 정서적 욕구

：3부：
성격장애적 사랑 1+1+=2
"서로 사랑하십시오. 그러나 구속하지 마십시오. 그보다는 차라리 여러분 두 영혼의 기슭 사이에 끊임없이 요동치는 바다를 두는 것이 더 낫습니다." – 칼릴 지브란, 『예언자』

마음의 감옥 • 178
감정적 방어물 ｜ 성격장애적 사랑의 악순환

성격장애적 인격 • 195
방어물로서의 증오 ｜ 급작스런 기분의 변화 ｜ 폭력에 가려진 우울증 ｜ 고립의 벽

성격장애적 육체 • 204
방어하는 육체 ｜ 미녀와 야수

성격장애적 커플 • 208
투쟁적 사랑 ｜ 일상적 투쟁 ｜ 일주일에 하루 꼴로 싸우기 ｜ 성(性)

성격장애적 사랑에서의 해방 • 217
차가운 감옥에서 나오기 ｜ 애도를 통한 해방 ｜ 원한에서 벗어나기 ｜
사랑에 몸을 맡기기

: 4부 :

창조적 사랑 1+1=3

"아마도 사랑은 내가 너를 너 자신에게로 돌려보내는 고요한 움직임일 거야."
– 앙투안 드 생 텍쥐페리

우리는 다르게 사랑할 수 있다 · 232
사랑의 축 | 내면의 태도 | 근원적 상처에서 사랑으로

사랑의 충동 · 247
사랑에 대한 두려움 | 방어물에서 벗어나 사랑하기 | 사랑은 연약함 속에서 싹튼다

내면 에너지 · 255
대립적인 힘들의 결합 | 시계추처럼 균형 잡기 | 여성성과 남성성

창조적 커플 · 265
사랑의 기초 | 둘보다 더 넓은 | 성(性) | 사랑의 신비

부록 _ 원한에서 벗어나기 위한 시각화 279

감사의 말 282

옮긴이의 말 _ '진정한 사랑'을 찾아가는 길 283

어느 날 저녁, 나는 친구 셋과 함께 열대지방의 어느 레스토랑에 앉아 사랑에 대한 이야기를 나누었다. 애정 문제로 어려움을 겪고 있는 한 친구의 고민을 들어주고 도움을 주려는 뜻에서 마련된 자리였다. 그 친구는 여러 달 동안 힘든 경험을 하면서 정신이 피폐해졌고 육체까 지도 쇠약해졌다. 살이 빠지고 활력을 잃었으며, 어깨가 축 처지고 허 리도 구부정해졌다. 눈빛에서 생기도 사라졌다. 친구들 앞에서도 신 경이 잔뜩 곤두서서 손톱을 물어뜯고 쉴 새 없이 얼굴을 문질렀다. 거 기 모인 친구들은 건강하지 못한 사랑이 불러일으키는 정서적 의존과 고통을 잘 알고 있었다. 또 그것이 초래하는 결과들에 대해서도 잘 알 았으므로, 그 친구의 상태를 이해할 수 있었다. 친구의 남편 역시 괴 로움이 컸다. 그들 부부는 힘겹게 결혼생활을 유지하고 있었다. 누가 옳고 누가 그른지 판단하려고 그 자리를 마련한 것은 아니었다. 그저 친구를 돕고 싶었다.

우리는 분위기가 무거워질까봐 웃고 떠들며 재미있는 이야기를 하려고 애썼다. 하지만 그런 노력은 통하지 않았고, 불행으로 기진맥진한 친구의 모습만을 확인했을 뿐이다. 그녀는 확신 없는 표정에 겁먹은 눈빛을 하고 있었다. 정서적으로 의존하는 애정관계는 갈등을 일으킬 수밖에 없다. 친구는 그런 애정관계에 붙들려 자신의 감정을 지옥과 같은 상태로 만들고 있었다. 그런 감정 상태는 아이들과 남편을 포함한 가족과 일에도 영향을 미쳤다. 이제 한계에 다다른 친구는 여러 해 싸움과 비난만 일삼던 애정관계를 청산하고 생활에 변화를 꾀하고 싶어 했다.

우리와 이야기하는 중에 친구는 자신이 남편으로부터 받은 학대를 애써 정당화했다. 남편과의 관계가 '그리 심각하지 않다'는 것을 증명하려고 몹시 노력했다. 우리는 늘상 일어나는 생활 속의 공격에 어떻게 대처하면 좋은지 구체적인 지침들을 알려주었다. 우리 모두 그녀를 끔찍한 지옥에서 꺼내주고 싶었다. 우리도 비슷한 경험을 해봤기 때문에 도움을 주기에는 적격이었다. 그날 저녁 우리의 이야기 속에는 '사랑'이라는 단어가 끊임없이 출몰했다. 그러나 우리가 말한 것은 사실 '사랑'이라기보다는 몸과 마음과 영혼에 상처를 주는 **사랑병** (maladie d'amour)이었다.

그날 저녁, 나는 의자를 뒤로 빼고 앉아 상황을 유심히 관찰했다. 그리고 마음속으로 다음과 같은 생각을 해보았다. 수많은 남녀들이 서로 사랑한다고 말하면서 파트너가 변화하고 성장하는 것을 용납하지 못한다. 그것이 과연 사랑일까? 수많은 남녀들이 서로 사랑한다면서 망신을 자초하고, 존경심을 잃고, 구박을 받는다. 수많은 부부들이 아이 때문에 헤어지지 못하고 마지못해 함께 산다. 자주 다투고 서로에게 상처를 준 부모는 자녀들에게 어떤 사랑법을 물려줄까? 갈등만 일으키는 관계가 계속된다면, 아이들이 좋은 형태의 사랑을 경험하며 행복하게 자라나도록 그런 관계와 단절하는 것이 더 가치 있는 일 아닐까?

술기운이 좀 돌자, 힘들어하던 친구도 조금 긴장을 풀었다. 바로 그때, 사랑에 관한 책을 써야겠다는 생각이 내 머릿속에 떠올랐고, 친구들에게 그 이야기를 했다. 친구들은 손뼉을 치며 격려해주었다. 그 일을 계기로 이 책이 세상에 선을 보이게 되었다.

내가 감히 사랑에 관한 책을 쓰고자 한 이유는 이제까지 살아오면서 접한 온갖 형태의 사랑에 대해 설명하고, 그런 사랑들을 통해 **진정한 사랑**에 대해 이야기하고 싶었기 때문이다.

많은 사람들이 그렇듯이, 내 사랑법도 부모님과 환경의 영향을 많이 받았다. 그런 영향 속에서 내 사랑도 일정한 조건을 형성했다. 말하자면 그런 방식으로 사랑하도록 만들어졌다. 돌이켜보면 삶은 나에게 우호적이었다. 부모님은 상처가 있음에도 서로 사랑하셨다. 서로 사랑했고 결속력이 매우 강했다. 자식들이나 다른 사람들 앞에서 애정 표현도 거리낌 없이 하셨다. 그런 부모님의 모습은 아름다웠다. 부모님이 함께 있으면 어떤 자기장 같은 것이 주변에 형성되는 느낌이었다. 사람들도 우리 부모님에게 인사를 건네며 참 '아름다운 부부'라고 칭찬하곤 했다. 나 역시 오랫동안 그런 사랑을, 함께 삶을 영위하는 사랑을 추구해왔다.

그러나 내게도 상처는 있다. 어린 시절 아버지로부터 버림받았다는 느낌이 있었다. 아버지는 그 시절의 많은 아버지들처럼 가족 부양의 책임을 지고 일을 해야 했기 때문에 자주 집을 비웠다. 아버지에게 버림받았다는 느낌 때문이었는지 성인이 된 뒤 나는 질투심과 소유욕이 강한 남자들과 사랑에 빠지곤 했다. 그들과 함께 있으면 버림받지 않을 것 같았다(그럴 거라고 생각했다). 소유욕 강한 그들의 사랑 때문에 숨이 막히면서도 동시에 안정감을 느꼈다. 하지만 그 대가는 엄청났다. 그 남자들이 내 모든 것을 소유하기를, 내 영혼의 밑바닥까지 파헤치기를 원했기 때문이다. 어느 날 나는 돌연 각성했고, 사랑과 안정감을 느끼기 위해 내 영혼의 밑바닥까지 남자들에게 내주지는 않겠노라 결심했다. 그렇게 사랑의 불치병에서 벗어나고자 시도했다.

사랑의 불치병에서 벗어난 것은 많은 도움이 되었다. 사실 남자들과의 의존관계 속에서 나는 사랑도, 자존감도 경험하지 못했다. 내 몸과 내 존재를 파괴하는 그런 애정관계로 다시 돌아갈 수는 없었다. 나는 학대에 기반을 둔 애정관계에서 벗어나려고 의식적으로 노력했다. 내 의존성을 직시하고 이렇게 중얼거렸다. "너는 이제 끝장이야." 그러자 다른 사랑법을 찾아낼 마음의 준비가 되었다. 나는 건강하지 못한 끌림에서 벗어나는 이유(離乳) 단계로 들어갔다. 중심을 유지하면서 그런 관계로부터 벗어나기 위해 애썼다. 마약과도 같은 애정관계에서 벗어나기 위해 다양한 심리요법을 받은 것은 물론 동원할 수 있는 온갖 수단을 통해 도움을 받았다.

이런 개인적 경험 덕분에 이 책을 쓸 수 있었다. 학대에 기반을 둔 애정관계에서 벗어나도록 도와주는 정신요법 의사로서의 내 경력도 많은 도움이 되었다. 스무 명 남짓 되는 주변 사람들의 협조도 이 책이 세상의 빛을 보는 데 일조했다. 다양한 연령의 남자와 여자들이 한 시간 가량을 할애하여 사랑의 '습관화된' 형태들에 관한 인터뷰에 응해주었다. 나는 "당신에게 사랑은 무엇이죠?"라는 질문으로 인터뷰를 시작했다. 그들은 용기 있고 겸손하게 자기들이 경험한 것을 이야기해주었다. 그 이야기들은 매우 유용했고, 이 책 전체를 관통하는 주제를 잘 설명해주었다. 인터뷰에 응해준 분들에게 감사한다. 그들은 내 영감의 진정한 원천이었다.

또한 나는 이 책을 통해 몸에 대한 지식을 독자와 함께 나누고 싶어 다양한 사랑법을 나타내는 삽화들을 소개했다. 이 삽화들은 지난 28년 동안 내가 몸에 대해 연구한 결과물이다. 사랑은 그 형태를 불문하고 우리의 마음속이나 머릿속, 성(性)에서만 존재하는 것이 아니라, 우리의 몸 전체와 함께 존재함을 말하고 싶어 이 삽화들을 실었다.

나는 사랑에 관해 이야기를 나눠보기 위해, 사랑이 취할 수 있는 습관화된 형태들을 감히 깨부숴보자고 호소하기 위해 이 책을 썼다. 우리는 사랑에 대해 타고난 능력을 가지고 있다. 그것은 지배하는 능력이 아니다. 무의식적으로 지속해온 감금 상태에서 사랑을 해방시켜 사랑이 우리 안에서 요동치고 우리의 혈관과 세포 속을 자유롭게 흐르게 하는 정반대의 능력이다. 우리 안에는 누구나 할 것 없이 사랑이 존재한다. 우리는 우리가 가진 사랑의 힘에 책임을 지고 진정한 사랑을 향해 나아가야 한다.

이 책의 초반부에서는 "우리는 어떻게 사랑하는가?"라는 질문을 다룰 것이다. 우리는 과거의 영향을 받아 사랑하는가? 타오르는 욕망과 타인에 대한 병적인 집착의 부추김을 받아 사랑하는가? 아니면 갈등이 필요해서, 매일 누군가와 싸워야 하기 때문에 사랑하는가? 즉 우리의 3가지 사랑 습관의 형태를 살펴본다. 결말 부분에서는 습관화된 형태에서 벗어난 사랑, 즉 창조적 사랑에 대해 다룰 것이다.

우리가 마음, 몸, 의식 속에서 그리고 타인 속에서 어떤 방식으로 사랑을 경험했는지 살펴본 뒤 진정한 사랑에 대해 이야기해보자. "우리는 사랑하는가?"라는 진정성 어린 질문을 제기한 뒤 진정한 사랑에 대해 허심탄회하게 이야기해보자. 우리는 사랑할 능력이 있을까? 우리는 다정한 존재들일까? 우리는 창조적 사랑을 감당할 능력이 있을까? 이 책은 우리 안에 있는, 우리를 둘러싼 사랑을 의식하자는 일종의 호소이다. 우리가 마음속에 지니고 있는 그 의식은 때로 자책과 죄책감을 불러일으킬 수도 있다. 죄책감과 자책, 타인에 대한 비판은 마음의 감옥이다. 두려움을 극복하고 사랑의 창조적 힘을 해방시킬 채비를 한 뒤 당당하게 책 속으로 들어가자. 그러면 결국에는 사랑에 대해 새로운 깨달음을 얻고, 그 깨달음을 다른 사람들과 나눌 수 있을 것이다.

1부

사랑의 조건화

"사랑은 자신을 주며 자신을 취합니다.
사랑은 소유하지 않으며 소유당할 줄도 모릅니다.
사랑은 그 자체로서 충분하기 때문입니다."

— 칼릴 지브란, 『예언자』

사랑의
탄생

우리는 자유롭게 사랑하기를 바란다. 그러나 자유롭게 사랑하고 싶은 갈망에도 불구하고, 상대방을 소유하려 하고, 회피하려 하고, 괴로워하고, 애걸하게 된다. 이런 사랑은 고통스럽다. 우리의 몸과 마음과 영혼에 상처를 입히기 때문이다. 이런 사랑은 창조적인 사랑과 반대되며, 우리에게 고립감과 차가움만을 안겨준다. 칼릴 지브란이 말한 것처럼 사랑은 소유하지 않고, 소유당하지도 않는다. 사랑 자체로서 족하다. 우리가 사랑하기 위해 필수적인 토대가 사랑 자체라는 사실은 신비롭기까지 하다. 칼릴 지브란이 말한 사랑은 창조적인 사랑, 진정한 사랑이다. 이 사랑은 자신을 둘러싼 세상과 연결되며, 자유롭고 모든 것에 초연하다. 이 사랑은 우리에게 활력과 온기를 가져다준다.

우리는 우리 안에 존재하는 사랑의 소리를 들을 수 있을까? 우리 자신이 어떻게 사랑하는지 알고 있을까? 어떻게 사랑받고 싶은지 알고 있을까? 우리의 사랑이 조건적인 사랑임을 의식하고 있을까? 우리는 무의식적으로 이런 말들을 한다. "나는 당신을 사랑하지만 당신이 더 상냥하게 대해주면 좋겠어!" "나를 제대로 사랑하려면 당신이 뭘 해줄 때 내가 기뻐하는지 알아야 해." "날 즐겁게 해줄 때 내 사랑을 당신에게 줄게." "당신이 친구들 앞에서 또 그렇게 행동하면 당신과 헤어질 거야." "당신을 사랑하니까 당신 아이를 낳게 해줘." 이런 것이 과연 사랑일까?

우리가 하는 사랑법을 살펴보면 그 뒤에 숨어 있는 사랑의 조건들을 바로 볼 수 있다. 사랑의 조건을 보면 우리가 정면으로 바라보고 변화시켜야 할 절박한 문제들이 있는 걸 알게 된다. 사랑의 조건들은 우리를 사로잡는 가장 아름다운 떨림인 사랑에 상처를 입힌다. 우리의 사랑법은 우리의 삶이 처음 시작되는 시기 가정환경에 의해 조건 지어진다. 그리고 청소년기와 청년기를 거치면서 꼭두각시 인형처럼 그 조건들을 되풀이한다. 그렇게 30세, 40세 혹은 50세가 되었을 때, 우리의 깊은 내면에서 이런 질문들이 솟아오른다. '과연 내가 사랑할 수 있을까?' '이것이 정말 사랑일까?' 이런 질문들은 매우 의미심장하다. 우리 안에서 어떤 각성이 일어나고 있음을, 우리가 새로운 사랑을 감지하고 있음을 의미하기 때문이다.

모든 생명에 탄생의 순간이 존재하듯, 사랑에도 탄생의 순간이 존재한다. 여러분이 사랑받았던 방식은 여러분이 사랑하게 될 방식에 영향을 미친다. 사랑은 생이 시작될 때부터 우리를 둘러싸서 생을 마칠 때까지 우리와 동행하는 놀라운 떨림이다.

근 원 적   상 처

우리에게는 세대에서 세대로 전해지는 근원적 상처가 있다. 부모와 가족으로부터 상속받는 상처이다. 주변 세계를 유심히 관찰해보면 인류는 여러 세기에 걸쳐 똑같은 상처를 되풀이하여 퍼뜨린다는 느낌을 갖게 된다. 그 상처들은 방치, 배신, 거부, 모욕, 부인, 학대, 부당함 등 형태가 다양하다. 이런 상처들은 '근원적'이다. 우리가 윗세대로부터 물려받고 아랫세대에게 전달하는 정신적 유산의 토대를 형성하기 때문이다. 이런 상처들은 우리가 타인과 맺는 관계는 물론 우리 자신과 맺는 관계의 토대가 된다. 이 상처들은 사랑과 평화보다는 미움과 전쟁을 낳는다. 따뜻함보다는 냉정함을, 충만함보다는 결핍을, 안심보다는 두려움을 초래한다. 그러나 우리는 이 상처들을 피할 수 없다. 이 상처들이 우리의 인간조건과 인격의 뼈대를 이루기 때문이다. 좀 더 구체적인 이해를 위해 사례 하나를 소개하겠다.

:: 쉬잔은 평생 동안 남자들과의 관계에 어려움을 겪었다. 남자들에게 번번이 버림받고 거부당했다. 아주 어릴 때부터 버림받는 경험을 했다. 쉬잔은 딸을 낳고 싶어 했고 한 남자와의 사이에 딸을 하나 두었다. 그런데 그는 다른 사람을 돌보지 않는 성향의 남자였다. 함

께 산 지 9년이 되자 그는 쉬잔 모녀를 돌보지 않고 방치했다. 쉬잔
은 자주 자문했다. '나는 왜 이렇게 방치당할까?' 어느 날 그녀는 어
렸을 때 자기 아버지도 어머니를 돌보지 않았다는 사실을 깨달았다.
쉬잔의 어머니는 '어쩌다 보니' 남편인 빅토르와 결혼했다. 빅토르
는 열심히 일하는 남자였고, 자주 집을 비웠다. 쉬잔이 어렸을 때 프
랑수아즈는 "남자들은 자주 집을 비우니 여자 혼자서 어떻게든 헤쳐
나가야 한다"고, "남자에게 버림받고 혼자가 될 때를 준비해야 한
다"고 입버릇처럼 말했다. 쉬잔은 남편을 기다리며 슬퍼하는 어머니
를 보며 자랐다. 쉬잔에게 아버지란 늘 부재하는 존재였다. 저녁이
면 쉬잔은 어머니와 함께 아버지를 기다렸다. 함께하지 못하는 아버
지의 빈자리를 아쉬워하며 저녁 식탁을 차렸다. 쉬잔은 그런 방치된
분위기에서 자랐다. 시간이 흐르면서 쉬잔은 아버지가 자기와 어머
니를 돌보지 않는 걸 자연스럽게 받아들이게 되었다. 어느 날 그녀
는 자기가 어머니와 똑같은 인생을 되풀이하고 있음을, 자신이 방치
되었음을, 어머니와 유사한 상처를 입었음을 깨달았다. 그리고 45세
가 되었을 때, 자기 딸도 아버지에게 방치당하는 똑같은 경험을 하
고 있음을 깨달았다. 그 사실을 깨달은 뒤 그녀는 삶의 방식을 바꾸
었고, 늘 그녀 곁에 있어주는 남자를 만났다.

부모에게서 받은 근원적 상처는 이렇듯 은밀하고 무의식적인 방식
으로 우리 삶에 전해진다.

| 근원적 상처와 부모로부터 물려받는 사랑 |

근원적 상처는 우리의 사랑이 형성하는 조건의 뿌리가 되어 배우자 및 자녀들과 맺는 애정관계를 좌지우지한다. 근원적 상처는 몸짓, 태도, 행동, 사고방식을 통해 간접적으로, **무의식적**으로 전해진다. 근원적 상처는 고통을 주는 데 그치지 않고 가정 안에서 세대를 이어 계속해서 이어진다. 그것은 부모가 자녀들에게 투사하는, 뭐라고 이름 붙이지 못한 깊은 고통 같은 것이다. 부모는 우리가 '아빠'라고 부르는 남자와 '엄마'라고 부르는 여자이다. 부모들은 대체로 사랑에 대한 자기의 태도에 별반 의문을 가지지 않는다. 그렇지만 대부분 사랑하고 싶은 욕구는 가지고 있다. 그런 욕구를 자신이 낳은 자녀들에게 투사하기도 한다.

부모들은 순수한 의도에서 자신의 방식대로 사랑의 욕구를 표출하지만, 결과는 별로 좋지 못하다. 어떤 부모들은 자기들의 사랑 방식이 자녀들에게 전달된다는 것을 알지 못한다. 자기가 상처받았던 사실을 모른 채 몸짓과 태도, 말을 통해 자기의 상처를 본의 아니게 자녀에게 물려준다. 그들은 이렇게 말한다. "사랑은 고통스러운 거야." "조심해, 남자들은 항상 여자를 내팽개쳐두거든." 근원적인 상처가 있지만 자녀들에게는 이상적인 사랑의 모범을 보여주려고 결심한 부부들에게도 문제가 있기는 마찬가지다.

| 세대를 이어 상처는 되풀이된다 |

사랑의 상처는 고통스럽다. 상처를 입었을 때 우리가 맨 처음 보이는

반응은 상처로부터 스스로를 보호하는 것이다. 가족이라는 시스템은 언뜻 생각할 때 상처를 막고 보호해주는 것 같지만, 사실은 가족 구성원들의 무의식 속에 상처가 계속 전달된다. 결과적으로 상처는 여전히 맹위를 떨치면서 고통을 양산하고, 가정 안에서 사랑의 조건을 형성한다.

가정 안의 무의식은 부모, 조부모, 증조부모로부터 전해 받은 사랑의 상처를 다음 세대로 전달한다. 우리는 그 전달 고리 속에 존재한다. 우리의 자녀들도 그 고리의 일부를 이룬다. 그들도 나중에 성인이 되면 자기의 자녀들에게 똑같은 상처를 전달할 것이다. 다시 말해 한 가정 안에서는 똑같은 행동, 태도, 사고방식이 되풀이된다. 가정은 상처를 견디면서 상처를 전달한다. 이런 악순환이 계속된다.

| 우리는 조건화된 사랑을 한다 |

사랑은 어떤 상태, 어떤 떨림이다. 그런데 우리가 사랑하는 방식, 마음을 여는 방식은 우리 주변에 형성된 사랑의 조건들에 영향을 받는다. 역으로 우리가 사랑하고 사랑받는 방식을 보면 어린 시절과 청소년기에 사랑을 어떻게 보고 배웠는지 알 수 있다.

잘못 사랑받은 경험으로부터 사랑의 조건화가 이루어진다. 사랑의 격정에 지나치게 집착하거나 정서적으로 과도하게 의존하는 태도, 사랑에 대한 갈망을 애써 회피하거나, 사랑을 파괴하기 위해 자신의 사지(四肢)까지 잘라내려 하는 태도 등이 이런 조건화를 잘 보여준다. 우리는 이런 조건화의 토대 위에서 사랑을 한다. 그러나 우리는 사랑이 무엇인지 진정으로 알고 있을까? 적어도 자신이 어떻게 사랑하고 싶은지 알고 있을까? 나는 사랑에 관한 내 세미나에서 깊은 이완 상태에 있는 참석자들에게 이 질문들을 던져보았다. 그러자 많은 참석자들의 뺨에 눈물이 흘러내렸다. 우리가 가진 사랑의 조건들이 우리에게 상처를 준 것이다. 그렇다면 우리는 어떻게 해야 할까? 함께 생각해보자.

사 랑 하 는   인 격 의   형 성

태아에서 청소년으로 자라는 동안 사랑을 하는 인격과 다른 일반적인 인격이 동시에 형성된다. 사랑의 인격이 형성되는 과정은 의식적인 동시에 무의식적이다. 이 과정은 우리가 성인이 된 뒤 맺는 관계들, 다시 말해 파트너, 자녀, 친구들을 비롯해 우리를 둘러싼 모든 사람들과 맺는 관계에 영향을 미친다. 그렇다면 사랑의 인격은 과연 어떻게 형성되는지, 어떤 단계들을 거치는지 살펴보도록 하자.

| 태아도 사랑을 느낀다 |

우리는 태아 때부터 어머니가 육체적, 정신적으로 전달하는 것들을 통해 사랑의 조건화를 간접적으로 경험한다. 태아는 자신이 사랑받는지 사랑받지 못하는지, 부모가 자기를 원하는지 원하지 않는지, 자신을 기다리는지 기다리지 않는지 안다. 이렇듯 신경체계의 다양한 촉

수들을 통해 태아가 느끼는 것들은 태아가 갖게 될 **정서 구조**의 토대를 이룬다. 어머니가 스트레스를 느끼면 아드레날린이 분비되는데, 이 아드레날린이 어머니의 혈관을 통해 태아에게 전달된다.

태아에 영향을 끼치는 것은 어머니의 정서만이 아니다. 아버지의 목소리, 아버지와 어머니의 신체 접촉도 어머니의 몸 안에서 일어나는 변화를 통해 태아에게 영향을 준다.* 이런 상호작용을 통해 태아기 동안 사랑의 조건이 형성되는 것이다. 태아는 사랑의 유쾌한 떨림을 흡수하는 스펀지와도 같다. 사랑만 흡수하는 것이 아니다. 증오, 거부, 부끄러움, 두려움 등 다른 떨림들도 똑같이 흡수한다. 증오, 두려움, 슬픔 등 어머니가 느끼는 다양한 감정들에 따라 어머니의 혈액 속에 분출되는 호르몬의 성분이 달라지고,** 태아는 혈액과 양수를 통해 어머니의 감정을 간접적으로 느낀다. 어떤 책들에서는 사랑은 감정이 아니라 어떤 상태이며, 호르몬 균형으로 그 상태를 알 수 있다는 주장을 펼친다. 혈액을 통해 흐르는 호르몬은 괴로움과 고통을 가라앉혀준다. 태아는 어머니와 아버지로부터 사랑받을 때 고통을 덜겪으면서 수월하게 세상 밖으로 나온다. 태어난 뒤에도 잠을 잘 자는 등 안정감 있는 아기가 된다. 이렇듯 태아기의 삶은 어머니와 어머니의 주변 사람들, 즉 아버지 및 다른 가족 구성원들의 감정 상태에 따라 달라진다. 이쯤에서 정신분석가 프랑수아즈 제즈(Françoise Jèze)가

---

* 에드메 고베르, 『태아의 기억에 관하여』, 파리, 르 수플 도르 출판사, 1994년.
** 토마 베르니, 존 켈리 공저, 『태아의 비밀스러운 삶』, 파리, 그라세 출판사, 1981년.

한 말을 인용해보자. "갓난아기들은 어머니가 느끼는 기쁨을 감지할 뿐만 아니라, 어머니 주변의 사건들도 감지한다. 내가 수집한 자료들에 따르면, 어떤 갓난아기들은 자기가 태어나면서 어머니를 아프게 한 것을 걱정했고, 어머니의 심리적 괴로움에 대해서도 알고 있었다." 완벽한 임신이란 없다. 대부분의 어머니들이 아기를 가졌을 때 주변 상황이 이상적이기를 바라지만, 어머니도 불완전한 개인으로서 삶의 우여곡절을 겪으며, 지구상에 사는 모든 사람들과 마찬가지로 기쁨과 슬픔을 두루 경험한다. 아기를 가진 어머니가 임신이 의미하는 바를 깊이 생각하고 기쁨과 사랑의 감정을 가지면 큰 도움이 된다. 그러나 태아 역시 살아 있는 존재이며, 뇌가 형성되는 순간부터 고유의 경험들을 통해 개별화 과정을 겪게 된다.*

| 자녀에 대한 투사 |

아기는 세상에 태어나기 전부터, 때로는 수태되자마자 부모나 다른 가족 구성원들의 무의식적 투사의 대상이 된다. 이것은 다양한 방식으로 표현된다. "이 아이를 반드시 변호사로 키울 거야." "나중에 내가 늙으면 이 아이에게 의지할 수 있을 거야." "우리 부부의 갈등을 해결하려면 아이를 낳아야 해." "사산된 아이를 대신해 얼른 새 아이를 가지고 싶어." "더 이상 유산(流産)은 없어. 이제 아이를 가질 준비

---

* 카를 G. 융은 생애 초기부터 '개별화'가 시작된다고 보았다. 하지만 진정한 개별화는 인생의 후반기에 일어난다. "개별화는 페르소나의 거짓된 껍질과 무의식적 이미지들의 암시에서 자아를 해방시키고자 하는 목적을 가진다."『자아와 무의식의 변증법』, 파리, 갈리마르 폴리오, 1991년, p. 106.

가 됐어." "그이의 아이를 낳으면 그이가 내 곁에 있어줄까?" 아이의 수태가 '우연히' 이루어진 경우에도 투사는 일어난다. 아이를 가지기로 계획했든 계획하지 않았든 간에, 아이는 어머니와 다른 가족들의 기대와 투사의 대상이 된다.

투사는 심리적 행위이다. 하나의 대상이나 존재 또는 사건을 향해 심리적 에너지를 전위하는 행위이다. 투사는 무의식적으로 일어나며, 인격이 사용하는 여러 방어 메커니즘 중 하나이다.* 우리는 투사를 통해 우리 안에서 실제로 일어나고 있는 일로부터 자신을 보호한다. 느끼고 싶지 않고 스스로 억압할 수 없는 것들을 다른 사람 탓으로 돌린다. 알렉상드르의 경우를 살펴보자.

:: 알렉상드르는 스위스에서 열린 내 세미나에서 조수로 일했다. 나는 매일 아침 일과를 시작하기 전에 조수들과 함께 잠시 모임을 가졌다. 조수들은 그 모임에서 자기들의 경험을 서로 이야기하고 공감하며 하루를 시작할 에너지를 얻었다. 어느 날 아침, 알렉상드르가 매우 화난 표정으로 모임에 왔다. 누군가 "안녕하세요?"라고 인사를 하자 알렉상드르는 턱을 꽉 다문 채 경련을 일으키며 "아주 좋아요"라고 서둘러 대답했다. 그런 그의 태도에 다른 조수들이 호기심 어린 표정으로 나를 바라보았다. 나는 알렉상드르가 화를 낼 권

---

* 나는 몇 년 전에 출간한 저서에서 인격이 사용하는 7가지 방어 메커니즘을 이야기했다. 그것들은 다음과 같다. 억압, 투사, 분열, 부인, 파기, 일반화, 삼각형 형태의 극적 투사. 『계기, 파괴적 고통을 승리의 고통으로 변모시키기』, 몬트리올, 레 제디시옹 드 롬, 2003년, p. 28~29.

리가 있고 그 이유에 대해 이야기하지 않을 권리도 있다고, 그가 다른 조수들과 세미나 참석자들의 의식적·무의식적 심리에 영향을 주지 않도록 그 분노를 혼자 간직하는 게 좋겠다고 생각했다. 그날의 프로그램을 조수들에게 소개하기 전에 각자의 생각을 이야기해보기로 했다. 그러자 알렉상드르가 말했다. 우리가 모두 화난 것처럼 느껴진다고, 우리의 감정적 에너지를 조절해야 할 것 같다고. 몇몇 조수들이 웃음을 터뜨린 뒤, 화가 난 사람은 우리가 아니라 그라고 지적했다! 그러자 알렉상드르는 계속 턱을 악다문 채 그렇지 않다고, 자기는 기분이 아주 좋다고 말했다. 그래서 내가 알렉상드르에게 물었다. "그러지 말고 말해봐요. 대체 무슨 일이 있었어요, 알렉상드르?" 알렉상드르는 한숨을 푹 내쉬더니 마침내 고백했다. 아침에 눈을 떴는데 이상하게 너무 화가 나서 만나는 사람마다 때려눕히고 싶었다는 것이다. 조수들이 한결 가벼워진 표정으로 나를 바라보았다. 알렉상드르가 자신이 느끼는 분노를 인정하고 표현했으니, 이제 그 분노를 우리에게 투사하는 행위를 멈추리라는 것을 알 수 있었기 때문이다.

알렉상드르는 느끼고 싶지 않은 분노를 경험한 뒤 그것을 우리에게 투사했다. 화가 난 사람이 자기가 아니라 우리라고 여김으로써 그 감정을 투사했다. 이렇듯 투사는 강력한 힘을 가진 방어 메커니즘이다.

우리는 자신이 경험하지 못한 역할, 누군가 대신 경험해주었으면하는 역할을 태어나 갓난아기에게 투사한다. 그런데 타인에게 하는 투사는 사랑의 경험을 제한하고 타인의 자유를 속박할 수 있다. 우리가 어른이고, 누군가 자신의 잘못된 행동이나 반응을 우리에게 투사하면, 우리는 그 사람에게 이렇게 말할 수 있다. "당신이 잘못 생각하는 거예요. 나는 당신이 한 말이 사실이라고 믿지 않아요. 내 느낌에는 말이죠……" 우리가 알렉상드르에게 했던 것처럼 말이다. 이렇듯 의식을 가진 성인은 타인의 투사에 그렇지 않다고 이의를 제기할 수 있다. 하지만 어린아이의 경우에는 어떨까? 하물며 갓난아기라면? 다음 사례를 통해 이 문제를 생각해보자.

:: 낭시의 어머니는 노년에 의지할 대상이라는 역할을 딸에게 부여했다. 그리고 낭시는 어머니를 위해 그 역할을 받아들였다. 낭시의 아버지는 딸이 태어난 직후부터 딸과 정서적 유대 맺기를 포기했다. 그에게 낭시는 아내에게 속한 존재일 뿐이었다. 낭시는 아버지와 적극적인 유대관계를 맺지 못하고 어린 시절을 보냈다. 아버지가 곁에 있기는 했지만, 관계의 측면에서 볼 때는 부재하는 것이나 마찬가지였다. 낭시는 전적으로 어머니에 속한 존재였고, 어머니는 자신이 젊은 시절에 경험하지 못한 모든 것을 낭시에게 투사했다. 어머니는 낭시가 결혼하지 않고, 아이도 낳지 않고, 전문직 여성으로 자유롭게 살기를 바랐다. 전 세계를 여행하며 멋지게 살기를 바랐다. 낭시는 매사에 어머니에게 좌지우지되었고, '착한 딸' 콤플렉스에 사로잡혀 어머니의 요구를 거절할 줄 모르는 아이가 되었다. 그

러다 보니 어머니가 부여한 역할을 완수하느라 자신의 정체성마저 잃어버릴 지경에 이르렀다. 50세에 이르자 낭시는 자기 어머니가 되고 싶어 한 인물복제 인간이 되어 있었다. 그 무렵 낭시는 한 남자를 만났다. 그 만남은 낭시 어머니의 시나리오에는 없는 것이었다. 낭시는 갑자기 변했다. '어머니의 착한 딸', '어머니의 귀여운 인형' 역할을 포기했다. 실제로 낭시의 어머니는 낭시를 '귀여운 인형'이라고 부르곤 했다. 낭시의 어머니는 그 남자가 낭시에게 어울리지 않는다면서 다시는 그를 만나지 말라고 요구했다. 낭시는 분노에 사로잡혔고, 어머니의 집을 떠났다. 그리고 며칠이 지난 뒤 초췌하고 망가진 모습으로 돌아왔다. 어머니는 낭시를 병원에 데려갔고, 우울증이라는 진단을 받았다. 치료를 받고 집에 돌아왔지만, 얼마 지나지 않아 다시 깊은 우울증에 빠져들었고 실어증까지 걸렸다. 결국 낭시의 어머니는 낭시를 정신병원에 입원시켰다.

낭시는 어머니에게 과감히 반기를 들었다. 그러나 자신의 과거와 그때까지 살아온 삶의 방식, 그들 모녀의 관계에 대해 깊이 고려해보지 않고 급작스러운 방식으로 했기 때문에, 변화에 의해 일어난 충격을 제대로 흡수하지 못했다. 우울증은 낭시가 어머니의 지배에서 벗어나기 위해 발견한 유일한 해결책이었던 것 같다.

부모가 자녀의 발달에 해로운 영향을 끼치는 경우에 대해 많은 아동정신의학자들이 언급했다. 편협한 사랑으로 아이가 태어날 때부터 거푸집을 가지고 물건을 찍어내듯 그 아이의 미래를 정해버리는 것이다. 그 아이가 자라면서 부모의 투사에 부응하지 않으면 어떤 일이 벌어질까? 내 진료실에서 환자들은 다음과 같은 말을 자주 한다. "아버지는 내가 의사가 되길 바라셨어요. 나는 의사가 되기 싫다고 말했죠. 그러자 아버지는 나를 더는 사랑하지 않으셨어요." 이것은 조건을 전제로 하는 사랑이다. "네가 내가 바라는 대로 되**면** 너를 사랑할게. 하지만 네가 그렇게 되지 않는다**면** 너를 계속 사랑할 수 있을지 모르겠구나." 부모가 아이에게 투사한 역할은 아주 어릴 때부터 그 아이의 사랑법을 조건화한다. 아이를 사랑한다는 것은 간단한 일이 아니다. 무의식적인 온갖 투사가 끊임없이 솟아올라 우리가 되고 싶어 했던 사람이 되라고, 혹은 우리 같은 사람이 되지 말라고 아이에게 요구하도록 몰아대기 때문이다. 여러분은 혹시 부모에게서 이런 말을 들어보았는가? "네가 나처럼 되는 건 정말 싫다." 혹은 "네가 네 아버지처럼 되는 건 정말 싫다."

아이가 스스로 인격을 형성하도록 자유를 주면서 동시에 그 아이의 모습을 있는 그대로 사랑할 수 있을까? 다시 한 번 말하는데, 갓난아기는 스펀지와도 같다. 갓난아기는 자기가 태어나서부터 혹은 그 이전부터 부모의 무의식적 투사를, 즉 부모가 자기에게 부여한 역할을 흡수한다. 아이가 그 기대에 부응하면 그 아이의 인격은 부모와 가족이 원하는 바대로 형성될 것이다. 하지만 그것이 진정 아이를 사랑하는 길일까? 흔히 우리는 누군가를 정말로 사랑한다면 있는 그대로 받아들여야 한다고 말한다. 다른 사람을 자신이 눈앞에 그리는 이미지대로, 바라고 기대하는 바대로 만들고자 하는 것, 그것이 과연 사랑일까?

| 어머니의 사랑, 사랑의 첫 관문 |

어머니가 아이를 사랑하는 방식은 그 아이가 자라면서 자아와의 관계를 발달시키는 데 매우 중요하다. **자아와의 친밀성은 독립적인 사랑의 토대를 이룬다.** 어머니의 사랑을 받지 못한 아이는 자신의 몸, 자신의 영혼과 친밀한 관계를 맺지 못한다. 그런 아이는 내면이 조각나고 분열되며, 살아남기 위해 경직된다. 이런 아이들은 어렸을 때 자신의 자아와 친밀한 관계를 맺지 못한 탓에 다른 사람들과의 관계에서도 자신감을 갖지 못한다. 자신이 했던 나쁜 경험, 다시 말해 어머니의 방치를 떠올리며 늘 두려움을 가지기 때문이다. 어른이 된 뒤에도 항상 타인에게 불신감을 갖고 스스로를 방어하게 된다. 이렇듯 자아와의 친밀성은 자기 자신과 타인을 사랑하는 데 매우 중요하다.

어머니는 아이를 배 속에 품는다. 그리고 세상에 태어난 뒤부터 아이는 어머니의 확장으로서 존재한다. 아직은 독립된 인격체로서 존재하지 못하고, 어머니를 통해서만 존재할 뿐이다. 갓난아기는 후각, 촉각, 청각, 시각을 통해 직간접적으로 냄새 맡고, 느끼고, 보고, 들으며, 자신이 사랑받는지 그러지 못하는지를 안다. 이런 감각들을 통해 갓난아기는 어머니의 사랑의 울림을 느낀다. 만일 어머니에게서 공격, 거부, 학대를 느낀다면 아이는 긴장과 방어 상태에 머물 것이다. 앞에서도 말했듯이, 어머니가 아이를 사랑하는가, 그러지 않는가 하는 것은 탯줄을 통해 태아에게 흘러가는 혈액의 성분을 변화시킨다.

그 성분을 통해 태아는 자신이 사랑받는지 그러지 못하는지를 안다. 이 사랑이 태아의 탄생을 조건화한다. 아이는 일단 태어나면 어머니의 배 바깥에서 자신의 삶을 시작하지만, 어머니와 여전히 연결되어 있다. 물리적 의미의 탯줄은 잘렸지만, 정신적 탯줄을 통해 계속 어머니와 연결되어 살아가는 것이다.

어머니는 아이를 만지고, 두 팔로 안고, 가슴에 품고, 씻기고, 젖을 먹이고, 아이에게 말을 하고, 노래를 불러줌으로써 아이가 앞으로 세상과 맺게 될 관계에 직접적으로 영향을 미친다. 사랑은 사람을 부드럽게 감싸고, 보호하고, 안정감을 준다. 아이는 어머니의 사랑을 먹고 산다. 아이가 건강하게 자라려면 어머니의 사랑이 필요하다. 이렇듯 유아기, 즉 생후 몇 주, 몇 달, 몇 년까지의 경험이 그 아이가 성인기에 경험할 사랑의 조건을 형성한다. 정신분석가 프랑수아즈 돌토 (Françoise Dolto)가 '양자(兩者)관계'라고 이름 붙인, 공생관계에 기반을 둔 이 최초의 사랑 경험이 자신과 다른 사람을 사랑함에 있어 필수적인 '안정감'의 본질적 토대를 형성한다. 마치 태아를 감싼 모태처럼 일평생 보호하는 역할을 한다.

이 토대가 제대로 수립되면 아이는 어머니 바깥에 존재하는 세상을 향해 마음을 열 준비가 된다. 이 과정은 어떻게 진행될까? 가장 이상적인 방법은 엄마와 아이가 융합적 사랑을 형성한 뒤 둘의 관계를 넘어 바깥에 다른 세계도 존재한다는 것을 아이가 인지하도록 하는 것이다. 우선은 아버지, 그 다음에는 형제자매들의 세계로 이끄는 것이다. 어머니는 아이가 다른 세계를 향해 마음을 열거나 열지 못하게 하는 중요한 역할을 한다. 이상적인 경우 유아는 어머니와 정신적으로는 탯줄로 계속 연결되어 있으면서 자기를 둘러싼 세계를 안전하게 탐험한다. 이렇듯 어머니는 **아이에게 사랑을 가르쳐주는 존재**이다. 아이는 어머니를 통해 세상을 발견한다. 어머니의 사랑의 눈을 통해 아버지와 형제자매의 세계로 자신을 연다. 이 과정은 매우 섬세하고 미묘하다. 이 과정 동안 어머니와 아버지는 아이에게 많은 주의를 기울여야 할 뿐만 아니라, 아이와 어머니 사이에 수립된 둘만의 관계를 존중해야 한다. **어머니 역시** 아이와의 양자관계를 통해 그리고 아이의 시선을 통해 **사랑을 배울 수 있다.** 정신분석가 프랑수아즈 제즈는 유아들의 심리를 주제로 열린 학회에서 자신의 딸이 태어났을 당시를 이렇게 이야기했다.

"딸아이가 태어난 날 저녁, 단둘이 있게 되었을 때 내가 두 팔로 안아 올리자 딸아이가 나를 보고 미소를 지었어요! (……) 그 조그마한 얼굴이 상냥하기 짝이 없는 표정으로 환하게 빛났고, 나는 전율을 느꼈죠. 전율의 파도가 우리 둘을 부드럽게 감쌌어요. 딸아이는 나에게 자기를 주고, 자기의 눈 속에 나를 품어주고, 자기의 세계를 맛보게 해주고, 나를 누그러지게 했어요. 그래요. 나는 누그러졌고, 그 아이를 받아들였어요. 우리가 함께할 경험들이 엄청난 기회라는 것을 나는 차츰 깨달았어요. 그 기회를 잘 살리기 위해서는 많은 여건이 갖춰져야 했죠. 내가 지나치게 피곤해서는, 육체적 혹은 정신적으로 지나치게 힘들어서는 안 되었어요. 지나치게 극적인 반응을 보여서도 안

되었죠. 우리가 함께하게 될 경험을 지나치게 두려워해서도 안 되었어요…… 갓난아기는 우리를 우리 본연의 마음으로 돌려보내고, 연약하면서도 힘 있는 존재, 통찰력 있는 존재가 되게 하죠."

유아는 상처받은 어머니의 마음을 열 수 있는, 가늠할 수 없을 만큼 연약하면서도 심오한 세계를 자기 안에 지니고 있다. 아버지의 접근을 허락할 준비가 되면 유아는 아버지의 세계에 스스로 문을 연다. 그 결과, 부모는 아이와 진정한 가족관계를 수립하게 된다. 아이와 어머니 사이에 수립되는 양자관계가 아이가 어머니의 배 속에 있을 때 혹은 태어날 때 한 힘든 경험에 대한 뚜렷한 보상물로 작동한다는 사실도 입증되었다.

| 어머니가 형성하는 사랑의 조건화 |

아이가 사랑을 배워가는 과정은 어머니가 아이를 사랑하는 방식과 관련이 깊다. 또 아이는 어머니가 자기에게 주는 것들을 통해 사랑을 배운다. 그러나 어머니 자신도 사랑하는 방식을 누군가로부터 배웠고, 자신에게 영향을 준 어머니가 있었다. 어머니의 경험들과 어머니의 정신 속에 남겨진 그 경험의 흔적들이 아이가 사랑을 배우는 데 영향을 준다. 어머니의 사랑법은 어머니가 특별히 의문을 제기하지 않는 한 자동적으로 아이에게 전달되고, 아이의 일과 사랑에 관련된 모든 것에 영향을 끼친다. 그렇다면 어머니는 삶과 사랑을 어떻게 배워갈까? 어머니가 아이와의 공생관계를 두려워하거나 공생관계로부터 스스로를 방어할 수도 있을까? 아니면 아이와의 융합 상태를 되도록 길

게 유지하려고 애쓸까?

아버지의 사랑은 어떨까? 아버지는 자기 어머니와 어떤 관계를 경험했을까? 그도 아이와의 융합을 추구할까? 아내와 아이 사이의 애정을 질투할까? 그들의 융합된 관계로부터 자신이 배제되었다고 느낄까? 아버지는 그들의 관계에 무엇을 투사할까? 가족의 미래를 생각하면서 아이가 그 중요한 단계를 무사히 경험하기를 바랄까? 그러도록 협력할까? 어머니와 마찬가지로 이 모든 것은 아버지 자신이 삶과 사랑을 어떤 방식으로 배웠는가에 달려 있다.

: : 토마와 넬리는 서로 사랑하는 사이다. 딸아이 레아가 태어날 때 토마는 아내와 아이 곁에 있었다. 아이의 탄생을 지켜보는 동안 토마는 매우 괴로워했고, 의사는 보다 못해 토마를 분만실 밖으로 내보냈다. 토마가 괴로워했다는 점을 제외하면 레아의 출생은 무리 없이 진행되었다. 그러나 토마는 가슴 통증, 두통, 구토, 복부 경련, 현기증 등 다양한 증상을 겪었다. 가족과 친구들은 그런 증상들을 일 때문에 생긴 스트레스 탓으로 돌렸다. 사실 사람들의 관심은 모두 넬리와 레아에게 쏠려 있었다. 넬리와 레아가 퇴원하자 그들 가족은 집으로 돌아갔다. 그때부터 토마는 다른 사람들은 물론 자기 자신도 이해하지 못하는 지독한 고통을 경험하기 시작했다. 처음에는 육체적 증상들만 있었지만, 나중에는 불안, 어둠에 대한 공포, 악몽을 꾸는 등 정신적 증상들까지 나타났다. 넬리는 레아를 부부 침실에서 재웠고, 토마가 밤에 뒤척이면 레아가 편히 잠자는 데 방해

가 된다며 토마더러 다른 방에 가서 자라고 했다. 그래서 토마는 거실에서 잠을 잤고, 그의 상태는 점점 더 나빠졌다. 그것을 느낀 넬리는 점점 더 레아에게만 신경을 썼고, 토마로부터 레아를 보호하려고 했다. 넬리는 토마에게 여러 번 말했다. "조심해요. 당신이 레아에게 부정적인 파동을 보내고 있어요." 혹은 "웃어요. 당신 딸이 당신 때문에 무서워하잖아요!" 토마의 상태는 점점 더 나빠졌다. 자신이 무력하며, 넬리와 레아에게 버림받았다고 느꼈다. 어느 날 밤, 그는 집을 나가 돌아오지 않았다. 레아는 갑자기 아버지 없는 아이가 되었다. 이후 토마는 며칠 동안 정신분석가를 찾아가 도움을 받았다. 시간이 흐르자, 그는 자기가 아내와 딸의 관계에서 자기 여동생이 태어났을 때 경험한 배신과 방치의 기억을 되살려냈음을 깨달았다. 여동생이 태어났을 때 그는 어머니에게 버림받았다고 느꼈고, 그것은 깊은 상처로 남아 있었다. 그런데 넬리와 레아 사이의 공생관계가 그의 무의식 깊은 곳에 묻혀 있던 그 고통스러운 기억을 일깨웠던 것이다.

부모 양쪽이 각자 경험한 자신의 탄생과 어머니와의 관계에 관련된 무의식적 기억들은 아무리 억압되어 있다 해도 아이를 끈질기게 따라다니며 영향을 미친다. 분노, 우울감, 부끄러움, 죄의식, 부적응감, 무력감, 거부감, 그리고 배신감은 부모 각자의 정신에 끊임없이 출몰할 뿐 아니라 아이에게도 큰 혼란을 주며, 심한 경우 아이를 불안감에 빠뜨리기까지 한다.

| 어머니와 융합된 사랑에서 아버지의 사랑으로 |

임신 기간에 아버지가 목소리를 통해 아이와 소통했다면, 아이는 어머니와의 관계에서 아버지와의 관계로 조화롭게 이행할 수 있다. 아이는 아버지의 사랑을 통해 좀 더 넓은 세상을 만나고, 어머니라는 누에고치 밖에서 최초의 경험을 하게 된다. 이 경험은 어머니로부터 분리되는 최초의 경험으로, 특히 오이디푸스 기*에 중요한 영향을 미치며 청소년기와 성년기의 삶과 사랑에도 매우 큰 영향을 준다. 아버지와의 관계로의 이행은 유아에게는 또 다른 세계로 입문하는 과정이다. 모든 입문이 그렇듯이 여기에도 위험이 존재한다. 이 단계 역시 부모가 가진 사랑의 조건화에 영향을 받는다. 이 점을 염두에 두고 이 단계에서 일어날 수 있는 다양한 시나리오들을 살펴보자.

| 어머니의 부재가 낳는 결핍 |

아이에게 가장 불리한 시나리오부터 이야기해보자. 그것은 아이에게 어머니가 부재하는 경우이다. 다시 말해 어머니가 죽었거나 아픈 경우, 또는 아이를 낳자마자 어머니가 아이를 버리거나 거부한 경우이다. 이 경우 어머니와 아이 사이의 관계 형성은 불가능하다. 아이는 영양 섭취를 거부하고 퇴행 상태에 머무를 수 있으며, 세상과의 관계, 타인과의 관계에서 육체적·정신적 결핍을 지니게 된다.

* 오이디푸스 콤플렉스는 아이가 부모와의 관계에서 경험하는 사랑과 적대감으로 인해 형성된다. '긍정적'인 경우 이 콤플렉스는 오이디푸스 이야기와 똑같은 양상을 띤다. 즉 같은 성(性)의 부모를 경쟁자로 여기고 반대편 성의 부모를 사랑한다. '부정적'인 경우는 그 반대 양상을 띤다. 같은 성의 부모를 사랑하고 반대편 성의 부모를 미워한다.

:: 어느 날, 루카가 MLC©* 집단 상담에 합류하기 위해 몬트리올의 내 진료실을 찾아왔다. 면담을 하면서 서류를 살펴보니 그가 만성천식으로 고통받고 있음을 알 수 있었다. 증상이 하도 심해서 갑자기 심각한 발작이 일어날 경우에 대비해 필요한 도구들을 모두 가지고 다녔다. 루카는 최근에 애인과 헤어진 후 불안감에 사로잡혀 있었는데, 정신신체 요법을 통해 그 불안감을 치료하고 싶다고 했다. 그는 자신이 느끼는 불안감에 대해 이야기하면서 흉선(胸線)** 부분의 한 지점을 가리켰다. 심장 깊이로 파묻히고 경직된 그의 흉곽이 눈에 들어왔다. 흉골이 주먹 크기만큼 파여 있었다.

나는 루카에게 혹시 어렸을 때 큰 사고를 당한 적이 있느냐고 물었다. 그러자 그는 사람들에게 말하면 모두 놀란다면서 그 파인 자국은 사고를 당해 생긴 것이 아니며 태어날 때부터 있었다고 대답했다. 나는 계속 그의 몸을 살펴보았다. 그의 몸은 척추를 따라 굳어 있었다. 흉곽은 간신히 움직였고, 반복된 천식 발작의 흔적이 남아 있었다. 흉골에 파인 자국이 천식에 좋지 않은 영향을 줄 것이 분명했다. 루카는 옷을 다시 입었고, 우리는 계속 대화를 나누었다. 나는 유아기 때 무슨 일이 있었느냐고 물었다. 그러자 그는 태어나자마자 친부모에게 버림받았다고 말했다. 두 살 때 양부모에게 입양되었는

---

* Méhode de Libération des Cuirasses, 방어기제에서 해방되는 법. 육체적 각성을 통해 몸에 포괄적으로 접근하는 방법으로, 내가 즐겨 사용하는 정신신체 요법이다.
** 흉부 앞쪽에 위치한 선(腺). 어린아이의 면역체계가 자리를 잡는 데 매우 중요한 역할을 하며, 사춘기가 되면 크기와 활동이 절정에 이른다.

데, 양부모는 그가 고아원 침대에서 몸을 잔뜩 웅크리고 있는 것을 보고 동정심을 느껴 그를 입양했다고 했다.

친부모에게 버림받은 아이들은 흉골이 기형인 경우가 많다. 이 흉골 기형은 부모에게 버림받은 유아가 고아원 침대에서 태아처럼 몸을 잔뜩 웅크리고 지낸 결과 생긴 것이다. 루카의 몸에도 버림받은 상처로 인한 정서적 · 육체적 상흔(traumatisme)이 남아 있었고, 그것이 만성천식이 되어 그를 괴롭혔던 것이다.

| 어머니와의 이른 분리 |

어머니와의 융합관계가 자연스럽게 끝나지 않고 급작스럽게 끝나버리면, 다시 말해 아이가 너무 일찍 어머니와 분리되면 영양섭취에 문제가 생기고, 소화기능이 나빠지고, 태아기로 퇴행하는 발달 지연을 겪게 될 위험이 있다. 물론 아이가 어른이 된 뒤에 또 다른 분리를 통해 상처받지 않을까 하는 두려움을 떨쳐내고 어머니와 누릴 수 없었던 융합을 지속적으로 추구하는 운 좋은 경우도 있다. 여자의 경우에는 그것이 동성 친구들과의 깊은 우정의 형태로 나타나고, 남자의 경우는 여자들과의 관계에서 모성애를 강박적으로 추구하는 형태로 나타난다.

:: 로랑은 정장에 넥타이까지 매고 나를 찾아왔다. 직장에서 퇴근해 곧장 온 것이다. 로랑은 배와 등, 팔에서 긴장감이 느껴지는 이유

를 꼭 밝혀내고 싶다고 말했다. 그러기 위해 MLC©의 개인 상담을 받고 싶어 했다. 인텔리인 로랑은 혼자 살고 있었고, 여자들을 좋아하는데도 여자들과 관계를 맺지 못했다. 그는 자기 몸이 매력적이지 않기 때문에 여자들이 자기를 좋아하지 않는다고 생각했다. 그러나 자신이 좋아했던 여자들에게 한 번도 사랑을 표현해본 적이 없었다. 거부당하는 게 두려워 마음속으로만 사랑했던 것이다.

로랑은 자신의 몸이 볼품없다고 생각했다. 자신의 몸이 빈약하고 절망적이라고 판단했다. 그는 몸을 더 크고 유연하게 발달시켜 자신감을 얻고 싶어 했다. 담배도 끊기를 원했다. 나는 로랑의 신체를 살펴보면서 그의 흉곽이 특이한 형태임을 확인했다. 흔히들 '새가슴'이라고 부르는 형태였다. 그의 몸은 마치 네 살 때 발달이 멈춘 것처럼 보였다. 흉곽이 몸통. 어깨, 엉덩이에 비해 넓었고, 위쪽을 향해 불룩 튀어나와 있었다. 호흡 기능도 약했다. 팔과 어깨도 야위고 뒤쪽으로 후퇴해 있었다. 다리는 너무 가늘어서 엉덩이와 몸통을 받치기 힘겨워 보일 정도였다. 머리도 몸에 비해 큰 편이었다. 간단히 말해 로랑은 어린 시절에 육체적 발달 지연을 겪은 것 같았다. 어머니에게 버림받은 어린아이의 몸을 가진 어른을 마주한 느낌이었다. 로랑이 다시 옷을 입는 동안 나는 그의 어린 시절에 대해 질문했다. 그의 어머니는 그가 두 살 때 중증 결핵에 걸려 치료를 받기 위해 집을 떠났고, 다시는 돌아오지 못했다고 했다. 그는 어머니를 기다리며 보낸 수많은 밤들을 기억하고 있었다. 일곱 살 때 그는 어머니가 요양원에서 4년을 보낸 끝에 결국 세상을 떠난 것을 알게 되었다⋯⋯

어머니와의 너무 이른 분리가 로랑에게 후유증을 남긴 것이다.

| 어머니와의 늦은 분리 |

반대로 어머니가 아이와 지나치게 오랫동안 융합관계를 유지하고, 아버지와 바깥세상 쪽으로 아이를 이끌지 않을 경우, 아이는 어머니라는 정신적 감옥 안에서 자라게 된다. 이런 아이는 어른이 되어서도 자신으로서 존재하는 데 어려움을 겪는다. 남자이건 여자이건, 계속 어머니에 속한 존재로서 살게 된다. 카트린이 그랬다.

:: 통신회사에서 중요한 직급을 맡고 있는 카트린은 처음 보았을 때 독립적인 여성처럼 보였다. 그녀는 암에 걸린 상태로 내 진료실을 찾아왔다. 질과 항문 사이에 종양이 생겼는데 수술이 가능했다. 하지만 수술을 하려면 질 내벽 일부를 절제해야 했고, 그것은 여자로서의 삶을 포기해야 한다는 의미였다. 그래서 그녀는 수술을 하지 않고 강도 높은 화학치료를 받기로 했다. 나는 카트린과 함께 이미지 변모(Image de transformation)* 작업을 시작했다. 카트린의 무의식과 대화를 나눠본 결과, 어머니의 영향이 그녀를 끈질기게 따라다닌다는 것을 알 수 있었다. 일상생활은 물론, 정신구조 전체가 어머니를 향해 있었다. 이를테면 할 말이 없는데도 하루에 세 번씩 어머

---

* '이미지 변모' 작업은 내적 이미지들을 길들이고 자가 치유의 과정을 통해 그것들을 변모시키는 작업이다. 이 작업에는 전의식(前意識)과 무의식의 탐험을 도와주는 이완, 제한적인 내적 이미지들의 탐험을 목표로 하는 수용 이미지, 자아와 육체의 건강한 재조직을 허락해주는 재구성 이미지 등 다양한 도구가 사용된다.

니에게 전화를 걸었다. 어머니는 딸과의 '접촉'을 원한 것뿐이지만 카트린은 자신이 전화를 걸지 않으면 어머니가 버림받았다고 느낄 거라 생각했다. 카트린이 어머니를 심리적으로 지탱해주고 있었던 것이다. 카트린과 계속 작업을 진행함에 따라, 나는 카트린이 어머니의 영향력 하에 있고 어머니도 어떻게든 딸과 융합관계를 유지하려고 애쓰고 있다는 사실을 알게 되었다. 카트린은 그런 상황을 숨막혀했다. 그녀가 그린 그림은 그녀가 자기 자신으로서 제대로 서지 못하고 어머니 안에 갇혀 있다는 것을 보여주었다. 그 결과 여자로서 카트린의 삶은 무척 힘들었다. 화학치료와 심리치료를 받자 카트린의 상태는 점차 호전되었고, 어머니의 영향력에서도 해방되어갔다. 2년 동안 꾸준히 치료를 받은 끝에. 카트린은 자신의 인생을 향해 첫걸음을 내딛게 되었다. 종양의 크기도 현저히 줄어들어 질 내벽을 절제할 필요도 없게 되었다.

카트린의 어머니는 카트린이 두 살 반이 될 때까지 젖을 먹였고, 그러지 말라는 의사의 권고를 받고서야 젖을 뗐다. 이처럼 늦은 분리는 여러 가지 문제를 가져온다. 카트린의 경우를 보고 정신적 탯줄을 끊는 데 아버지나 아버지 대체 인물이 얼마나 중요한 역할을 하는지 실감할 수 있었다.

| 아이와 아버지의 관계 |

유아는 어머니와만 맺는 관계에서 벗어나면서 아버지를 발견한다. 이

는 유아가 생애 최초로 낯선 사람에게 마음을 여는 행위이다. 물론 아버지가 어머니 못지않게 아이와 융합 관계를 형성하는 경우도 있다. '부성요법(paternage, 환자에게 아버지 같은 태도로 접근하는 치료법)'도 점점 더 많이 사용되고 있다. 아이를 진정으로 사랑하는 아버지는 아이와 어머니의 양자관계를 보완해주고, 아이가 내적 안정감을 발달시키면서 삶과 사랑에 눈뜨도록 도울 수 있다. 열 달 동안 아이를 배 속에 품고, 아이를 낳고, 젖을 먹여 키운 어머니를 아버지가 온전히 대체할 수는 없다. 그러나 아이를 낳은 어머니가 아이에게 충분한 사랑을 주지 못할 때 아이에게는 아버지의 사랑이 필요하다. 아이를 직접 몸에 품지는 않았지만, 임신 기간 동안 아버지가 목소리와 촉감으로 아이와 의사소통을 했다면 아이는 아버지의 사랑을 인정한다.

아버지의 존재는 어머니-아이-아버지라는 가족 내 삼각관계의 탄생을 뜻한다. 이 삼각관계는 아이가 사랑을 배워가는 데 매우 중요하며, 장차 아이가 타인을 사랑하는 데 매우 큰 영향을 미친다. 아이는 아버지의 존재로 말미암아 어머니와의 공생관계를 떠나 셋의 관계로 진입한다. 이것은 어머니와의 공생관계 이후에 시작되는 더 넓고 풍부한 관계이다. 이것은 또한 '극소사회(microsociété)'의 시작이기도 하다.

| 부모의 관계를 통해 배우는 사랑 |

아이는 부모와 함께 살아가면서 받는 사랑을 통해 사랑을 배워간다. 부모가 행복한가? 부모가 조화롭게 살고 있는가? 아이를 사랑하는

방식에 대해 부모의 의견이 일치하는가? 부모가 어떤 조건화를 사랑의 기반으로 삼는가? 등등. 아이는 부모의 관계에 아주 예민하다. 부부간에 문제가 있을 경우, 더 나아가 별거나 이혼을 할 경우 아이는 그것이 자기 책임이라고 느낄 수 있다.

가족 간의 이러한 삼각관계는 정신분석가 기 코르노(Guy Corneau)가 말했듯이 가족 체계 안으로 들어가는 문이다. "아이는 단순히 이 삼각구도 안에만 위치하는 것이 아니라, 형제자매들과 같이 전체 가족 체계 안에 위치한다. 할아버지나 할머니 같은 가까운 가족들도 아이에게 심리적으로 중요한 영향을 미친다." 가정 안에서 아이는 형제자매와 다른 가족들을 만난다. 아이가 이들과 맺는 관계는 아이가 성인이 됐을 때 맺게 될 애정관계들의 조건을 만든다.

| 아버지가 부재할 때 |

아버지가 부재하고 아버지를 대체할 인물이 없을 때, 아이는 가족 내의 다른 구성원, 즉 형제나 자매, 할아버지 할머니, 이모나 고모 등 적당한 사람과 삼각관계를 이루게 된다. 때로는 그것이 아이의 의사에 반하여 이루어질 수도 있다. 사람의 발달 과정을 통해 고찰해보면, 바깥세상과의 관계에서 균형을 잘 이루기 위해서는 남자, 즉 어머니와 반대 성을 가진 사람이 아버지의 위치를 차지하는 것이 바람직하다. 아버지는 아이가 **세상에 제대로 발을 디디도록** 돕는 존재이다.* 아버지가 아이를 받아들이는 방식은 어머니가 아이를 받아들이는 방식과 다르다. 이런 차이는 아이를 위해 바람직하다. 이런 차이 덕분에 아이

가 어머니와의 양자관계 바깥 세계를 탐험할 수 있기 때문이다.

　삼각구도에서 아버지 위치를 여성이 차지할 때, 이를테면 손위 자매나 이모, 고모가 차지할 때 어떤 일이 벌어질까? 일단 아이는 어머니에게서 받는 것과 같은 사랑을 받고 어머니의 고치 안에 계속 머무를 수 있어서 매우 흡족할 것이다. 하지만 이런 유형의 관계는 위험 소지가 많다. 아이가 어머니와의 공생관계에서 떠나지 못할 위험이 있고, 그 결과 많은 일이 벌어진다. 운동 발달이 지연되고, '심리적 모태' 밖에 존재하는 타인들의 세상에 설명할 수 없는 두려움을 갖게 된다. 그래서 바깥세상으로 나가는 것을 무의식적으로 거부한다. 또한 어머니와의 **지나친** 공생관계로 말미암아 아이가 어려움을 겪을 위험이 있다. 이 경우 아이가 어른이 되었을 때 여자들과의 사랑을 회피하기도 한다. 이런 회피는 여자들에게 질식당하고 삼켜질 것 같은 두려움 때문에 일어난다. 아이가 남자인 경우에는 이런 두려움이 여성 혐오의 형태로 나타나고, 여자인 경우에는 같은 여자들에 대한 증오로 나타난다.

　∷　볼이 통통하고 덩치가 큰 멜리사는 어머니와 이모 손에서 자랐다. 이모는 자식이 없었으므로 멜리사를 끔찍이 예뻐했다. 멜리사의

---

* 출생 후 몇 달 동안은 어머니와 아이의 관계가 서로의 존재를 구별하기 힘들 정도로 융합되어 있다. 그러나 이런 행복한 융합은 각자가 자신의 발전을 추구할 수 있도록 점차적으로 사라져야 한다. 그러기 위해서는 분리가 필요하고, 아버지가 이 분리를 자연스럽게 이끌어야 한다. 기 코르노, 『전쟁으로서의 사랑』.

아버지는 자주 집을 비웠고 멜리사를 안아주는 일도 드물었다. 업무 스케줄이 아이가 깨어 있는 시간과 잘 맞지 않았기 때문이다. 멜리사의 아버지는 멜리사와 친밀한 관계를 형성하지 못했고, 멜리사는 '두 어머니'와 그 여자친구들에 둘러싸여 자랐다.

멜리사는 과잉보호를 받으면서 운동 능력과 정신활동이 좀 뒤떨어졌다. 멜리사는 늘 어머니나 이모의 품에 안겨 살았다. 어머니도 이모도 멜리사가 네 발로 바닥을 기어다니며 주변 환경을 발견하도록 도와주지 않았다. 어머니와 이모가 문제를 깨닫고 멜리사를 바닥에 내려놓았을 때는 멜리사의 운동 발달이 이미 많이 지체되어 있었다. 다섯 살이 되자 멜리사는 주변의 모든 장애물을 두려워했다. 복도에 발을 디디는 것을 두려워했고, 계단을 내려가는 것도 두려워했다. 균형을 잃고 넘어질까봐 두려워했고, 타인을 두려워했고, 남자들을 두려워했다. 자기 아버지까지 두려워했다. 멜리사는 서 있는 것보다 누워 있는 것을 좋아했다. 다행히 '어머니들'은 멜리사가 춤을 좋아한다는 것을 알아차리고 멜리사에게 자주 춤을 추게 했다. 지금 멜리사는 오직 춤을 위해 살고 있다. 춤을 통해 자신이 존재한다는 것을 느끼고 내면의 자유를 경험한다.

아버지의 부재는 어떤 양상으로 나타날까? 아버지가 죽었다면 그가 죽은 후 아이 어머니는 어떻게 살게 될까? 사랑에 대해서는 어떤 생각들을 아이에게 전달할까? 아이가 사내아이라면 남편의 '대체물'이 될까? 만일 남편이 다른 여자를 사랑해서 떠났다면, 아이 어머니는 그 비극적 사건에서 어떤 감정을 겪고 어떤 분위기에서 아이를 양육하게 될까?

아버지가 부재하는 상황에 대한 시나리오는 매우 다양하며, 아버지의 부재는 아이의 정서에 큰 영향을 미친다. 그러나 이 다양한 시나리오들에 공통된 한 가지 사실이 있다. 손위 자매나 형제, 할아버지나 할머니, 이모 혹은 삼촌이 아버지의 자리를 온전히 대체하지는 못한다는 사실이다. 부부와 아이로 형성되는 삼각관계를 다른 사람이 완벽하게 대체할 수는 없다.

| 다른 가족과의 만남 |

아기는 부모와의 삼각 관계를 넘어 가족 안으로 범위를 넓혀가며 성장하고 발전한다. 아이의 정체성은 생리적·정서적 영역과 마찬가지로 아직 제대로 정의되지 않은 상태이다. 이때 가족의 분위기는 아이 자신과 아이의 인생, 그리고 아이가 다른 사람들과 맺게 될 관계에 많은 영향을 미친다. 부모가 직업상의 이유나 성격적인 이유로 아이를 혼자 두는 일이 자주 있었을 경우에는 더욱 그렇다. 이 경우, 아이는 자기가 사랑받는 방식에 매우 민감해지며, 살아남기 위해 가족 내의 다른 구성원, 더 나아가 유모나 정원사 같은 가족 외부의 인물들과 가까워지려고 노력하게 된다. 물론 자기를 가장 많이 사랑해주는 사람과 가까워질 것이다. 이렇듯 아이가 자신이 존재한다는 것을 느끼고 자신을 제대로 정의하기 위해서는 사랑이 절대적으로 필요하다.

가족 내의 다른 구성원이나 주변에 존재하는 사람들을 만나면서 아이는 다른 사랑법들을 깨닫는다. 이런 경험들이 아이의 정서적 인격을 형성하고 아이가 갖게 될 사랑의 조건들을 결정한다. 동생의 탄생, 형제자매의 병이나 손위 형제와의 이별, 이모 · 고모 · 삼촌과의 관계, 조부모의 죽음, 나이 많은 형제자매의 연애 등 모든 사건들이 사랑이라는 필터를 통해 아이가 타인과의 관계를 탐험하는 재료가 되고, 아이의 정서가 형성되는 데 영향을 준다.

:: 로베르는 맏이이다. 어렸을 때 로베르는 어머니와 이모들에게 많은 사랑을 받았다. 그는 잘생겼고, 힘도 셌고, 모든 면에서 뛰어난 아이였다. 아버지에게도 인정을 받았다. 하지만 아버지를 볼 기회는 거의 없었다. 아버지는 2가지 직업에 종사하며 가족을 부양하느라 매우 바빴다. 로베르의 뒤를 이어 여동생이 태어났고, 그 밑으로 남동생이 또 태어났다. 그러나 로베르는 여전히 가장 사랑받는 아이였다. 가족들의 총애를 받는 '어린 왕'이었다. 학교 여선생님들도 로베르를 매우 예뻐했다. 로베르의 반 친구들은 로베르를 '슈슈'(선생님의 귀여움을 독차지하는 아이—옮긴이)라고 불렀다. 로베르의 인생에는 아무런 문제가 없었다. 다운증후군 환자인 막내동생이 태어나기 전까지는. 그런데 막내동생이 태어나자 로베르는 '어린 왕' 자리에서 내려와야 했다. 로베르는 어머니의 사랑을 잃었다고 느꼈다. 어머니가 아픈 막내동생을 돌보느라 로베르에게 신경 쓸 여력이 없었던 것이다. 엎친 데 덮친 격으로, 유쾌하고 낙천적인 성격이었던 로베르의 어머니는 막내의 병으로 인해 슬픔과 죄책감에 빠졌고, 그로

인해 다른 가족들도 기쁨과 웃음을 잃어버렸다. 로베르는 막내동생에게 깊은 증오심을 느꼈다. 그 증오심은 막내동생이 세상을 떠날 때까지 계속되었다. 그는 막내동생 때문에 어머니의 사랑을 잃었다. 심지어 어머니는 그에게 누이동생과 남동생을 돌보라고 시키기까지 했다. 가운데 동생들은 '어린 왕'이었던 로베르가 어머니의 애정을 잃은 것을 고소해했고 로베르를 놀리고 힘들게 했다. 이후 로베르의 삶은 달라졌다. 불행하게도 어른이 된 뒤 로베르는 남자들과의 관계에서나 여자들과의 관계에서 자기에게 조건 지워진 사랑의 방식을 극복하지 못했다. 로베르는 자기 여자친구와 친하게 지내는 모든 남자들에게 병적인 질투심을 보였다. 또한 여자친구를 사귀면 동성인 남자친구들과는 절교하다시피 했다. 오로지 여자친구와의 관계에만 집착했다. 어머니를 또 빼앗길까봐 너무나 두려웠던 것이다.

| 유년기 아이들에게 자연스러운 오이디푸스 콤플렉스 |

여러분은 그리스 신화에 나오는 영웅 오이디푸스 이야기를 알 것이다. 오이디푸스의 아버지 라이오스는 아들을 낳으면 그 아들이 자기를 죽일 거라는 신탁을 받는다. 아들 오이디푸스가 태어나자 라이오스는 오이디푸스를 내다버리지만, 오이디푸스는 지나가던 목동에게 구원을 받고 외국에 가서 살게 된다. 어른이 된 오이디푸스는 방랑을 하던 중 아버지 라이오스를 만나고, 라이오스가 아버지인 줄도 모르고 죽인다. 자기도 모르는 사이에 신탁을 완수한 것이다. 그런 직후 오이디푸스가 테베의 스핑크스의 수수께끼를 풀자, 사람들은 그를 왕

으로 추대하고 라이오스의 미망인이자 그의 어머니인 이오카스테와 결혼하라고 권한다. 신탁의 인도를 받은 오이디푸스는 아버지를 죽이고 어머니와 결혼했음을 알게 된다. 괴로움을 견디지 못한 오이디푸스는 자기의 두 눈을 뽑아버리고, 이오카스테는 스스로 목숨을 끊는다.

프로이트를 비롯한 많은 정신분석가들이 이 신화 속 이야기에 의거해 아이와 부모 사이의 관계를 분석하고, 반대 성을 가진 부모에 대한 집착과 같은 성을 가진 부모에 대한 공격성을 설명했다. 많은 가정에서 아이와 부모 사이의 오이디푸스적 양상을 볼 수 있다. 부모가 정서적으로 충분히 성숙하고 아이의 발달에 민감할 경우에는 그런 양상을 보이는 아이를 비난하지 않고 아이의 감정을 존중해줄 것이고, 때가 되면 아이는 그런 사랑에서 해방되어 성숙에 다다를 것이다.

:: 필리프는 어머니를 사랑했다. 하루에도 몇 번씩 어머니에게 사랑한다고 말했고, 자기와 결혼하지 않겠느냐고 물었다. 어머니는 필리프가 아직 너무 어리며, 자기에게는 이미 남편이, 즉 필리프의 아버지가 있어서 필리프와 결혼할 수 없다고 설명했다. 또한 어머니는 자신은 필리프를 사랑하며, 아버지도 필리프를 사랑한다고 말했다. 그러나 필리프는 그 말을 귀담아듣지 않고 어머니에게만 관심을 집중했다. 틈만 나면 꽃을 꺾어 어머니에게 주었고, 사랑한다고 여러 번 말했다. 반면 아버지에게는 반감을 표현하며 자주 이렇게 말하곤 했다. "두고 보세요, 내가 아버지를 때려줄 테니까." "젤 힘센 사람

은 나예요. 그러니 언젠가는 내가 아버지를 죽일지도 몰라요." 어느 날 필리프는 어머니가 우는 것을 보았다. 어머니가 아버지 때문에 운다고 생각한 필리프는 아버지에 대한 엄청난 분노에 사로잡혔다. 사실 어머니는 양파를 까느라 매워서 눈물을 흘린 것인데 말이다. 아버지가 부엌에 들어오자, 필리프는 아버지에게 달려들어 어머니의 마음을 아프게 했다며 맹렬하게 비난했다. 필리프의 부모는 필리프의 행동을 제지한 뒤, 필리프가 경험하는 감정, 즉 어머니를 향한 미친 듯한 사랑과 아버지에 대한 질투심을 필리프가 스스로 이해할 수 있도록 인내심을 갖고 대화를 나누었다. 그들은 엄마-아이-아빠로 이루어지는 삼각구도 속에서 필리프가 차지하는 자리를 보여주며 어린 필리프를 안심시켰다. 결국 필리프가 어머니에게 느꼈던 오이디푸스적 사랑은 조금씩 옅어졌고, 아버지에게도 연대감을 느끼게 되었다.

필리프의 부모는 아들의 오이디푸스적 감정을 이해하고 존중해주었다. 덕분에 필리프는 무리 없이 정서적 성숙에 이르렀다. 그러나 부모가 아이의 오이디푸스적 사랑 표현을 제지하거나 조롱할 경우, 방치, 거부, 배신, 혹은 모욕과 관련된 근원적 상처를 줄 수 있다. 마르크 앙투안이 그런 고통스러운 경험을 했다.

::   마르크 앙투안의 아버지는 알코올 중독자였고, 아내에게 폭력을 행사하는 일이 잦았다. 마르크 앙투안은 그런 아버지가 무서웠

다. 오이디푸스 단계였던 마르크 앙투안은 어머니처럼 옷을 입고 화장을 함으로써 어머니를 향한 열렬한 사랑을 표현했다. 어느 날 마르크 앙투안은 그런 차림으로 어머니 앞에 나타나 어머니처럼 되고 싶다고, 어머니를 사랑하기 때문에 어머니를 닮고 싶다고 말했다. 그러자 어머니는 몹시 당황하고 두려워하며 그 사실을 남편에게 감추려 했다. 당시 마르크 앙투안은 여섯 살이었고, 마르크 앙투안의 어머니는 남편이 동성애자들을 무척 혐오한다는 것을 잘 알고 있었다. 그녀는 마르크 앙투안을 방에 가두고 옷을 갈아입게 했다. 어머니의 그런 반응을 보며 마르크 앙투안은 그런 식으로 옷을 입는 것은 죄악이며, 그런 식으로 어머니를 사랑하는 것도 금지된 행동이라고 이해했다. 그런데 바로 그때 아버지가 방으로 들어와 그 장면을 목격했다. 술에 취한 아버지는 아들에게 여자처럼 옷을 입혔다고 아내를 비난하며 마구 두들겨 팼다. 마르크 앙투안은 어머니를 구해야 한다는 생각에 아버지에게 달려들었다가 아버지로부터 사타구니에 호된 일격을 받았다. 아버지는 그를 '호모'라고 부르기까지 했다. 마르크 앙투안은 충격을 받고 정신을 잃었고, 어머니는 아들을 급히 병원 응급실로 데려갔다. 정신을 차렸을 때 어머니는 그의 침대맡에서 슬피 울고 있었다. 어머니의 눈 속에는 아들을 잃을까봐 염려하는 두려움이 어려 있었다. 마르크 앙투안은 자기가 어머니를 영원히 지켜주겠다고 결심했다.

그 일로 인해 마르크 앙투안은 성에 대한 이중적 가치관을 갖게 되었다. 낮에는 동성애 혐오자처럼 굴었다. 하지만 저녁이 되면 여장을 하고 동성애자들을 만나러 갔다. 그렇게 함으로써 과거의 아버지를 무의식적으로 찾아 헤매고, 해결하지 못한 오이디푸스 콤플렉스를 몰아내려 한 것이다.

내가 임상 치료를 하며 만난 많은 성인 남자와 여자들이 오이디푸스 콤플렉스를 제대로 극복하지 못하고 인생의 동반자에게서 무의식적이고 강박적으로 어머니나 아버지를 찾고 있었다. 잘못 관리된 오이디푸스 콤플렉스는 감정적 혼란을 야기하거나 사랑에 대한 그릇된 가치관을 형성할 수 있다. 오이디푸스 콤플렉스는 4~11세 아이들의 사랑법에 직접적으로 영향을 끼친다. 또한 아이가 청소년기, 청년기, 성인기에서 경험하게 될 다양한 유형의 사랑들도 이 사랑법에 영향을 받는다. 특히 부모가 이혼을 하거나 부모 중 한쪽이 일찍 세상을 떠날 경우, 오이디푸스 콤플렉스는 더욱 큰 비중을 차지하게 된다. 아버지를 잃은 지 얼마 안 되는 소년은 어머니를 향한 오이디푸스적 사랑이 활짝 열려 있다는 느낌을 받을 것이다. 그 소년은 '엄마의 남자'가 될 것이고, 죽거나 떠난 아버지의 자리를 대신할 것이다. 동시에 다음과 같은 질문을 할 수 있다. '그게 나 때문이었을까?' '내가 아버지를 죽인 걸까?' '나 때문에 아버지가 떠난 걸까?' '엄마는 나에 대한 사랑 때문에 아빠와 헤어진 걸까?' 등등. 이런 질문들은 아이에게 큰 혼란의 씨앗을 뿌릴 수 있다. 어머니가 죽거나 병에 걸렸고 아버지에게 사랑을 느끼는 여자아이의 경우도 마찬가지다. 아이가 반대 성의 부모를 향한 사랑을 거부당하면 육체적 증상이 나타나는데, 그것은 아이가 느끼는 심리적 거북함의 표현이다. 이런 미묘한 심리는 태어난 직후부터 시작되어 성인이 되었을 때의 사랑을 향해 나아간다. 제대로 해결되지 못한 오이디푸스 콤플렉스는 청소년기, 나아가 성인이 되어서까지 따라다닐 수도 있다.

:: 뤼시는 아버지를 사랑했지만 아버지는 뤼시 곁에 없었다. 뤼시의 오이디푸스적 욕구는 집안의 유일한 남자인 오빠에게 향했다. 뤼시는 오빠가 멋지다고 생각했고, 자주 오빠에게 안기고 입맞춤을 했다. 오빠의 침대에 함께 눕기도 했고, 오빠가 공부를 하는 동안 옆에 몇 시간씩 누워 있기도 했다. 열한 살이 된 뤼시에게 초경이 찾아왔고 뤼시는 배에 통증을 느꼈다. 어머니는 뤼시에게 이제 '여자'가 된 거라고 설명해주었다. 배가 몹시 아팠기 때문에 뤼시는 배에 핫팩을 대고 오빠의 침대에 누웠다. 오빠의 침대는 뤼시의 피난처였다. 잠시 후 오빠가 왔고, 뤼시는 평소처럼 오빠 옆에 누워서 오빠의 몸을 만졌다. 그때 어머니가 방에 들어와 이제부터는 오빠의 몸을 만지지 말라고 했다. 오빠의 몸을 함부로 만지지 말고, 오빠의 침대에 눕지도 말라고 했다. 그 말을 듣자 뤼시는 세상이 무너지는 것 같았다. 엄마는 오빠에게도 이제 뤼시는 '다 큰 여자'이니 남매간에 그런 애정 표현을 하면 안 된다고 말했다. 그러자 오빠는 다른 가족들에게 가서 뤼시가 이제 '다 큰 여자'라는 사실을 소리 높여 알렸다. 왜 오빠를 사랑하면 안 되는지 이해하지 못한 뤼시는 슬피 울었다. 자기의 몸이, 배의 통증이, 피가 부끄럽고 창피했다. 뤼시는 자문했다.

'도대체 내가 무슨 잘못을 한 거지?' 자라면서 뤼시는 월경을 증오하게 되었다. '여성적인' 모든 것은 그녀에게는 오빠를 향한 사랑을 방해하는 장애물일 뿐이었다. 20대가 되자 뤼시는 외모나 성격이 오빠와 비슷한 남자들을 만나 그들 속에서 오빠의 모습을 찾았다. 다른 유형의 남자는 사랑할 수 없었다. 그러던 어느 날, 뤼시는 질 내에 삽입하는 루프를 제때에 바꿔주지 않아서 심한 나팔관염에 걸렸고, 수태 능력을 잃을 뻔했다. 병원에 누워 있는 뤼시를 오빠가 찾아왔다. 자기를 걱정하는 오빠를 보면서 뤼시는 문득 자신이 오이디푸스적 사랑에 머물러 있었음을 깨달았다. 오빠와는 절대로 결혼할 수 없다는 사실과 자기 앞에 여자로서의 삶이 아직 남아 있다는 사실도 알게 되었다.

뤼시는 나팔관염을 통해 여자로서의 자신의 몸과 여성적 기관들을 새롭게 의식하게 된 것이다.

부 모 의   편 애

때로는 설명할 수 없는 여러 가지 이유로 부모가 아이들 중 한 명을 부당하게 편애할 수 있다. 혹은 그 반대로 한 아이에게 몸을 만지기 싫을 정도로 혐오감을 느낄 수도 있다. 이런 편파성은 무의식적 투사의 결과일 수도 있고, 혹은 그 아이가 뿜어내는 분위기에 대한 자연적인 호감이나 반감 때문일 수도 있다. 정신분석가 기 코르노가 "아이의 개성은 태어날 때부터 존재하므로, 아이가 타고난 성격을 부인한다는 것은 실제적으로 불가능하다"라고 말했듯이 아이는 백지가 아니다. 이런 점들을 곰곰이 생각해보면 스스로도 의식하지 못하는 사이에 자기 아이에게 편파적 태도를 보인 이유를 이해할 수 있다. 문제는 부모가 자신의 이런 태도 밑에 깔려 있는 것들을 이해하고 상황을 객관적으로 보려고 노력하지 않을 때, 그런 상황을 바꾸려고 노력하지 않을 때 발생한다. 부모의 이런 태도는 아이에게 해로운 결과를 가져올 수 있다. 특히 아이의 증오심을 불러일으키고 아이에게 부당하게 대우받는다는 억울한 느낌을 줄 수 있다.

지금까지 태아기부터 유년기까지의 사랑에 대해 알아보았다. 이 단계를 지나 아이가 청소년기에 진입하면 무슨 일이 일어날까?

청소년기의 사랑

청소년기는 사랑을 시험해보는 시기이다. 이 시기는 어린 시절에 가족이나 주변 사람들로부터 물려받은 사랑의 조건화를 시험해보는 도약대가 된다.

청소년기에 들어서면 세상에 눈을 뜨며, 그때껏 살아온 가정환경과 바깥세상의 차이를 처음으로 경험한다. 청소년은 한편으로 가족과 연결되어 있다고 느끼면서도 가족으로부터 서서히 떨어져 나올 준비를 한다. 자신의 정체성을 보여주려는 욕구도 느낀다. 이 욕구는 가족으로부터 물려받은 사랑의 조건들을 모방하는 형태 혹은 거부하는 형태로 나타난다. 청소년기는 두 단계로 나뉜다. 첫 단계는 전(前) 사춘기(9~13세)로, 일종의 준비기로 볼 수 있다. 둘째 단계는 본격적 사춘기(13~17세)로, 성인기를 준비하는 단계로 볼 수 있다. 청소년은 가정 바깥에서 자신의 사랑의 조건들을 테스트한다. 그러나 부모의 적절한 관리가 없을 경우 이런 테스트는 자칫 위험해질 수 있다. 바깥 생활로 가족의 사랑을 대체하는 행위는 근원적 상처를 강화하고 불안정한 신체적·정신적 증상들을 일으킬 수도 있다. 정신신체의학(psychosomatique, 신체기관의 기능 장애를 정신적 요인과 관련하여 연구하는 학문—옮긴이)은 이런 현상을 다룬다.

사랑의 모험에 자신을 내던질 때 청소년의 몸은 자신의 달라진 위치에 동반되는 정서적·심리적 스트레스를 표출한다. 특히 20~30세의 청년에게 자가면역질환이 나타난 경우, 과거로 거슬러 올라가보면 전 사춘기나 사춘기에 이미 그 증상들이 있었다는 것을 확인하는 경우가 많다. 전 사춘기와 사춘기는 신체적·정신적으로 취약해지기 쉽다는 특징이 있다. 사춘기가 되면 생명력의 분출이 일어나고 충동적이 된다. 이 시기에 접어든 청소년은 자신이 옳다는 것을 스스로에게 입증하고 싶어 한다. 어떤 청소년들은 사랑의 괴로움을 위로받기 위해 가족의 테두리 바깥에서 부모를 대신하는 모델을 찾아내 삶의 이정표를 수립한다. 유명 스포츠 스타나 가수, 영화배우들에게 열광하는 것도 가족 밖에서 역할 모델을 찾는 청소년기의 특징이다.

사춘기에 가정 안에서 의사소통이 원활하게 이루어지지 않을 경우, 청소년은 사회통념 속에 자신을 가두고 내면세계에 괴롭게 침잠할 수도 있다. 어떤 청소년들은 부모를 모델로 삼는다. 이 청소년들은 가정 안에서 부모에게 보고 들은 것을 청소년기의 삶과 자기의 파트너에게 투사할 것이다. 반면 삶에 과감히 도전하고, 익숙한 모델 이상의 존재에게 자신을 투사하고 이상을 추구하는 청소년들도 있다. 때로는 자기 자신을 신체적·정신적으로 손상하면서, 그것을 생의 입문으로 여기기도 한다. 그들은 이런 '무모한' 경험으로부터 교훈을 얻으며, 이 교훈들은 성인으로서의 삶에 더 잘 눈뜰 수 있도록 도와준다.

청소년의 삶에 사랑의 조건화가 자리잡는 다양한 형태 중 두 가지를 골라 소개하겠다.

부 모 를   모 방 하 는   사 랑

이 경우 청소년은 가정에서 경험한 것들을 거울삼아 사랑에 관한 자신의 생각을 재생산한다. 청소년은 부모의 생각과 행동을 모방하면서 안정감을 느끼고 존재감을 가진다. 아이가 자라 청소년이 되었을 때 어머니나 아버지에게 버림받았거나 사랑받지 못했다고 느낀다면, 남자친구나 여자친구들에게서 사랑을 확인하려고 애쓰게 된다. 그는 의식하지 못하는 사이에 자신의 근원적 상처에 관한 시나리오에 동반되는 방치, 거부, 배신, 신뢰 관계를 다시 연출할 것이다. 이를테면 다음과 같은 시나리오이다. "아버지는 나를 사랑하지 않아." "여자들은 믿을 수 없어." "사랑은 위험한 거야." "남자들은 믿을 수 없어." "어머니는 아버지를 배신했어." 기타 등등. 실제로 많은 청소년들이 부모가 한 사랑과 부모가 그들에게 미친 영향을 되풀이해 경험한다. 카트린의 예를 살펴보자.

:: 퀘벡에 사는 16세의 카트린은 40세의 유럽 남자와 열렬한 사랑
에 빠졌다. 카트린은 그 남자의 아이를 임신했고, 남자는 그 사실을
알자 가족을 전부 데리고 퀘벡을 떠나버렸다. 카트린은 미성년자였
으므로 학교 방침에 따라 아이를 낙태할 것인지 낳을 것인지 부모와
상의한 후 결정을 내려야 했다. 부모에게 임신 사실을 알리는 것은
카트린으로서는 재앙이었다. 카트린의 어머니는 딸의 임신 소식을
듣고 정신을 잃어 응급실에 실려 갔다. 카트린은 그런 상태에서 나
를 찾아왔다. 카트린과 이야기하면서 나는 카트린 역시 사생아로 태
어났다는 사실을 알게 되었다. 카트린과 함께 살고 있는 아버지는
친부(親父)가 아니었다. 카트린의 어머니는 임신 6개월쯤에 지금의
카트린 아버지를 만나 사랑에 빠졌다. 카트린은 어머니가 자신을 임
신할 때 겪었던 일을 자신이 똑같이 되풀이하고 있다는 사실을 알지
못했다. 그런데 카트린의 임신을 계기로 가족의 비밀이 드러났다.
카트린의 남동생과 여동생들 역시 카트린과 아버지가 다르다는 사
실을 그때껏 모르고 있었다.

이 사례는 비밀로 간직했던 사건이 가정 안에서 무의식적으로 반복
되는 현상을 잘 보여준다. 청소년은 또한 부모 중 한쪽의 의식적인 사
랑을 되풀이할 수도 있다. 장의 경우가 그렇다.

:: 장은 몬트리올의 부유한 가정의 맏아들이었다. 장의 아버지는
바람둥이였다. 오랫동안 정부(情婦)를 두고 부적절한 관계를 맺고

있었다. 장은 그 사실을 알았지만, 정작 장의 어머니는 그 사실을 몰랐다. 장의 아버지는 장이 아홉 살 되던 해부터 아들에게 자기의 여자관계를 털어놓았다. 장은 아버지의 입을 통해 어머니가 남편의 외도를 어렴풋이 눈치 채고 있으며, 그래서 성적으로 남편을 멀리한다는 것을 알게 되었다. 장의 아버지는 알코올 중독자에 속물이었다.

열네 살 때 장은 아버지를 따라 몬트리올 제트 비행기 협회가 주관하는 축하 행사에 참석했다. 그 행사에서 아버지가 여자들을 유혹하는 모습을 보았다. 열여섯 살이 되자 장은 아버지 없이 혼자서 그 행사에 갔다. 거기서 술을 엄청나게 마셔대며 자기보다 한참 연상인 여자들을 유혹했다. 장은 아버지가 했던 행동을 똑같이 되풀이했고, 마침내 아버지의 정부를 애인으로 삼기에 이르렀다.

내가 장을 만났을 때 장은 18세였고, 휠체어를 탄 신세였다. 자동차를 몰고 가다가 교통사고를 당해 다리를 못 쓰게 된 것이다. 옆 좌석에 탔던 여자친구는 즉사했다. 장은 내게 자기 삶이 끝장났다고 말했다. 사고가 나기 전, 장은 자기가 모든 것을 가졌다고 믿었다. 주변을 에워싼 여자들, 경주용 자동차, 약물, 술, 돈, 제트 비행기 등등. 그런데 한순간에 모든 것이 사라져버렸다. 장의 아버지는 장애인이 된 아들을 감당하지 못했다. 어머니가 그의 곁을 지켜주었다. 장은 다른 사람들보다 일찍 그리고 고통스럽게 인생에 눈을 떴다. 몇 년의 시간이 흐르면서 장은 시련을 감당할 능력이 자기 안에 아직 남아 있음을 조금씩 깨닫게 되었다. 지금 장은 실력을 인정받는 예술가가 되었다.

많은 부모들이 청소년 자녀에게 절망과 무력감을 느끼며, 도움을 필요로 한다. 장의 아버지처럼 자아도취에 빠져 분열 증세를 보이는 부모도 있고, 자기가 아이에게 행한 투사를 의식하며 고통을 느끼는 부모도 있다. 청소년은 자신이 가족으로부터 물려받은 조건화된 사랑을 탐색하고 있음을 의식하지 못한다. 청소년기의 변화와 모방은 무의식적 행위이다. 다시 말해 시나리오가 비밀스러운 것이든 이미 알려진 것이든 청소년은 그것을 의식하지 못하고, 부모는 그것을 의식할 수 있다.

부 모 가   가 진   상 처

자녀를 통해 자신이 받은 사랑의 상처와 대면한 부모는 대개 그 상처를 정면에서 바라보기를 원치 않는다. 일단 자신을 옹호하려는 반응을 보인다. 자녀를 통해 자신의 상처를 바라보고 자신의 눈앞에서 똑같은 일이 반복되는 현상을 이해하려고 애쓰는 대신, 일단 자녀를 비난한다. 이런 상황이 여러 주, 여러 달 동안 계속되면 가정의 균형이 무너질 수 있다. 다시 말해 부부와 가족의 와해가 초래될 수 있다. 그러므로 부모들은 청소년 자녀가 벌이는 유희에 주의를 기울여야 한다. 청소년 자녀에게 도움이 절실히 필요하고 가족이 이미 위험에 처해 있다면 더욱 그렇다.

또한 부모들은 청소년 자녀의 행동에 주의를 기울이는 한편 자신의 내면도 깊은 관심을 가지고 살펴보아야 한다. 사랑, 부부, 가족의 가치에 대해 진실성을 가지고 질문을 제기해야 한다. 자신에 대해 깊이 성찰해본 부모가 자녀에게 도움을 줄 수 있다. 그래야 청소년 자녀가 즐거움을 느끼는 것이 무엇인지, 고통스럽게 여기는 것이 무엇인지 이해하고 도울 수 있다.

청소년의 모방 행동을 중단시키는 것은 어려운 일이다. 모방 행동은 각자의 인격과 개성이 형성되는 개별화 과정에서 흔히 일어나는 행동이기 때문이다. 특히 어린 청소년의 경우 그런 움직임이 외부의 제한이나 금지, 부모의 조언보다 더 강하게 작용한다.

| 부모를 거부하는 사랑 |

거부는 사람의 정신과 육체에 매우 파괴적인 영향을 미친다. 면역체계에 미치는 영향은 더욱 파괴적이다. '거부'를 행하는 청소년은 자신이 '싫어하는' 부모와 다르게 행동한다는 환상을 가지며, 부모를 닮지 않을 거라고 큰소리친다. 그런데 자신이 그 부모와 다르다는 생각은 착각이고 환상이다. 이 환상 속에는 모든 아이들이 필연적으로 겉모습뿐만 아니라 내면 깊이 부모를 닮는다는 피할 수 없는 현실이 숨겨져 있다. 청소년기를 지나 청년기에 이르면 자기가 그토록 싫어하고, 거부하고, 닮고 싶지 않았던 부모를 닮았다는 사실을 깨닫는 경우가 많다. 자기 의사와 상관없이 그렇게 되는 것이다. 한 청년의 예에서 이런 현상을 살펴보도록 하자.

:: 　조는 육체적 학대가 일상적으로 일어나는 가정에서 자랐다. 조의 아버지는 아내와 딸들을 자주 때렸다. 그래서 조는 아버지에게 깊은 증오심을 품었고, 폭력적인 아버지로부터 어머니와 누이들을 구원하고 싶다는 갈망을 가지고 자랐다. 그런데 아버지처럼 되지 않겠다는 결심에도 불구하고, 여자친구가 생기자 아버지가 어머니에게 했던 것처럼 폭력적으로 행동하게 되었다. 조는 말했다. "그러지 않으려고 하지만 어쩔 수가 없어요." 조는 타인을 향한 폭력적 충동을 느끼는 동시에, 자신이 오랫동안 내면에 억눌러온, 아버지를 죽이고 싶다는 폭력적 충동에 다시 사로잡혔다. 자기 안에 도사린 폭력성에 저항할수록 폭력적 충동은 점점 더 강하게 그를 사로잡았다.

타인에 대한 거부는 자신의 일부에 대한 거부로 해석될 수 있다. 어떤 사람에게 거부감을 느끼지만, 내면적으로는 그 사람에게 사로잡힌 것일 수도 있다. 정신분석가 카를 구스타프 융은 사람이 개별화 과정에서 일정한 성숙 단계에 다다른 후에는 자신의 자아를 반대 세력으로부터 의식적으로 보호하고 지지해줘야 한다고 말했다. 그런데 청소년은 이런 수준의 성숙에 아직 다다르지 못했으므로, 상담교사나 가족의 지원을 통해 도움을 받는 것이 바람직하다. 이런 도움을 제대로 받지 못하면 청소년은 가출할 수도 있고, 자신이나 타인과 제대로 관계를 맺지 못하여 정신적 고립에 다다를 수도 있다.

청년기의
사랑

청소년기 후반에 접어든 사람에게는 다음과 같은 질문들이 유용하다. 나는 세상으로의 입문을 어떤 방식으로 경험했나? 유년기에서 청소년기 후반으로의 이행은 어떻게 이루어졌나? 정서적 고립을 초래하는 경험을 한 뒤 어떻게 거기에서 벗어났나? 조건화된 사랑에 용감하게 맞섰나? 청소년기에 이런 질문들을 어떤 방식으로 경험했는가에 따라 청년기 사랑의 형태가 결정된다. 청년기는 본격적으로 사랑의 모험을 떠나는 시기이다. 부모를 모방하든 거부하든, 부모로부터 물려받은 사랑의 방식은 청년기에도 되풀이된다.

부 모 의   삶 을   반 복 하 기

주사위가 이미 던져진 청년들이 있다. 이들에게는 모든 것이 결정되어 있다. 가족에게서 상처를 성실하게 물려받으며, 물려받은 상처를 똑같이 되풀이한다. 그리고 부모들이 무의식적으로 그들의 모험을 경험했듯이 자기의 모험을 경험할 준비를 한다. 이들은 사랑의 꼭두각시이다. 자기가 보고, 듣고, 느낀 것으로부터 경험을 취하며, 자기의 애정관계에서 그것을 똑같이 반복한다. 그들이 갈 길은 이미 만들어지고 계획되었다. 심지어 만남이 어디서 어떻게 이루어질지도 알고 있다. 상대의 직업, 은행 잔고, 자녀의 수, 살게 될 집의 크기, 필요한 가재도구까지 모두 정해져 있다. 어떤 어머니는 22세 된 자기 딸에게 이렇게 말했다. "게다가 사랑까지 하다니, 넌 행운아야!" 보통의 젊은이들에게는 이 말이 이상하게 들릴 것이다. 사실 사랑이란 이렇게 미리 계획할 수 있는 것이 아니기 때문이다.

이들은 벌써 정체성을 확립하는 단계에 와 있다. 많은 20대 아가씨들이 자기 아버지와 비슷한 남자와 결혼하고 어머니처럼 헌신적인 배우자가 되어 부모와 비슷한 삶을 산다. 모든 것을 체념한 듯 행동하며, 때로는 무심해 보이기까지 한다. 여자들만 그런 것이 아니다. 그런 삶을 사는 젊은 남자들도 많다.

이런 젊은이들의 애정생활은 극장의 무대에서 상연되는 연극과 비슷하다. 그들은 그 무대 위에서 자기들이 태어날 때부터 본 연극을 상연한다. 부모에게서 본 것을 반복하는 것, 그것이 그들 운명의 전부다. 그들은 부모의 행동을 되풀이하면서 청소년기를 보냈고, 이제는 그들 자신의 연극을 시작한 것이다.

사 랑 에 대 한 회 피 반 응

또 다른 경우로, 청소년기에 잘못된 사랑을 경험한 후 사랑에 회피 반응을 보이는 청년들이 있다. 이들은 대개 가족으로부터 물려받은 조건화된 사랑을 테스트하거나 거부하는 방식으로 사랑에 뛰어든다. 그리고 자기를 기다리는 운명을 회피하고자 한다. 이들은 자기가 원할 때 원하는 곳에서 원하는 사람과 사랑할 수 있는 자유를 향해 달려간다. 피부색, 성격, 문화 등은 이들에게 문제가 되지 않는다. 이들에게는 모든 것이 가능하다. 이들은 일종의 전지전능한 자유의 이상을 가지고 있다. 이들에게 청년기의 삶은 사랑과 성(性), 광기를 테마로 하는 즉흥 연극과 비슷하다.

이들은 거부나 모방 단계를 벗어나 부모의 눈길 밖에서 다양한 가치들을 탐색한다. 이런 청년들은 자신이 가족으로부터 떨어져 있다는 환상을 가지고 있다. 때로는 물리적 거리가 도움을 줄 거라고 믿어 망설임 없이 가족에게서 멀어진다. 상황에 따라 우정이나 직업에 바탕을 둔 새로운 가족을 만들려고 한다. 이런 환상은 대체로 30대까지 유지된다. 하지만 30대에 이르면 그들이 애써 회피했던 상처가 다시 수면에 떠오른다. 의식적으로는 회피 욕구와 달라지려는 욕구를 충분히 인식하고 있지만, 깊게 자리잡은 무의식은 내면에 간직한 사랑의 상처 쪽을 향한다. 사랑의 즉흥 연극을 연기하고 있다고 믿을지 모르지만, 실은 어린 시절의 정서적 트라우마를 되풀이하고 있는 것이다. 언젠가 나는 뉴욕에서 운동을 하던 중 조애니라는 여성을 만났다.

:: 40세인 조애니는 매우 기쁜 표정으로 나에게 말했다. "마침내 내 연애 패턴을 깼어요. 방금 남자친구와 헤어진 참이에요. 전에는 항상 3년 만에 헤어지곤 했는데, 이번에는 3년하고도 6개월을 만났어요." 나는 조애니에게 묻지 않을 수 없었다. "세 살 때 당신에게 무슨 일이 있었죠?" 조애니는 깜짝 놀라며 되물었다. "그걸 당신이 어떻게 알아요?" 사실 나는 그녀의 어린 시절에 대해 아는 것이 아무것도 없었다. 3년 만에 남자친구와 헤어지는 것이 그녀의 무의식 속에서 어떤 의미를 지니는 것이 아닐까 추측했던 것뿐이다. 조애니는 내게 자세한 이야기를 들려주었다. 스물한 살에 가족의 둥지를 떠나 독립한 후 그녀의 연애는 3년 이상 지속되지 못했다. 만 3년을 꼭 채우고 나면 반드시 남자친구와 헤어졌다. 그녀는 정신분석 상담을 하면서 자기가 세 살 때 매우 고통스럽게 버림받았다는 사실을 깨달았다. 이런 깨달음에도 불구하고, 그녀는 그 상처에서 벗어나지 못했다. 그녀는 재탄생* 치료를 받았고, 덕분에 억눌린 기억들로

---

* 영어로는 rebirth, 프랑스어로는 renaissance이다. 재탄생 기법을 고안한 사람은 미국의 레너드 오어(Leonard Orr)다. 1970년대에 이 용어는 탄생을 재경험하고 탄생과 관련된 기억들을 해방시키는 것을 뜻했다. 오어가 뜨거운 탕 속에서 깊은 호흡을 하면서 처음으로 재탄생을 경험했기 때문에 '호흡 기법'이라 불리기도 한다.

부터 해방될 수 있었다. 그 치료를 받는 동안 그녀는 다시 한 번 버림받는 경험을 되풀이했고, 마침내 반복되던 연애 패턴에서 벗어날 수 있었다.

조애니는 상처와 연애에 대한 두려움을 좀 더 성찰해봐야 할지도 모른다. 아무튼 사람의 무의식이 그 사람이 깊은 트라우마를 갖게 된 시기와 연관된 숫자에 따라 프로그래밍된다는 것은 놀라운 일이다.

방치, 거부, 배신, 학대, 모욕에 관련된 상처들은 제대로 치유하지 못하면 30대, 40대, 50대까지, 그 상처가 변형될 때까지, 완전히 치유될 때까지 계속 반복된다. 이때 중요한 사실이 하나 있다. 나이를 먹는 것이 상처의 치유를 보장해주지는 않는다는 점이다. 물론 나이가 들면 마음이 상대적으로 무뎌지기는 한다. 젊었을 때에 비해 초연해지고, 그럼으로써 의식적으로든 무의식적으로든 다른 사람의 사랑을 남용하기도 한다. 사랑을 너무 일찍 회피함으로써 겪게 되는 또 다른 고통은 힘겨운 사랑을 하느라 몸과 마음이 지치고 고갈된다는 것이다.

| 맹목적으로 빠져들기 |

사랑이라는 드넓은 바다 속에 몸을 담그고 타인과 융합하는 청년들도 있다. 이들은 주변 사람들에게 알리지도 않고 준비되지도 않은 상태에서 그들 자신도 의식하지 못한 채 커플 관계에 진입해, 그들이 가장 두려워하는 것, 즉 거부당하고, 버림받고, 배신당하고, 학대받고, 모

욕당할 준비를 한다. 반대로 사랑이라는 이름으로 타인에게 그들이 가장 두려워하는 것, 즉 유기, 거부 등의 괴로운 경험을 하게 만드는 청년들도 있다. 그들은 자기가 경험한 것들을 무의식적으로 반복한다. 주변 사람들은 사랑이라는 바다에서 이들을 건져올리기 위해 애쓰지만 이 젊은 커플들은 그것에 저항한다. 그리고 매일 사랑 속에서 투쟁하느라 지쳐서 익사할 지경이 된다.

내가 이런 청년들에게 할 수 있는 조언은 생명력을 활용하여 그들에게 주어진 조건과 상처를 인정하고 사랑을 잘 탐험해보라는 것, 그리고 그들을 자유롭게 해주는 쪽으로 방향을 잡으라는 것 정도이다.

지금까지 우리는 태아기부터 청년기까지 우리가 어떻게 사랑을 하는지 살펴보았다. 그렇다면 어른이 된 후에는 무슨 일이 일어날까? 사랑과 성을 일상 속에서 어떻게 경험할까? 어른이 되어서도 유년기의 흔적에 여전히 영향을 받을까?

사랑의
태도

사랑을 하는 인격은 우리를 사로잡고 우리가 받아들이는 사랑의 충동에 우리의 자아가 어떤 태도를 취하는가에 따라 결정된다. 우리는 사랑에 대해 어떤 태도를 취할까?

성인이 되면 자유롭게 사랑을 주고받지만, 부모에게서 받은 사랑과 부모가 우리에게 물려준 방식은 우리의 사랑 방식을 조건화한다. 그러므로 사랑과 관련해 우리가 어떤 위치에 있는지부터 알아야 한다. 지금까지 우리는 태아기에서 청년기에 이르기까지 우리가 어떤 방식으로 사랑에 눈을 뜨는지 알아보았다. 유년기에 경험한 사랑의 조건화가 이후의 사랑에 어떻게 영향을 끼치는지도 살펴보았다. 성인이 된 후 형성된 사랑의 인격을 잘 이해하기 위해서는 우리 안에 살고 있는 사랑에 귀 기울여보아야 한다. 여기에 3가지 질문이 있다. 이 질문들에 스스로 답을 하고 그 대답에 귀를 기울여보자. 그 대답들이 여러분의 내면에 대해 말해줄 것이다. 여러분의 내면이 유연한지 연약한지, 또는 모순에 기반을 두었는지 많은 것을 알려줄 것이다. 또 이 질문들은 여러분이 앞으로 나올 내용들을 더 깊이 이해하는 데 도움을 줄 것이다. 그 질문들은 다음과 같다. 1) 여러분에게 사랑이란 무엇인가? 좀 더 간단히 말해 여러분은 사랑에 대해 어떤 관점을 갖고 있는가? 2) 여러분은 어떻게 사랑받기를 원하는가? 3) 여러분은 여러분이 사랑받기 원하는 대로 다른 사람을 사랑하는가?

우리에게 사랑이란 무엇인가?

사랑은 삶과 죽음처럼 신비로운 성격을 갖고 있을까? 글쎄, 이것은 뭐라고 답변하기 힘든, 지속적인 탐색을 필요로 하는 문제이다. "나에게 사랑이란 무엇인가?"라는 질문은 내 고유의 관점과 관련되는 질문이다. 이 관점은 그 사람을 사로잡는 사랑의 힘에 따라 달라지는데, 만일 이 질문에 명확한 답변을 할 수 있다면, 그 사람은 자신의 사랑법을 잘 의식하고 있는 것이다. 사랑에서 내적으로 투명하고 명징한 단계에 다다른 사람도 있을 것이고, 자기 방어에 급급해 사랑하는 사람을 저버린 사람도 있을 것이다. 사랑에 대해 올바른 시각을 가지면 우리의 인격과 영혼이 화해할 수 있다. 사랑에 대해 올바른 시각을 가지면 마음과 행동이 일치하게 된다. 더 나아가 육체와 영혼의 일치 속에서 사랑을 경험하고 공유하게 해준다.

　사람의 인격은 자기 방어로부터 벗어날수록 유연해진다. 자신의 어두운 측면과 밝은 측면을 많이 깨달을수록 강인함과 연약함을 잘 식별할 수 있기 때문이다. 자신의 상처를 알고 잘 받아들일수록 습관적이고 억압된 조건들에서 벗어나 자유롭게 사랑할 수 있다. 이렇게 되면 사랑은 하나의 혜택이 된다. 이것은 희생적인 사랑과는 다르다. 이것은 우리 안에 살아 숨 쉬는 사랑이 우리를 통해 행동하도록 허락하는 것이며, 사랑이 주는 혜택을 마음껏 누리며 계산 없이 자양분을 흠뻑 제공받는 것이다. 이렇게 될 때 사랑은 더 이상 두려운 대상이 아니다. 자신을 믿고, 내맡기고, 사랑한다는 단순한 사실만으로도 충만해지는 행위이다. 자신의 독립성을 유지하면서도 사랑에 열중하고 현재의 삶을 충실하게 살 수 있으며, 사랑하는 사람에게 열중하면서 그 사람과 융합할 수도 있다. 늘 명징한 시선을 유지하기 때문이다.

　사랑은 끊임없이 되풀이되는 창조적 경험이 되며, 성(性)적인 표현은 자연스럽고 무한한 창의성의 출구가 된다. 성은 영감을 부여하고 새로운 가치를 부여하는데, 그것에 강제적 의무가 없기 때문이다. 오르가슴은 의무적으로 반드시 얻어야 하는 것이 아니라 자연적인 것이다. 몸과 마음을 공유한다는 것은 우리의 창조적 에너지가 타인의 창조적 에너지와 마주하여 추는 춤이기 때문이다.

우리가 원하는 사랑

어떻게 사랑받기를 원하는지 안다는 것은 자신의 정서적 욕구들과 그 욕구들의 기반이 되는 상처를 안다는 것이다. "어떻게 사랑받기를 원하는가?"라는 질문은 사랑에 대한 의식을 일깨우는 질문이다. 장 피에르라는 남자는 배신이라는 근원적 상처를 지니고 있었다. 그는 아내가 자기를 사랑하기를 원했고, 자기가 아내를 신뢰한다는 것을 아내에게 보여주기를 원했다. 장 피에르는 그런 방식을 통해 사랑받는다고 느꼈다. 이브라는 이름의 여성은 애인 베르나르가 자기를 소중한 사람으로 인정해주기를 바랐다. 그런 인정을 받을 때 사랑받는다고 느꼈다. 그런데 베르나르가 자기를 인정해주지 않아서 고통받았다.

어떻게 사랑받기를 원하는지 아는 것 자체가 목적은 아니다. 그것이 우리의 독립성을 보장해주지는 않기 때문이다. 상대방에게 종속될 위험은 늘 존재하며, 이것은 사랑의 초기 단계에서 흔히 나타나는 현상이다. 장 피에르의 이야기를 더 자세히 해보자.

:: 　장 피에르는 자신이 어떻게 사랑받기를 원하는지 알고 있다. 자신의 정서적 욕구들도 알고 있고, 그것에 대해 아내에게 이야기한다. 아내 또한 힘닿는 대로 그 욕구에 부응하고자 노력한다. 하지만 만일 아내가 세상을 떠난다면, 혹은 아내가 그가 배신이라고 여길 만한 방식으로 행동한다면, 장 피에르는 즉시 무너지고 말 것이다. 아내가 세상을 떠난다면 자신의 정서적 욕구에 부응해줄 사람 없이

혼자 남겨져 힘든 나날을 보낼 것이다. 배신당했다고 느낀다면 더 이상 아내를 사랑할 수 없어서 괴로울 것이다. 왜일까? 그의 사랑이 아내에 대한 의존에 기반을 두고 있기 때문이다. 사별 또는 배신이 정말 일어난다면 그는 결핍감과 공허감에 사로잡힐 것이다. 장 피에르는 아내의 사랑에 종속되어 있다. 더 깊숙한 내면에서는 그가 치유받지 못한 배신으로 인한 상처와 두려움에 종속되어 있다.

자신이 어떻게 사랑받기를 원하는지 아는 것은 자기 자신에 대한 사랑으로 들어가는 문이다. 어떻게 사랑받기를 원하는지 안다면, 그다음 단계는 무엇일까? 이브는 인정받지 못해 힘들어하지만 베르나르의 인정을 받는 것만으로는 만족하지 못할 것이다. 진정한 인정은 자신을 스스로 인정하는 것이다. 이것이 완수되면 어느 날 베르나르가 떠나도 이브는 무너지지 않을 것이다. 사랑에서 필요한 것을 스스로 줄 수 있기 때문이다.

반대로 자신이 어떻게 사랑받기를 원하는지 알지 못하는 경우, 그 사람은 맹목적인 사랑을 하게 된다. 이런 사람은 사랑에서 많은 것을 기대하지만 자기가 원하는 것이 무엇인지 알지 못한다. 그리하여 오랫동안 이리저리 떠돌고 다른 사람 안에서 안정감을 구하게 된다. 하지만 우리는 '다른 사람 안'이 아니라 '사랑 안'에 머물러야 한다. 맹목적인 사랑은 사람을 불안정하게 만든다. 어떻게 사랑받기를 원하는지 알지 못한 채 자신의 정서적 욕구들에 전혀 부응하지 못하는 방식으로 사랑에 몸을 던지게 된다. 이러다 보면 큰 타격을 입을 위험이 있다. 조제트의 경우를 살펴보자.

:: 　조제트는 부모에게 거부당한 고통을 가지고 있었고 정서적으로 매우 취약했다. 그녀는 이 남자에게서 저 남자에게로, 이 관계에서 저 관계로 끊임없이 방황했고, 그 관계들 속에서 반복적으로 거부당했다. 이런 경험들로 인해 내면이 더욱 불안정해지고 근원적 상처가 다시 문제가 되었다. 조제트는 자신에게 상처를 준 사랑들 때문에 고통을 받고 약해졌다. 그녀는 사랑받기를 원했다. 그녀에게 중요한 것은 그것뿐이었다. 조제트는 자신이 맺었던 관계들이 때로는 호의적이었다는 사실은 미처 깨닫지 못했다.

어떻게 사랑받기를 원하는지 모르면, 자신을 사랑하고, 소중히 여기며, 사랑받기 위해 다른 사람을 사랑하려는 마음을 갖기 힘들다. 우리는 우리 자신을 중요하게 여긴다. 그것은 자기 위안이 되지만, 자신을 마주 보는 것을 회피하게 만든다. 현대인들은 너나 할 것 없이 사랑병으로 고통받는다. 사랑을 전혀 받아보지 못한 사람들처럼 어떻게 해서든 사랑받으려 하고, 남녀 할 것 없이 사랑에 지나치게 목숨을 건다. 그러나 이런 형태의 사랑은 자기를 자신으로부터 소외시킨다. 나는 누구인가? 나는 여전히 나 자신인가, 아니면 다른 사람이 되었나? 우리는 이것을 알지 못한다. 하지만 이 사실을 중요하게 여기지 않는다. 상대방이 중요하다. 사랑할 상대방이 없으면 공허감을 느낀다. 검은 구멍 속에 빠진 것처럼 채워질 수 없는 공허감을 느낀다.

이런 유형의 관계에서 성은 기쁨의 의식도 아니고 나눔도 아니다. 상대방과 융합하기 위한 강박증일 뿐이다. 상대방에게 소유되려는 욕구, 영혼 밑바닥까지 모든 것을 상대방에게 주려는 욕구 말이다. 이때 우리는 제대로 존재하지 못하고 자신과 결별하게 된다.

다른 사람을 사랑하는 방식

우리는 우리가 사랑받고자 하는 방식대로 다른 사람을 사랑하는가? 이 질문에 그렇다고 대답할 수 있다면, 자신이 사랑받기를 바라는 대로 다른 사람을 정말로 사랑할 수 있다면, 그 사람은 유연한 사랑의 인격을 지니고 있는 것이며 사랑을 줄 능력이 있는 것이다. 이런 사람은 다른 사람과 인생을 공유할 수 있고, 제대로 살아 숨 쉬고 성장시키는 창조적 사랑을 경험할 수 있다. 반대로 그렇다고 대답할 수 없다면, 그 사람은 사랑을 주지 않고 요구하기만 하는 사람일 것이다. 그런 사람은 상대방에게 많은 것을 요구하지만 상대방에게 그만큼 주지는 못한다. 또 늘 사랑에서 상처받고 자기를 방어한다. 자신이 어떻게 사랑받는지 알지만 똑같은 방법으로 상대방을 사랑하지는 못하는 사람이다. 유년 시절의 자아도취적 사랑에 머무르는 것이다. 이것은 3~4세 수준의 사랑이다. 어린아이는 이렇게 말한다. "나를 사랑해줘, 나를 사랑해줘. 하지만 네가 나를 사랑해주는 것처럼 너를 사랑해줄 수는 없어." 그런 사람은 사랑에서 자신을 방어하기에 여념이 없다. 그러면서 상대방이 자기를 지지해주고, 자기를 키워주고, 자기에게 감탄해주고, 자기를 사랑해주기를 기대한다. 상대방의 눈길, 상대방의 사랑의 몸짓, 상대방의 선물이 그 사람에게 안정감을 주고, 그 사람을 기분 좋게 해주고, 안심시켜 주지만 그 사람은 그것에 대한 답례로 상대방에게 똑같은 것을 주지 못한다. 바로 여기에 문제가 있다. 이런 사람은 갑옷으로 무장하고 방어물 뒤에 숨는 사람이다. 이런 사람은 자신을 방어하기 위해 무의식적으로 자아도취적 태도를 취한다. 그리고 질문한다. "오, 거울아! 세상에서 누가 제일 잘생겼는지 말해줘! 누가 제일 예쁜지 말해줘!" 이런 사람이 세상을 살아가기 위해서는 자아도취적 거울이 필요하다. 그런데 이런 사람들은 대부분 자신의 욕구와 상처들을 잘 알지 못한다. 자아도취적 욕구에 빠져 있고 자기 방어에 급급해 자신의 내면 깊숙이 들어가지 못하기 때문이다. 이런 사람은 상처받을까봐 늘 두려워한다. 상황을 잘 통제하는 것처럼 보이는 순간에도 늘 불안이 따라다니므로 고통을 받는다.

그 결과 이런 사람에게는 엄청난 무능함이라는 족쇄가 따라다닌다. 이런 사람은 겉으로는 책임을 지는 것 같지만 문제의 밑바닥까지 책임지지 못한다. 정복자, 유혹자, 혹은 상대방을 좌지우지하는 소유욕의 화신이지만 자신의 상처와 대면하기를 아주 두려워한다. 버림받고 거부당하고 배신당하는 것에 대한 두려움이 공포에까지 이를 정도로 크기 때문에 이런 사람이 진정한 사랑을 하기란 불가능하다.

:: 알리스는 겉으로 볼 때는 독립적인 여성으로 보이지만 내면에

큰 상처를 감추고 있었다. 연하의 남자와 7년 동안 공평치 못한 관계를 지속하다가 헤어지자 감춰져 있던 상처가 되살아났다. 파괴적인 관계에서 벗어난 뒤 그녀는 자기가 여전히 아름다운지, 사랑받을 만한 여자인지 자신하지 못했다. 그런 경험 이후 자기도 모르게 사랑에 방어적 태도를 취하게 되었다. 또한 사랑받고, 예쁨받고, 인정받고자 하는 자아도취적 욕구로 퇴행했다. 그러던 중 자크라는 남자를 만났다. 자크는 알리스의 거울이 되어주었고, 알리스는 매일 그 거울 속에서 자신의 모습을 보며 감탄했다. 알리스는 자크를 사랑한 것이 아니었다. 자크가 보여주는 자기 자신의 이미지를 사랑했다. "사랑하는 알리스, 자기는 아름다워. 자기는 멋져. 자기는 최고야. 자기가 '짱'이야!" 이런 말에 도취되어 알리스는 급기야 자크에게 경제적 부양까지 받을 정도로 독립성을 상실했다. 알리스는 점점 작아졌고 자아도취 속에서 자신을 잃어버렸다. 알리스는 점점 더 까다로운 여자가 되어갔다. 그녀의 자아도취적 욕구는 정상적인 범위를 벗어나 매우 저속한 형태로 변질되어갔다. 자크는 사랑의 보답도 받지 못한 채 알리스를 '지켜주었다.' 나이가 들어가면서 알리스는 버림받을까 두려워하게 되었다. 그녀는 자신에게 살아갈 양분을 제공하는 자크에게 집착하고 있다. 이들의 관계가 얼마나 더 지속될 수 있을까?

이런 태도를 취하는 사람은 상대방의 사랑에 보답하지 못한다. 이런 사람은 상대방의 성적 쾌락과 자신의 성적 쾌락을 제 마음대로 휘

두른다. 이런 사람은 상대방을 기쁘게 해주는 것을 좋아하기는 하지만 상대방을 위하는 마음에서 그러는 것이 아니다. 자신의 권력을 유지하는 방식일 뿐이다. 오르가슴은 피상적이거나 가짜이며, 간단히 말해 진정한 오르가슴이 존재하지 않는다.

사 랑 의 위 대 한 능 력

지금까지 나는 사랑하는 방법들에 대해 설명했다. 여러분은 그중에서 자신의 사랑법은 무엇인지 식별할 수 있었을 것이다. 여러분의 사랑법이 무엇이든 두려워할 필요는 없다. 중요한 것은 그 사랑법이 현재의 우리를 만들었다는 사실이다. 사랑은 우리가 해결하지 못한 무의식과 대면하도록 우리를 이끌기 때문이다. 우리는 사랑하는 과정을 통해 무의식을 감지할 수 있다. 콤플렉스에서 왔든 조건화된 사랑에서 왔든, 그것은 우리와 타인 사이의 관계에 기반을 두고 있다. 그러니 의식을 일깨워야 한다. 우리 자신을 아는 법을 배워야 한다. 그렇게 함으로써 과거의 사랑에서 해방될 수 있으며, 진정한 사랑을 향해 나아갈 수 있다. 앞에서 이야기했듯이 우리는 유년 시절에 입은 사랑의 상처들로 인해 주위에 방어물을 세웠다. 그 상처들은 성년기부터 노년기까지 진행되는 개별화 과정의 한 부분을 이룬다. 카를 구스타프 융은 우리는 아무 무늬가 그려지지 않은 백지 상태로 태어나 우리 자신과 이별하고 그 다음에는 살아가면서 우리 자신을 재통합한다고 말했다. 내면세계와 외부세계의 결합을 통해 창조적으로 사랑할 수 있기 위해서 우리는 좀 더 투명하고 유연한 인격을 계발해야 한다.

우리는 상처를 받아 약해진 순간에 뒤이어 찾아오는 긴장 단계를 통해 우리 자신에 대해 좀 더 깊은 자각에 이르고 상처를 극복할 수 있다. 우리는 가장 약해졌을 때 다시 시작할 수 있다. 이런 훈련은 대개 여러 해가 걸린다. 특정 유형의 인격을 가진 사람들이 특정 유형의 사랑을 하는 경향이 있기는 하지만 모든 경우를 정확하게 예측할 수는 없다. 그러니 그런 경향성에 너무 의지하지 말아야 한다. 칼릴 지브란이 『예언자』에서 말한 것처럼, 사랑은 우리 자신을 잃어버리게 하는 만큼 우리를 자라게도 한다. 스스로에게 사랑을 허락하는 것은 그 위대한 에너지를 통해 삶에 입문하는 일이 아닐까?

육체와
사랑의
조건화

조건화된 사랑은 우리의 마음을 좌지우지할 뿐만 아니라 우리의 육체에도 흔적을 남긴다. 우리의 무의식이 육체에 반영되기 때문이다. (나는 오랫동안 정신신체 요법을 행하면서 조건화된 사랑으로 인해 육체가 변형된 사람들을 많이 만나보았다). 육체는 피부, 자세, 긴장 등을 통해 억누르거나 은폐한 사랑의 상처를 드러낸다. 방치, 거부, 배신, 모욕, 학대 등의 정신적 고통들은 잉크가 종이에 흡수되듯 육체에 흡수된다. 정신분석가 빌헬름 라이히(Wilhelm Reich, 오르가슴 에너지를 이용해 히스테리에서 암에 이르는 신체·정신 질환을 치료할 수 있다고 주장했다— 옮긴이)의 연구는 무의식 속에 자리잡은 사랑의 상처와 자기 방어가 육체에 표현되는 것을 잘 보여준다. 조건화된 사랑과 고통의 흔적은 가슴, 목, 혀, 눈, 어깨, 팔꿈치, 손목 관절, 고관절, 무릎, 발목, 발가락

관절에 두루 나타난다. 발육기의 척추 변형도 주시해야 한다. 사랑받지 못한 사람들은 몸에 흔적이 남는다. 신체만 사랑의 상처를 보여주는 것은 아니다. 신체의 자세도 사랑의 상처를 보여준다.

신 체 자 세 와 사 랑 의 상 처

사랑의 근원적 상처를 뚜렷이 보여주는 신체 자세들이 있다. 그중 양극단에 해당하는 2가지 신체 자세를 살펴보겠다. 이 신체 자세들은 똑같이 고통을 보여주며, 모든 인간에게 공통되는 상처들을 감추고 있다. 이 신체 자세들은 가정에서 겪은 정서적 고통을 표현한다. 다음의 그림들을 통해 이 2가지 신체 자세를 살펴보자. 유형 1은 '사랑받지 못하는 사람의 자세'이고, 유형 2는 '자기 방어 자세'이다.

| 사랑받지 못하는 사람의 자세 |

사랑받지 못하는 사람이 스스로를 보호하는 방어물 뒤에는 사랑을 경험하지 못했거나 부당하고 폭력적이고 억압적인 사랑만 경험한 사람이 숨어 있다. 사랑받지 못하는 사람들은 이런 고통스러웠던 경험 때문에 신체적 · 정신적으로 희생자의 위치를 선택한다. 이런 사람들은 대개 융합적 관계를 좋아하는 경향이 있다. 이들은 사랑을 감내한 뒤 결국 사랑받지 못하는 희생자가 된다. 이들의 신체는 슬픔, 억눌린 분노, 무력감은 물론 절망까지도 표현한다. 또 2부에서 더 자세히 설명

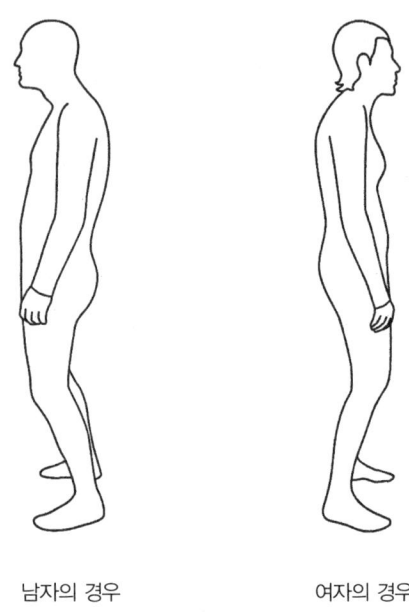

남자의 경우   여자의 경우

[유형 1: 사랑받지 못하는 사람의 자세]

하겠지만 수동성과 기만적 사랑에 대한 복종을 보여준다. 이런 사람들은 과도하고 맹목적인 사랑에 빠져드는 경향이 있고 **자신의 고통에서 자양분을 취하는 특성이 있다.**

| 자기 방어 자세 |

둘째 자세는 자기 방어 자세이다. 이 자세는 '공격적' 기질을 가진 사람들에게서 많이 나타난다. 이런 사람들은 사랑을 할 때 상대방을 학

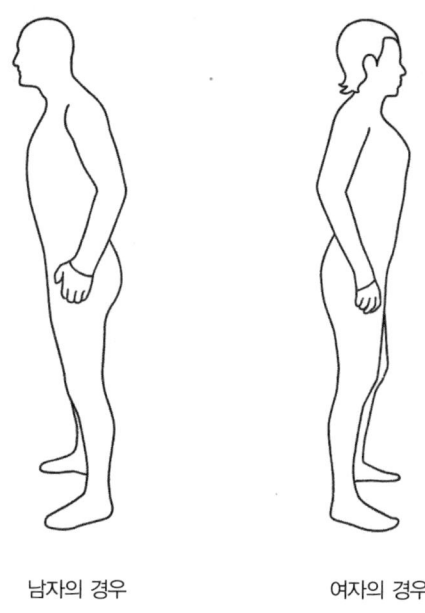

남자의 경우   여자의 경우

[유형 2: 자기 방어 자세]

대하는 경향이 있다. 상대방에게 많은 것을 요구하지만 보답은 잘 하지 않는다. 사랑에 희생된 사람들을 도우려고 하는 사랑의 '구원자'를 자처하는 사람들이 이런 자세를 취할 수 있다. 그런데 사랑의 희생자들은 자신의 고통에 몰두하고 고통에서 자양분을 취하기 때문에 구원자는 자신의 목표에 다다르지 못한 채 희생자를 박해한다.*

* 구원자는 삼각구도를 구성하는 3가지 역할들 중 하나이다. 나머지 2개의 역할은 학대자와 희생자이다.

이 신체 자세는 전진하고, 정복하고, 탐험하려는 경향을 나타낸다. 때로는 상대방을 소유하려는 욕구까지 나아가기도 한다. 그러나 정복이 실현되면 즉시 다른 곳을 본다. 이런 유형의 사람들은 소극적인 사람들과 반대이며 과잉 행동을 하는 경향이 있다. 이런 사람은 정복과 기만적인 관계 속에서 **끊임없이 자기 자신을 잃어버린다.** 이런 사람은 또 친밀한 연애를 거부하는 경향이 있다. 이런 자기 방어 속에는 대개 무의식적인 이유로 인해 사랑으로부터 자기 자신을 방어하는 사람이 숨어 있다. 이런 사람들은 겉으로 보이는 것과는 달리 사랑받지 못해 고통을 겪은 경우가 많다.

사랑받지 못하는 사람의 자세는 유년 시절에 생겨난 호흡장애를 동반한다. 사랑받지 못하는 사람의 신체는 날숨 기능을 제대로 발휘하지 못한다. 흉곽이 깊이 패어 있고, 어깨는 앞쪽으로 굽어 있고, 팔은 힘이 없다. 척추와 다리는 휘어 있다. 몸이 전반적으로 아래로 처져 있고, 숨 쉬는 데 어려움을 겪는다. 다시 말해 삶에 긍정적으로 응답하는 데 어려움을 겪는다. 이런 자세는 정서적으로 의존적이고 극도로 집착하는 심리적 태도를 반영한다. 반면 자기 방어 자세를 취하는 사람의 신체는 들숨 기능을 제대로 발휘하지 못한다. 흉곽이 부풀어 있고 몸이 전반적으로 앞으로 내밀어져 있다. 이런 사람들의 신체는 감정과 사랑에서 자신을 방어한다. 턱은 꽉 다물려 있고, 머리는 앞쪽으로 나와 있으며, 팔은 공격 자세를 취하고 있다. 등은 활 모양으로 휘어 있고, 다리는 방어 자세를 취하며 단단히 자리잡고 있다. 이런 사람들은 부드러움과 다정함으로부터 자신을 방어하는 경향이 있다. 또한 자신의 주변을 통제하며, 주변으로부터 떨어져 나와 자유를 추구한다. 이런 사람들은 자신이 선택한 희생자를 뒤에 버려둔 채 다른 정복할 거리를 찾아 자주 옮겨간다. 이런 사람들은 유형 1의 사람보다 더 자신감 있어 보인다. 하지만 앞을 향해 돌진하는 듯한 이런 사람들도 실은 사랑받지 못한 상처를 감추고 있다. 이런 사람들 역시 유형 1에 해당하는 사람들과 마찬가지로 자신의 모습을 제대로 의식하지 못한다.

이런 신체 자세들은 유년 시절에 무의식적으로 채택되며, 사랑의 조건화와 그것에서 비롯된 상처의 표현이다. 이 자세들은 사람들 각각의 사랑 경험에 따라 온갖 변이와 미묘한 차이를 보여주며 우리가 연구하고 탐험하려는 것의 양 극단을 차지한다. 한마디로 이 자세들은 애정관계와 그 애정관계 속에 존재하는 인격의 표현이다.

우리의 신체는 우리가 어떻게 사랑받고 상처받았는지 자세를 통해 말해준다. 나는 임상 치료를 하면서 위에서 이야기한 2가지 유형의 자세를 가진 사람들을 여럿 만났다. 물론 미묘한 차이들은 있었다. 또한 나는 자신의 신체를 직시한 후 사랑과 삶에 대한 자기 방어에서 해방되고 자신의 신체는 물론 타인과의 관계에서도 진짜 변화하는 환자들도 보았다. 우리의 신체가 주인의 허락 하에 변모할 때, 호흡이 좀 더 자유로워질 때, 이런 신체 자세와 무의식적으로 연결되어 있던, 자기 방어로 이끌었던 사랑의 조건화도 전복된다.

조건화된
사랑에서
해방되기

조 건 화 에 서   벗 어 나 는   첫 걸 음

우리는 사랑의 조건화로부터 해방될 수 있다. 때로 우리는 자기 자신과 멀어졌고, 사랑하는 사람들도 사라졌고, 아무도 우리를 원치 않는다고 느낀다. 이런 고통스러운 경험은 변화의 계기가 된다. 이런 경험은 우리 의사와 상관없이 마치 폭풍처럼 우리를 뒤흔든다. 인생을 살아가는 동안 그런 입문 과정을 거친다. 우리가 전통적인 사랑의 유형들에 애착을 가진다 해도, 인생은 우리가 다르게 사랑하도록 이끈다. 어떤 사람들은 그런 유형의 입문을 찬양하고, 어떤 사람들은 그런 입문을 싫어한다. 하지만 나는 이런 것들이 모두 생의 움직임과 개인의 발전 과정을 구성한다고 본다. 이런 경험들이 우리 옆을 스쳐 지나갈 때 우리는 받아들일 수도 있고 거부할 수도 있다. 선택은 우리의 몫이다. 다만 사랑법이 조건화될수록 사랑을 탐험할 여지는 줄어든다는 사실을 기억하라. 사랑에 대해 많은 것을 알고 계획할수록 사랑에 상처받는 일이 줄어들 것이다. 나는 실제적이고 집착하지 않는, 활기 넘치고, 감동을 주고, 창조적인 사랑에 대해 이야기하는 것이다. 이런 사랑은 우리가 가정, 사회, 문화적 환경에 의해 부과된 조건화에서 벗어나면서 미지의 차원들을 탐험하도록 도와준다. 그 결과 내가 **현장에서의 해방**이라고 부르는 깊은 변화가 일어난다.

탐 험 을 통 한 해 방

조건화된 사랑에서 해방되는 다른 방법들도 있다. 그중 하나가 자기 성찰이고, 또 하나는 사랑에 관한 사회적 통념을 탐험하고 자신의 사랑법을 바꾸려고 의식적으로 노력하는 것이다. 조건화된 사랑에서 해방되면 자신의 삶을 장악할 수 있다. 이 일은 우리 각자의 욕구와 삶의 리듬에 달려 있다. 조건화된 사랑에서 해방되기 위해서는 몇 가지 질문을 제기해야 한다. 조건화된 사랑에서 해방되려는 움직임은 또한 자아 내부에 유폐된 사랑을 해방시키려는 목적을 가진다는 사실도 강조하고 싶다. 부모나 자신에게 상처 준 사람들을 비난하는 것은 마음을 다치게 하고 사랑의 표현을 제한할 뿐이다. 해방은 공격이나 희생을 통해 이루어지지 않고 존중 속에서 이루어지며 자아의 힘을 통해

서만 이루어진다. 그러니 스스로 책임을 지라고 권유하겠다. 우리는 사랑의 희생자가 아니라 사랑의 창조자이다. 우리는 조건화된 사랑에서 해방될 수 있고, 삶과 사랑이 우리의 안과 주변을 자유롭게 순환하게 만들 수 있다. 이제 사랑의 과정 전체를 살펴보기로 하자.

사 랑 의   형 성

사랑을 올바르게 인식하려면 우선 사랑과 관련된 요소들을 살펴보아야 한다. 탄생 이후의 어린 시절로 거슬러 올라가 최초에 어떤 조건들 속에서 사랑이 형성되었는지 탐색해보고 성장의 각 단계들을 통해 자신을 이해해야 한다. 이 각각의 단계들을 살펴보면서 다음과 같은 몇 가지 질문을 스스로에게 해보라. 스스로 질문을 던지고 그 답을 찾으면서 조건화된 사랑과 자신의 사랑법을 이해하고 해방을 향해 서서히 걸음을 내딛게 될 것이다.

| 태아기 |
어머니는 어떤 분위기에서 여러분을 임신했을까? 태아기를 기억하기란 힘든 일이므로, 어머니에게 물어보면 좋을 것이다. 어머니에게 여러분을 임신했을 때 상황이 어땠는지 물어보고, 어머니가 이야기를 해주면 그 이야기에 대한 여러분의 신체 반응 및 여타의 반응을 잘 관찰하라.

| 아이에게 투사한 역할 |

여러분이 태어나기 전에 부모와 가족들은 여러분에게 어떤 역할을 기대했을까? 여러분은 그 역할에 충실했을까? 임신했을 때 여러분에게 어떤 기대를 가졌는지 부모님에게 물어보라. 그리고 대답을 들었을 때 여러분의 내부에서 일어나는 반응을 관찰하라. 그리고 자신에게 질문하라. '나는 정말로 그 역할에 충실할 필요가 있는가?'

| 아이와 어머니의 관계 |

여러분이 태어났을 때 어머니는 여러분을 어떻게 사랑했을까? 어머니가 우리를 사랑하는 방법에 영향을 준 사랑에 관한 사회적 통념들은 어떤 것일까? 여러분이 태어났을 때 어머니가 여러분을 어떻게 사랑했는지 알려면 여러분의 유년 시절에 관해 어머니에게 질문해야 한다. 여러분이 어떤 아이였는지, 그리고 어머니는 그 탄생을 어떻게 경험했는지 말이다.

| 아이와 아버지의 관계 |

아버지는 여러분을 어떻게 사랑했을까? 항상 곁에 있었을까? 그렇다면 어떤 방식으로 곁에 있었을까? 어머니에게 했던 질문들을 아버지에게도 똑같이 해보라. 여러분이 아주 어린 유아였을 때 아버지와 어머니의 관계는 어떠했나? 아버지와 여러분의 관계뿐 아니라 여러분 부모 사이의 관계도 마찬가지로 중요하다.

| 다른 가족과의 만남 |

여러분은 어떤 상황에서 태어났나? 가족 안에서 어떤 형태의 조건화된 사랑을 물려받았나? 여러분의 가족은 사랑에 관해 어떤 관념들을 갖고 있나? 형제자매들과도 이런 이야기를 나누어보고 그들의 이야기를 들어보는 게 좋다. 또한 형제자매들의 애정 생활은 어떠한지, 그들은 부부관계에서 어떤 경험을 하고 있는지도 알 필요가 있다. 그들은 사랑에 관해 자녀에게 무엇을 가르치고 있는가? 그들의 방식에 공통분모가 존재하는가?

| 오이디푸스 콤플렉스 |

여러분은 소유욕 강한 사랑을 추구하는가? 정복욕을 멈출 수 없는가? 유명인사나 권력을 가진 사람에게 끌리는가? 혹시라도 어린 시절에 아버지나 오빠와 사랑에 빠졌던 일이 있나? 또는 어머니나 누나와 사랑에 빠졌던 일이 있나? 그렇다면 그 사랑을 어떻게 경험했는가? 이런 질문들을 던져보며 스스로를 되돌아보는 것도 필요하다.

| 부모의 편애 |

연적이 있어서 경쟁해야 할 때만 사랑에 빠지는가? 영역을 지키고 보존해야 할 때만 사랑에 빠지는가? 부모가 편파적이었나? 그래서 부모 중 한쪽을 더 좋아했는가? 그것이 지금도 마찬가지인가? 선생님이나 친구들에게서, 혹은 동료들에게서 그런 편파성을 똑같이 경험했는가?

이 질문들에 대답하고 나면 여러분이 가진 조건화된 사랑이 무엇에 기반을 두는지 더 잘 알게 될 것이다. 이제 마지막 몇 개의 질문들과 함께 이 주제 속으로 더 깊이 들어가보자.

| 어머니 또는 어머니를 대신한 사람과의 관계 |
어머니는 사랑과 관련하여 어떤 말, 몸짓, 태도들을 여러분에게 전달했는가? 이를테면 이렇게 말했을 수 있다. "네 감정을 쉽게 표현하지 마라. 그건 위험하단다. 네가 상처받을 수도 있어." 어머니가 이렇게 말했다면, 여러분은 이 말에 어떻게 반응했나? 어머니의 말에 따랐나? 지금도 어머니의 말이 옳다고 생각하나?

| 아버지 또는 아버지를 대신한 사람과의 관계 |
아버지는 사랑에 대해 무슨 말을 했나? 아버지의 애정표현 중 어떤 것이 가장 좋았나? 아니면 이렇게 말하고 싶은가? "나는 아버지의 눈길을 받지 못했어요. 아버지에게 나는 없는 거나 마찬가지였어요. 아버지는 나를 자신의 아들(딸)로 보아주지 않았어요." 만일 이렇게 느끼고 있다면, 여러분은 아버지의 그런 태도에 어떤 반응을 보였나? 아버지에게 당신이 존재하지 않는다는 느낌을 여전히 갖고 있는가?

| 가정 내 다른 구성원들과의 관계 |
가족들은 사랑에 관해 어떤 관념들을 갖고 있나? 이를테면 그들이 이렇게 말했나? "사랑 같은 건 아무 소용 없어. 경제적 안정이 가장 중

요해." 이런 말을 들었을 때 여러분은 어떻게 반응했나? 이 의견에 여전히 동의하는가?

| 자아와의 관계 |

여러분은 사랑에 관해 어떤 관념들을 갖고 있는가? 이를테면 이렇게 말하는가? "사랑은 나와 상관없는 일이야. 나는 사랑스럽지 않아. 사랑은 위험해. 나는 사랑하는 게 두려워." 이런 관념들이 지금의 처지에 들어맞는가? 계속 이렇게 믿고 이 관념을 키우고 싶은가? 혹시 이런 관념이 누군가와, 당신을 폐쇄적으로 만든 어떤 사랑법과 관련이 있는가?

지금까지 우리가 물려받아 무의식적으로 반복한 조건화된 사랑을 살펴보았다. 이제 1부의 결론을 맺도록 하자. **우리의 사랑법을 책임질 사람은 우리 자신**이다. 우리는 사랑의 희생자가 아니다. 우리가 경험한 사랑은 밖에서가 아니라 우리 자신에게서 출발한다. 스스로에게 사랑을 허락한다는 것은 사랑을 주는 것과 받는 것을 모두 허락한다는 의미이다. 내 내담자들은 자주 이렇게 말했다. "나는 한 번도 사랑받아본 적이 없는데 어떻게 다른 사람에게 사랑을 줄 수 있죠?" 이런 생각을 하는 것은 조건화된 사랑과 근원적 상처 때문이다. 이것들이 여러분 자아 안의 사랑의 충동을 죽여버려서 내면세계가 말라버렸기 때문에 사랑을 주지 못하는 것이다. 하지만 여러분은 이런 상처들과 콤플렉스와 환경을 통해 물려받은 사회적 통념들을 넘어 여러분 안에 존재하는 깊은 샘에서 사랑을 길어 올릴 수 있다.

2부에서는 연인관계, 부부관계, 우정관계, 부모-자식 관계에서 나타나는 사랑의 유형 중 하나인 융합적 사랑에 대해 알아볼 것이다.

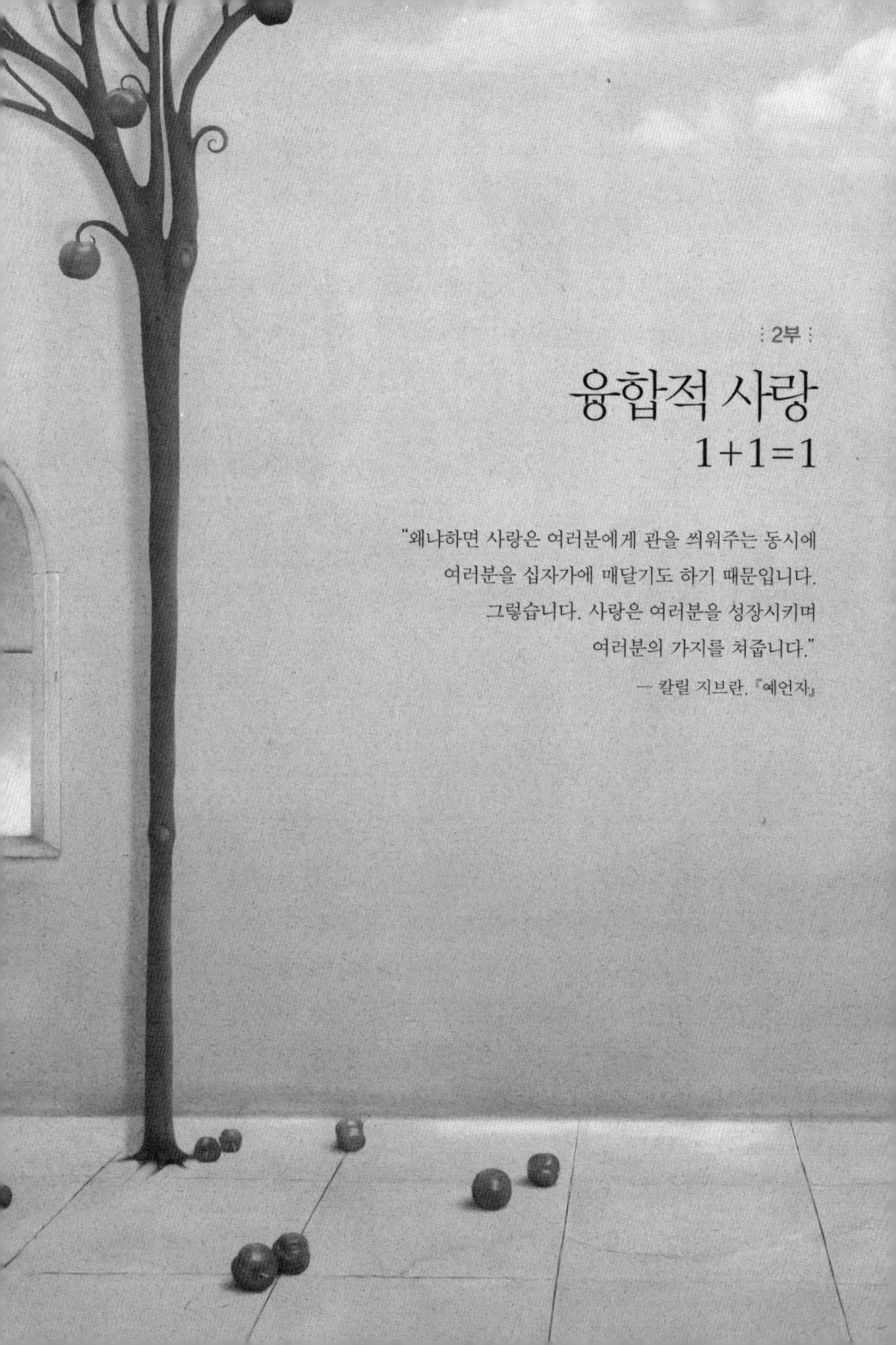

융합적 사랑
1+1=1

"왜냐하면 사랑은 여러분에게 관을 씌워주는 동시에
여러분을 십자가에 매달기도 하기 때문입니다.
그렇습니다. 사랑은 여러분을 성장시키며
여러분의 가지를 쳐줍니다."

— 칼릴 지브란, 『예언자』

융합 없는, 다시 말해 영혼의 일치가 없는 진정한 사랑은 존재하지 않는다. 우리는 경험을 통해 사랑의 어려움을 안다. 사랑한다는 것은 초연함과 자유를 지키면서 자기 옆에 있는 존재와 융합할 수 있는 능력을 의미하기 때문이다. 욕구, 관심, 소유, 집착이 중요한 것이 아니다. 이 모든 떨림을 조건 없이 하나로 묶는 것이 중요하다. 초연하고, 욕망을 품지 않고, 정복했던 상대방을 놓아줄 수 있어야 상대방과의 진정한 융합이 가능하다. 그래야 한 존재와 다른 존재가, 한 존재와 세상이 일치할 수 있다.

이렇듯 사랑이 곧 융합을 의미한다면, '융합적'이라는 형용사는 불필요할 것이다. 그런데 왜 '융합적 사랑'(l'amour fusionnel, 서로의 구별과 경계가 없어질 정도로 하나로 합해진 사랑을 의미한다. 융합적 사랑은 서로의 경계가 불분명하다는 점에서 부정적인 결과를 불러올 때가 많다―옮긴이)이라는 표현이 존재하는 걸까? 융합이 반드시 진정한 사랑에서만, 다시 말해 자기 자신 및 타인에 대한 초연하고 자유로운 태도 속에서만 경험되지는 않기 때문이다. 다시 말해 상대방과 융합되긴 하지만 진정한 사랑은 아닌 사랑들이 존재하기 때문이다. 융합이란 우리가 마음대로 선택할 수 있는 행위가 아니다. 융합은 고독과 결핍, 공허감을 채우는 데 필요한 것으로, 우리의 의지와 관계없이 일어난다. 그런 의미에서 융합은 우리에게 황홀감을 안겨주기도 하지만 우리를 지옥으로 이끌 수도 있는데, 두 존재가 이별하고 그 이별이 고통을 안겨줄 때 그렇다.

어떤 사람이 사랑의 결핍을 채우려고, 좀 더 깊이 들어가 공허감을 채우려고 융합을 갈망한다면, 그것은 그 사람에게 근원적 상처가 잠재적으로 존재하기 때문이다. 이 상처는 우리가 세상에 태어난 후 어머니에게 받아들여지고 양분을 공급받을 때 제대로 채워지지 못하고 남아버린 빈 공간 같은 것이다. 이것은 근원적인 고통이며, 1부에서 설명한 조건화된 사랑보다 훨씬 더 깊고 복잡하다. 이것은 삶과 죽음, 그리고 사랑과 관련된 모든 것을 보여준다. 이것과 관련된 무의식적 고통은 너무나 깊어서 우리 자신과 주변 사람들을 파괴할 수도 있다. 그러나 우리가 이것의 기제를 잘 이해하면 우리 마음의 숨겨진 차원들을 더 잘 알 수도 있다. 그리하여 융합적 사랑을 떠나 창조적 움직임 속에서 우리를 개별화의 길로 인도하는 진정한 사랑으로 옮겨갈 수 있다. 칼릴 지브란이 "사랑은 여러분이 여러분 마음속의 비밀들을 깨닫도록, 그리고 그 깨달음을 통해 삶의 핵심으로 다가가도록 그 모든 일을 겪게 한 것입니다"라고 말한 것처럼 말이다.

어떤 사람들은 치유받기 위해 사랑을 이용하고, 어떤 사람들은 자기 자신 또는 자신에게 상처 준 사람들을 파괴하기 위해 사랑을 이용한다. 후자의 경우, 그 사랑은 증오와 원한에서 자양분을 제공받는다. 그러나 사랑은 무엇보다도 우리를 삶에 제대로 입문시켜주기 위해 존재한다. 사랑은 그동안 웅크리고 숨어 있던 참호에서 이제 그만 나오라고 권유한다. 사랑은 발전하라고, 내적 성숙을 향해 나아가라고, 우리 자신과 타인들을 더 잘 이해하라고 우리를 밀어댄다. 사랑은 이처럼 강력한 도구이다. 사랑은 우리가 내적 평화와 평온함을 누리도록 근원적 상처에서 치유되도록, 조건화된 사랑에서 해방되도록 도와준다.

반대로 정서적으로 미숙한 상태에서, 근원적 상처가 치유되지 못하고 무의식적으로 반복되는 상태에서 융합적인 사랑을 경험하게 되면, 질투, 소유욕, 원한 등등 내면의 그림자(ombre intérieure)*들이 춤을 추기 시작한다. 이것은 삶에 입문시켜주는 사랑이 아니다. 마치 시계추의 움직임처럼 도취에서 파괴로 이끄는 사랑이다.

* 융의 이론을 지지하는 심리학자들에게 내면의 그림자란 인격의 무의식적 부분을 의미한다. 다니엘 코르도니에(Daniel Cordonier)는 내면의 그림자를 거꾸로 뒤집힌 우리의 분신, 우리가 될 수도 있었던 사람, 그러나 그렇게 되지 않은 사람으로 정의한다. 간단히 설명하면 내면의 그림자는 우리가 미처 계발하지 못한 특성들을 포함하는 어둡고 무의식적인 측면이다.

융합과
인격

융합에 대해 이야기하려면 우리가 세상에 태어났을 때, 그리고 태어
난 뒤 몇 시간, 몇 주, 몇 달 동안 경험한 관계에 대해 반드시 언급해
야 한다. 이 단계는 매우 심층적인 동시에 무의식적이며, 이 단계에서
경험한 사랑이 이후 우리가 맺게 되는 모든 관계를 조건 짓는다. 태아
기, 탄생의 순간, 그리고 생후 수개월 간의 삶은 당시 그 아이 곁에 있
었던 사람들이 그 아이를 어떻게 대했느냐에 따라 좌우된다. 바로 이
런 이유로 융합은 매우 본능적이고 동물적인 부분부터 고도로 정신적
인 부분까지 아우를 수 있는 것이다.

융합의 여러 단계

융합은 둘 이상의 존재나 사물들이 **상호침투**(interpénétration)를 통해 밀접하게 결합하는 것이다. 이런 밀접한 결합은 우리 자신과 타자의 조합을 통해 일어난다.

융합의 경험은 여러 단계로 이루어진다. 우리는 각자의 사연과 방식에 따라 그 단계들을 밟게 되는데, 그 방식은 각자의 상처받은 부분에 타격을 줄 수도 있고 그렇지 않을 수도 있다. 그러나 어떤 경우든 그 방식이 그 사람의 사랑법을 변화시킨다.

| 인정과 수용 |

최초의 단계는 인정과 수용이다. 융합하려는 상대방을 인정하고 수용하는 것을 말한다. 인정과 수용은 본능에 따라 일어나는 것일까? 즉 우리는 화학적 혹은 생리적 반응에 따라 상대방을 인정하고 수용하는 것일까? 누군가를 인정하고 수용하는 것은 감각적으로 체험하는 강력한 소통의 순간이다. 우리의 어떤 것이 자극을 받아 인정과 수용이 일어나는 걸까? 냄새, 색깔, 미소, 몸짓, 말, 소리, 접촉 중 과연 무엇일까?

무엇이 상대방을 인정하고 받아들이게 만드는가에 관해서는 많은 연구가 이루어졌다. 연구 결과 인정은 감각을 통해 이루어진다는 것이 밝혀졌다. 인정이 이루어진 경우, 최초로 어떤 경험을 했느냐에 따라 다양한 반응들이 일어날 수 있다. 그 경험이 공포 또는 회피였다면 인정의 단계가 그 사람에게 부정적 반응을 불러일으킬 수 있다. 반대로 이 단계가 사랑에 입문하는 돌파구를 만들어줄 수도 있다. 어쨌거나 융합은 인정과 수용의 단계를 거쳐야만 일어난다.

사람은 타인을 통해 존재한다. 타인과의 조화가 잘 이루어진다면, 일치를 경험한다면, 융합의 가능성도 크다. 반대로 긴장, 두려움, 낯섦, 냉정함만 경험한다면 상호침투는 거의 불가능하다. 이 경우 융합도 일어나지 못할 것이다.

| 융합이 이루어지는 순간 |

타인과 융합하는 순간 우리는 본능적으로, 거의 무의식적으로 우리가 인정하는 어떤 것에, 우리보다 더 위대하고 우리보다 더 영감이 뛰어난 대상에 우리 자신을 연다. 이렇듯 인정은 우리의 경험을 더욱 풍부하게 만들어준다. 우리의 신체와 신경체계는 우리가 움켜쥐려 애쓰던 것을 놓고 타인과 연결시켜주는 호르몬 반응*을 통해 이완되고 느슨해지면서 이 경험에 유리하게 작용한다. 몸과 마음이 활짝 열리고, 에테르체(에너지와 물질의 중간 상태인 광선들로 만들어진 반짝이는 거미줄과 비슷한 미세한 에너지선들. 이 미세한 에너지선들은 분당 15~20사이클의 속도로 끊임없이 약동하면서 육체의 활동을 유지시켜준다─옮긴이)가

---

* 사랑하는 사람들은 만남이 처음 시작될 때 '시원한 물 같은 사랑'을 경험한다. 그들의 감정이 '화학적 변화'를 통해 그들을 가득 채워주고, 그들의 사랑이 포만감, 풍만함, 행복감을 부여하는 페닐에틸라민이라는 호르몬을 분출시키기 때문이다. 페닐에틸라민은 사랑과 행복에 관여하는 자연적인 암페타민의 일종이며 초콜릿에도 소량 들어 있다.

활성화된다. 그리하여 융합이 촉진된다. 다시 말해 융합 상태로 들어간다. 이것은 한 존재에서 다른 존재로의 매우 단순하면서도 멋진 변모이다. 생명의 장(場)이 확장되는 이런 경험과 이것이 발산하는 온기는 사람의 의식 상태를 변하게 한다. 변화한 의식 상태가 존재들의 상호 침투를 허락해준다. 그리하여 우리는 육체와 정신과 영혼 속에서 고체 같은 존재에서 액체 같은 존재로 변모하는 경험을 한다. 단조로움은 더는 존재하지 않는다. 이 경험을 하는 사람들은 일 분, 한 시간, 하루, 일주일, 일 년이라는 시간 단위 밖에 존재한다. 시간성을 초월하는 것이다. 정서, 신체, 영혼도 친밀하게 결합한다. 그런데 자신을 손상시키지 않고, 자신을 소모시키지 않고 사랑의 융합을 얼마나 오랫동안 유지할 수 있을까? 융합이 끝날 때 어떤 사람들은 죽음에 이를 정도로 고통을 겪고, 어떤 사람들은 광기를 경험한다. 존재가 각성되지 않은 상태에서, 신경체계가 그 경험을 견뎌낼 준비가 되지 않은 상태에서 신체와 정신이 분리를, 즉 관계의 단절을 경험하기 때문이다. 이 단계는 융합 상태에서 우리를 해방시키고 우리가 상대방과 지나치게 동화되는 것을 막아준다.

| 분리 |

셋째 단계는 분리이다. 상대방과 융합하는 경험이 계속되다 보면 부정적인 면을 경험하기 전에 융합 상태를 벗어나야 할 순간이 온다. 이순간은 의식적, 무의식적으로 경험된다. 융합하는 동안 우리는 상대방에게 마음을 열고, 영혼을 열고, 많은 것을 주고받고 공유한다. 융

합하는 동안 우리는 성장하고, 본래의 가치로 돌아간다. 그러나 얼마간 시간이 지나면 조건들이 나타나고, 한계와 경계가 절대적으로 필요해진다. 융합에서 벗어나야 할 순간이 오는 것이다. 우리의 신경 시스템이 확장된 의식 상태를 시간을 두고 소화할 필요가 있기 때문이다. 그리고 융합을 통해 변모한 영역을 재발견하는 순간이 온다. 이전에 비해 더 나아진 우리 자신을 정신적으로 강력하게 재발견하는 것이다. 우리는 우리와 융합했던 사람 덕분에 우리 자신의 내면세계, 신체, 정신에 변화를 겪는다. 또한 그런 경험을 통해 바깥세계에 대한 인식도 변화한다. 삶에 대한 태도도 달라진다. 우리의 깊은 본성이 확장되기 때문이다. 내면적으로 더 풍부해지면서 그것을 더욱 발전시키는 것이다.

| 이유(離乳) |

마지막 단계는 이유다. 융합의 경험은 우리를 다른 존재로 만들었고, 우리는 그 변화를 받아들였다. 그러나 다시 우리 자신에게로 돌아가야 한다. '상호침투'를 멈추고 우리 자신의 변화된 모습을 더 깊이 음미해야 한다. 사랑은 일종의 연금술적 경험이다. 사랑은 우리가 타인에게 의존하지 않고 우리 안에서 삶의 근원을 발견하기를 요구한다. 융합은 우리 존재 속에 흔적을 남기지만 영원히 지속될 수는 없다. 사실 이유와 분리는 평범한 사랑에서 필수적으로 일어나는 단계이다. 이 단계들을 통해 한숨 돌릴 수 있으며, 소유하려 들지 않고 고통받지 않으면서 계속 사랑할 수 있다. 칼릴 지브란은 이렇게 썼다.

여러분의 잔을 서로 채워주십시오.

그러나 같은 잔으로 마시지는 마십시오.

여러분의 빵을 서로에게 주십시오.

그러나 같은 빵을 먹지는 마십시오.

함께 노래하고 춤추십시오. 즐거워하십시오.

그러나 각자 홀로 머무르십시오.

류트의 현들이 홀로 떨어져 있지만

같은 음악에 몸을 떠는 것처럼.

| 융합과 융합적 사랑: 서로 다른 두 개념 |

사랑은 우리를 치유한다. 우리가 사랑의 역할을 받아들이고, 사랑이 우리의 깊은 상처들을 변모시키도록 허락한다면 말이다. 사랑은 우리를 개인적 차원에서 개인을 넘어서는 차원으로 진화하도록 이끈다. 사랑이 우리를 한 차원 승화시키는 것이다. 반면 융합적인 사랑은 우리를 파괴할 수 있다. 우리가 융합적 사랑을 통해 해방되지 못한 과거의 어두운 측면들을 불러내 키운다면 말이다. 이런 어두운 측면들이 사랑의 부산물이 되면, 그것들이 불러일으키는 방어와 공격 반응을 통해 우리와 상대방에게 존재하는 아름다운 것들이 죽어버릴 수 있다.

융합적 사랑은 생애 최초의 경험에서 자양분을 취하는 사랑이다. 그런데 모든 사람이 이 최초의 경험을 할 수 있는 것은 아니다. 그 경험이 꼭 행복하기만 한 것도 아니다. 어머니의 태내에 있을 때든 세상

밖으로 나와서든 완벽한 융합을 경험한 사람은 별로 많지 않다. 그러나 대부분의 사람이 융합에 대한 갈망을 가질 만큼 이 시기에 충분히 매력적인 경험을 한다. 이 시기에 너무나 공포스러운 경험을 한 나머지 새로운 융합을 무조건 거부하는 사람도 있다. 이 시기에 어머니와 아이 사이에 어떤 연금술이 작용했는지는 매우 중요하다. 나중에 어른이 되어서 하게 될 사랑의 경험들, 우리에게 위안이 되거나 우리를 힘들게 할 경험들이 이 연금술에 달려 있다. 이 연금술이 우리를 성장하게 하고, 변화하도록 이끌고, 더 나아가 우리를 치유한다.

태아기 때 어떤 일이 있었는가? 태어날 당시에는 어떤 일이 있었나? 탯줄을 자를 때는? 세상에 태어난 뒤 첫 몇 달 동안 어머니와의 사이에 있었던 일이 기억나는가? 이런 질문들을 스스로에게 하고 대답을 찾아보자. 바로 그 지점에서 융합적 사랑에 대한 우리의 태도가 결정된다. 우리의 사랑 안에서 우리 자신을 아는 방법은 단 하나, 바로 사랑하는 것이다.

사랑이 융합 단계에 머무르고 승화되지 못하는 것은 고착 때문이다. 과거 유아기 때 충분히 융합을 경험하지 못해 성장하고 변화할 수 있는 기회를 놓쳐버린 것이다. 이런 사람의 사랑은 융합적 특성을 띠게 된다. 이런 사랑은 일종의 퇴행이다. 고착 단계에 머물러 있는 성인들에게는 무슨 일이 일어날까? 어머니와의 융합을 긍정적으로 경험하지 못한 탓에 바람직한 모습으로 성장하지 못한다. 이런 증상이 너무 깊으면 간단히 치료하기가 힘들다.

내가 만난 여자 환자들 중에는 충만하게 융합했던 사람과 헤어진 뒤 가슴과 배에 심한 통증을 느껴 치료를 받아야 했던 사람도 있었다. 신체에는 병이 없었지만 융합적 사랑에 침해를 받은 것이다. 똑같은 상황에 처한 남자들도 있다. 그들은 배와 성기에 통증을 느껴 의사를 찾아간다. 이런 것이 바로 사랑병이다. 대개 배에 통증을 느끼는데, 그곳은 태아기 때 영양을 공급받았던 탯줄이 잘린 부분이다. 가슴에도 통증을 느끼는데, 자신에게 젖을 먹여 키워준 어머니의 사랑을 느끼는 곳이 바로 가슴이다. 성기에도 통증을 느낀다. 이곳은 성인이 사랑을 표현하는 부분이다.

단절, 유기, 배신, 거부, 부인, 학대, 원한, 분노, 복수욕, 소유욕, 파괴욕, 살기 등이 사랑병과 함께 온다. 융합의 욕구가 충족되지 않은 사람들은 이런 사랑의 위험을 겪는다. 현재의 우리 삶이 태아기와 출생을 경험한 방법에 달려 있다니 놀랍지 않은가?

융합의 이상적 시나리오

여러분은 최초의 융합을 기억하는가? 어머니의 배 속에서 편안하게 있었나? 어머니의 자궁 안에 혼자 있었나, 아니면 둘이 함께 있었나? 우리는 이런 사건들을 의식적으로 기억하지 못하기 때문에 이 질문들에 대답할 수 없다. 그러나 우리의 신체는 이 사건들을 기억한다. 그래서 사랑하는 존재와 이별할 때면 과거에 일어났던 사건들에서 비롯된 고통이 우리를 엄습해 수면 위에 다시 모습을 드러내는 것이다. 이것은 매우 깊은 고통이다.

세상에 갓 태어난 아기는 본능적으로 어머니와 융합하려 한다. 아기는 어머니의 자궁에서 세상 밖으로 나오지만 태아기의 고치를 찾아 어머니와 공생관계를 형성한다. 물리적 탯줄은 잘렸지만, 정신적으로는 어머니와 탯줄로 강력하게 연결되어 있다.* 이때 어머니가 곁에 없으면 아기는 대체인물에게 매달릴 것이다. 어머니가 죽었거나, 도망쳤거나, 병에 걸렸을 경우, 갓난아기는 살아남기 위해 어머니를 대신해 자기를 먹여주고 온기와 안정감을 부여해줄 인물을 찾는다. 대개 아버지가 그 대체인물이 되어 아이와 사랑의 공생관계를 만들 수 있다. 그러나 어찌되었든 아기는 어머니를 갈망한다. 아기는 본능적으로 어머니의 냄새, 어머니의 살갗, 어머니의 젖가슴을 찾는다. 이 순간은 좋게 경험되든 나쁘게 경험되든 틀림없는 인정의 순간이다. 이 순간을 사랑이라고 부를 수 있을까? 아니면 그저 순수한 본능일까?

우리의 주제로 다시 돌아가자. 어머니와 아기는 1부에서 설명한 양자관계 속으로 들어간다. 아기는 이 근본적 욕구에 집중한다. 이상적인 경우라면, 어머니나 어머니의 대체인물은 먹을 것을 제공하고, 안

---

* 프랑수아즈 돌토(Françoise Dolto)는 아이의 발달을 일련의 거세로 설명했다. 출생 때의 탯줄 거세, 이유기 때의 구강 거세, 대소변을 가릴 때의 항문 거세. 아이는 매번 새로운 세계로 나아가기 위해 한 세계와 이별해야 한다. 이 단계들은 일종의 시련이지만, 이 시련을 통해 아이는 자라고 더욱 인간다워진다. 부모는 아이가 이 단계들을 성공적으로 겪어내도록 도와야 한다.

정감을 주고, 안아주고, 주의를 기울이고, 다정하게 애무해주는 등 아기의 욕구에 응답할 것이다. 이 세계에는 아기와 어머니 외에는 존재하지 않는다. 무엇도 아기와 어머니의 융합을 방해하지 않는다. 이것이 이상적인 융합이다. 반대로 만일 아기가 융합을 숨 막히고 폭력적인 것으로 느끼면, 다시 말해 이 단계를 나쁘게 경험하면 아기는 이 융합을 거부할 것이다. 그리고 성인이 되어서도 끈질기게 융합을 거부할 것이다. 깊은 내면에서는 융합을 추구하더라도 말이다.

계속 살펴보자. 발전해서 개별적인 존재가 되기 위해 아기는 언젠가는 어머니와의 양자관계를 끊어야 한다. 1부에서 설명했듯이 어머니와의 이 최초의 경험이 완수되면, 그리고 어머니와 아기 사이에 아버지가 건강한 방식으로 등장하면, 아기는 어머니의 품을 떠나 바깥 세상을 향해, 우선은 아버지를 향해 자신을 열게 된다. 바로 이것이 분리 단계인데, 이 단계는 아기의 정서적 성숙에 매우 중요하다. 어머니에 대한 애착은 언제나 존재한다. 그러나 하나의 발달 단계를 넘으면 다른 단계로 나아가게 마련이다. 아버지와의 관계에서 다른 가족, 형제자매와의 관계로 이어진다.

그 다음에는 **이유기**가 오고 마침내 아기는 어머니 없이 사는 법을 배우게 된다. 아기는 자기가 어머니에게 언제든 돌아갈 수 있다는 걸 알면서 새로운 사람을, 아버지를 탐험한다. 이유는 부모의 정서적 성숙 상태와 생활환경에 따라 조용히 이루어지기도 하고 격하게 경험되기도 한다. 이유 단계는 부모의 의식 수준과 어머니-아이-아버지 삼 각구도가 이루는 균형의 정도에 따라 일 년 혹은 그 이상의 시간 동안 지속된다. 이 단계의 경험이 부정적일 경우 아기의 정신과 신체에 깊은 흔적이 남는다.

인정, 융합, 분리, 이유로 이어지는 연속적 경험은 아이의 인격이 형성되는 토대이다. 이 경험들이 잘 이루어지면 아이가 아버지에게 자신을 열기 전 처음에는 어머니와 동일한 대상으로서, 그 다음에는 어머니와 구별되는 대상으로서 자신에 대한 지각을 발달시키는 데 도움이 된다. 어머니와 점진적으로 분리됨에 따라 아이는 하나의 주체가 된다. 이런 경험이 쌓이면 아이가 어른이 된 뒤 사랑하는 관계를 형성할 때 혼란에 빠지지 않고 옛 기억을 회상할 수 있다. 정서적으로 성숙하고, 내적 안정감을 유지하면서 자립적으로 사랑하는 존재가 될 수 있는 것이다. 또한 사랑하는 대상인 상대방은 그의 인격 발달에 도움이 되는 존재로서 융합의 대상이 된다.

반대로 아기가 어머니와의 융합에서 안정감을 느끼지 못하면, 그 아기는 방치, 거부, 학대에 대한 두려움을 느낄 것이다. 그 아기의 인격은 불안감, 두려움, 심지어 공포의 토대 위에서 발달할 것이다. 이후 아기가 맺는 관계들은 긴장의 형태를 띠고, 존재하지 않았던, 혹은 단절되었던 애착관계를 다시 만들기 위해 타인에 대한 강박적인 욕구가 생길 수 있다. 이 경우 사랑은 무엇보다도 공생적이고 융합적인 관계에 대한 추구가 된다. 그리하여 사랑하는 사람을 **사랑할 존재**로보다는 **사랑할 대상**으로 여기는 퇴행 단계에 처하는 성인들도 있다. 해결되지 못한 유년기의 과제들은 지나친 의존과 애착이라는 본능적 반응을 불러올 수 있다. 강박적이고 파괴적인 행동을 불러올 수도 있다. 그의 사랑을 받는 존재, 즉 융합의 대상은 그가 뿜어내는 불안과 두려움의 과녁이 될 것이다. 어떤 사람들은 자신이 융합하는 대상으로부터 해방되기 위해 그 대상을 파괴하고 싶은 욕구를 느끼거나, 의존이라는 노예 상태를 더는 경험하지 않기 위해 자기 자신을 파괴하고 싶은 욕구를 느낄 수도 있다.

융합의 능력과 호흡

우리는 모두 융합을 이룰 수 있다. 어떤 사람들은 그것을 바라고, 어떤 사람들은 그것을 회피하고, 또 어떤 사람들은 여전히 그것으로부터 자양분을 공급받는다. 자신과 결별하기 위해 또는 더 잘 살아가기 위해 그것에 몰두한다.

융합하는 능력은 생명의 본질적 요소인 호흡과도 관련이 있다. 우리는 숨을 들이쉬며 태어나고, 숨을 내쉬며 죽는다. 숨을 들이쉬면서 오르가슴을 향해 나아가고, 숨을 내쉬고 호흡을 정지하며 오르가슴의 정상에 다다른다. 숨을 들이쉰다. 융합한다. 숨을 내쉰다. 분리된다. 융합과 단절한다. 다시 숨을 들이쉰다. 융합한다. 숨을 내쉰다. 분리된다. 몰아낸다. 머리를 비운다. 죽는다…… 숨을 더 잘 들이쉬기 위해. 너무나 간단하다!

이것이 삶과 사랑 그리고 죽음의 자연스러운 움직임이다. 우리는 호흡을 관찰하는 것만으로도 사랑의 커다란 신비를 이해할 수 있다. 또한 호흡을 통해 우리의 일반적인 인격과 사랑의 인격이 구성되는 것을 이해할 수 있다. 신체, 영혼, 정신은 삶, 사랑, 죽음과 깊이 연결되어 있다.

| 들숨의 장애 |

들숨에 장애를 경험하는 사람들이 있다. 이것은 일종의 자기 방어이다. 사람은 폐를 통해 호흡한다. 폐를 이루는 근육과 갈비뼈는 숨을 잘 들이쉬도록 돕는 역할을 한다. 호흡 장애가 있으면 느끼고, 받아들이고, 공유하는 데 무의식적으로 방해를 받는다. 들숨에 장애가 있는 사람은 삶과 사랑에 대면하여 자신을 방어한다. 생기 있고 떨리는 모든 것에 대해 느낌을 차단하고 자신을 방어한다.

| 날숨의 장애 |

날숨에 장애를 경험하는 사람들은 사랑받지 못한 사람들이다. 이들은 결핍과 공허감, 채워져야 할 욕구를 느끼며, 무의식적으로 의존의 자세를 취한다. 때로는 미친 듯이 융합을 추구하기도 한다. 이들은 융합을 갈망하고 그 대상이 되는 타인에게 집착한 나머지 소멸되고 에너지를 잃을 수 있다. 이런 사람들은 끊임없이 융합의 대상을 찾아 헤맨다.

| 융합을 통한 진정한 사랑 |

우리는 지속적인 사랑의 느낌을 경험할 수 있다. 이런 상태를 영감 혹

은 각성이라고 부른다. 우리 안에는 자신의 가장 훌륭한 모습과 타인의 가장 훌륭한 모습과 우주의 가장 좋은 모습을 융합시킬 수 있는 능력이 있다. 영적 지도자나 신비주의자들은 끊임없는 융합 상태에, 사랑의 상태에 있다. 그들은 일상생활을 영위하면서도 도취 상태로 살아간다. 그들은 자신의 내면과 외부세계의 분리를 경험하지 않는다. 그들은 호흡한다. 그들의 인격은 유연하고 투명하며, 신체가 소모되지 않으면서 융합을 지지한다. 깨어 있는 영적 지도자들은 내면 깊숙이 빛으로 채워지고, 거기서 제한 없이 자양분을 공급받는다. 그것은 곧 사랑이다.

융합의
과정

융합적 인격은 살아 있다고 느끼기 위해 융합을 필요로 하는 사람의 인격을 뜻한다. 융합적 인격은 동전의 양면처럼 2개의 얼굴을 지닌다. 하나는 목이 말라 물을 찾는 사람처럼 융합을 추구하는 사람의 얼굴이고, 다른 하나는 무의식에서는 융합을 추구하지만 겉으로는 그것이 위험이라도 되는 양 융합을 회피하는 사람의 얼굴이다. 이 2개의 얼굴은 시계추의 움직임의 양 극단과도 같다. 이 양 극단을 이렇게 표현할 수 있을 것이다. '드디어 너를 찾아냈어. 이제는 너를 떠나지 않을 거야.' 그리고 '나는 더 이상 너를 찾지 않을 거야.' 만일 여러분이 이 극단적인 두 입장 사이를 왔다 갔다 한다면, 그것은 사랑에 중독된 것이다. 이런 사람들은 사랑에 몰입하고 싶어 한다. 사랑 안에서 정체성을 찾으려 하기 때문이다. 그러나 이 목표를 이루기 위해, 즉 자신의 정체성을 찾기 위해 상대방을 피하는 모순에 빠진다. 저항할 수 없는 치명적인 독처럼 융합을 두려워하기 때문이다. 이것이 정말 사랑일까?

우리는 모두 사랑할 수 있고, 융합할 수 있다. 그러나 소위 '융합적' 인격은 융합의 과정 동안 고착되고, 굳어지고, 불안정해지는 특성이 있다. 그리고 바로 이 순간 이들은 커다란 고통을 경험할 수 있다. 이제는 사랑이 문제가 아니라 고통이, 증오심이, 의존이, 더 나아가 중독이 문제가 된다. 질투와 파괴력도 나타난다. 융합적 사랑의 경험을 통해 일깨워진 본능적이고 동물적인 그림자들이 그들의 마음에서 춤을 춘다. 이런 경험은 그 사람의 매우 어두운 측면들을 드러내주며, 존재의 해방을 향해 그 사람을 이끌어간다. 질병과 광기를 솟아오르게 하기도 한다.

융합적 인격을 가진 사람에게 사랑할 수 있느냐고 물어보라. 그들의 답변은 2가지로 나뉠 것이다.
— 왜곡된 융합적 인격을 가진 사람은 자신은 사랑할 수 없고, 사랑을 회피한다고 대답할 것이다.
— 불안정한 융합적 인격을 가진 사람은 사랑할 수 있다고, 자신은 사랑을 통해서만 살 수 있다고, 지나칠 정도로 사랑할 수 있다고 대답할 것이다.
이 사람들은 서로 정반대로 보이지만, 실은 같은 인격과 같은 콤플렉스를 가진 사람의 2개의 얼굴이다.

이 얼굴들은 살아 있음을 느끼기 위해 융합을 필요로 한다는 점에서 공통적이다. 여기서 놀라운 사실이 하나 있다. 왜곡된 융합적 인격을 가진 사람은 자신이 융합과 관련이 없다고 생각한다는 점이다. 사실 왜곡된 융합적 인격을 가진 사람들은 융합을 거부하기 위해 융합을 추구한다. 마찬가지로, 만일 융합적 관계 속에서 왜곡된다면 융합적 인격을 가졌음을 인정하기를 거부하는 셈이다. 융합을 '다른 사람들의 일'로 여기는 것이다. 반대로, 불안정한 융합적 인격을 가진 사람은 끊임없이 결핍감과 공허감에 시달릴 것이다. 융합에서 멀어지고 결핍감이 생기면 새로운 융합의 대상을 만나는 순간까지 성장이 지체된다.

그러나 융합은 창조적 경험이 될 수 있음을, 인정과 융합과 분리와 이유(離乳)가 의식과 자유 속에서 이루어질 수 있음을 상기하자. 이 경우 융합은 사랑의 에너지가 삶의 자연적인 움직임, 즉 주고, 받고, 동화되는 것과 결합하게 해준다. 개별화 과정은 이런 경험을 통해 이루어진다. 물론 융합적 인격을 가진 사람은 이런 경험을 하지 못한다.

이제 융합적 인격을 가진 사람이 융합의 4단계를 어떻게 통과하는지 살펴보자.

위협과 회피의 인정 단계

첫 단계는 인정의 단계이다. 간단히 말해 상대방을 융합의 대상으로 인정하는 단계이다. 융합적 인격을 가지지 않은 사람은 이 단계가 즐겁다. 상대방과의 만남에서 양분과 에너지를 제공받기 때문이다. 이때 인정은 탐욕스럽고 고통스러운 유혹이 아니라 경쾌한 경험이다. 이런 사람들은 자신을 잘 알고, 상대방이 자신의 발전에 도움이 된다는 것도 안다. 이 경우 그런 상대방을 만난 일은 축하할 일이다.

하지만 융합적 인격을 가진 사람은 상대방을 자신의 결핍감이나 공허감, 불안, 더 나아가 두려움과 방어를 투사하는 대상으로 여긴다. 이때 상대방은 '사물', 그 사람이 자신을 투사하는 사물이 된다. 이런 사람들은 상대방을 있는 그대로 보지 못한다. 아름다움과 진정한 본성 속에서 보지 못한다. 왜곡된 방식으로 상대방을 보고, 자기 마음대로 다룰 수 있는 대상으로 삼는다. 약물이 멀지 않은 곳에 있음을 느끼는 약물 중독자처럼 긴장한 채 상대방을 찾지만, 상대방을 찾아내자마자 긴장감은 잦아든다. 그런 다음에는 상대방에게 매달리고, 헤어지기를 거부하고, 길이 어긋난 술래잡기를 하며 즐겁게 상대방을 만나지 못한다. 이런 인정 단계는 위협, 회피의 성격을 띤다.

위협 : 안나의 이야기

: : 어느 날 나는 몬트리올에서 친구 안나와 함께 아페리티프를 마시고 있었다. 안나는 나에게 새로 사귄 남자친구 이야기를 해주었다. 그들은 첫눈에 서로를 '알아보았다.' 안나는 나에게 그 남자의 장점들을 자랑했다. 상처가 많았던 안나의 마음이 이제는 열린 것 같았다. 그런데 우연의 일치였는지 안나가 이야기를 하는 동안 이야

기의 대상인 남자가 식당 안으로 들어왔다. 그곳이 그가 자주 오는 식당인 걸 안나는 몰랐던 모양이다. 안나는 깜짝 놀라서 나에게 그 남자를 소개했다. 안나는 말 그대로 얼어붙었고, 그도 마찬가지였지만 결국 안나는 합석을 권했다. 대화는 상투적으로 흘렀고, 두 사람 사이에는 불편한 분위기가 감돌았다. 남자가 주의 깊은 표정으로 안나를 바라보았다. 그러나 안나는 남자에게서 고개를 돌리고 있었다. 그의 눈길을 피해 내 쪽으로 몸을 잔뜩 기울이고 있었다. 마음이 불편해진 나는 화장실에 다녀온다는 핑계를 대고 잠시 자리를 떠나 두 사람만 있게 해주었다. 다시 돌아와보니, 그동안 대화를 주고받은 덕분인지 안나가 한결 안정되어 보였다. 잠시 후, 안나의 남자친구가 자기 생활과 일에 대해 이야기하기 시작했다. 그는 유머가 있었다. 그런데 안나가 갑자기 심판자로 변했다. 처음에는 가볍게, 나중에는 점점 더 심하게 그를 공격했다. 안나가 공격하자 그는 긴장했다. 안나는 갓 시작된 관계를 망치고 있었다…… 그런 두 사람을 보는 것이 서글펐다. 안나의 남자친구는 그럴듯한 이유를 대고는 그 자리를 떠났다. 그가 가고 안나와 단둘이 남게 되자 나는 안나에게 물었다.

"너 지금 뭘 하는 거야?"

"뭘 하긴? 너와 술 마시고 있잖아."

"그 말이 아니야, 안나. 너 저 남자에게 무슨 짓을 한 거냐고!"

그러자 안나가 대답했다.

"저 남자를 파괴하는 중이지."

"저 남자가 너에게 무슨 짓을 했는데?"

"아무 짓도 안 했어. 그냥 저 남자는 지나치게 친절하고, 지나치게 잘생겼고, 지나치게 사랑스럽고, 지나치게 사려가 깊어. 그래서 난 저 남자에게 끌리고. 한마디로 저 남자는 위험해. 내가 저 남자에게 홀딱 빠져버릴지도 모른다고. 그것뿐이야!"

"저 남자가 벌써 네 적이 된 거야? 아무래도 내가 저 남자에게 말해 줘야겠어."

"그래! 결국 그렇게 되겠지. 나는 다시 정신분석가에게 상담 받으러 가야 할 테고⋯⋯"

상대방을 공격하는 것, 그 사람이 자신의 심리에 불러일으키는 것에 맞서 자신을 방어하는 것은 사랑의 위험 앞에서 나오는 본능적이고 동물적인 반응이다. 이것은 상대방이 위험하게 느껴져서 하는 공격은 아니다. 인정의 단계에서 긴장해 있으면 자신의 두려움과 상처를 상대방에게 투사하게 된다. 상대방을 상처받은 자신의 인격에 대한 위협으로 감지하게 된다. 융합에 대한 두려움은 바로 여기서 기인한다. 경고 신호가 뇌를 통해 몸 전체로 보내지고, 방어물이 자리를 잡는다. 그리고 위험을 마주하여 생존 반응이 일어난다. 자신을 보호하려는 것이다. 안나는 그 남자 쪽으로 끌려들어가는 인정의 단계에서 자신을 방어한 것이다. 특히 뒤이어 오는 융합으로부터 자신을 방어했다. 안나는 융합적 인격을 갖고 있고, 유년기에 입은 사랑의 상처에서 회복되지 못했다. 우리 중 얼마나 많은 사람들이 안나처럼 사랑하고 사랑받는 위험에서 벗어나기 위해 그들 안의 사랑을 '죽이'며 살고 있을까?

사랑을 회피하는 것은 방어의 또다른 표현이다. 사랑이라는 위험에 마주하여 자신을 방어할 만큼 충분히 강하지 못하다고 생각할 때 이런 회피 반응이 나타난다. 회피는 자신의 일부를 잃을지도 모른다고 본능적으로 알고 있는 고통스러운 상황을 피하게 해준다. 그러나 지속적인 회피는 사람을 신체적, 정신적으로 지치게 한다. 회피의 결과 우리는 깊은 고독 속에 살게 되고, 무력감과 패배감이 생겨난다. 물론 이런 느낌을 자신에게 감추는 것은 가능하다. 회피가 즉각적인 안도감을 가져다주기 때문이다. 그러나 베일을 걷어올리고 회피 반응의 밑바닥을 들여다보면 사랑과 마주하는 것에 대한 두려움, 사랑을 통해 생에 입문하는 것에 대한 두려움을 볼 수 있다.

회피 : 어느 작가의 이야기

:: 비외몽레알 구역에 살 때 나는 매일 아침 집 근처에 있는 작은 카페로 커피와 크루아상을 먹으러 갔다. 작가 한 사람이 매일 아침 거기에 왔다. 그 작가는 항상 같은 자리에 앉았다. 아마도 그 카페에서 그가 가장 좋아하는 자리 같았다. 그는 그 자리에 앉아 커피를 마시면서 글을 썼다. 그것이 그가 수년간 해온 습관이었다. 어느 날, 웨이터 한 명이 새로 왔다. 잘생기고 친절한 청년이었으며, 조금 유혹적인 분위기를 풍겼다. 나는 작가와 그 젊은 웨이터 사이에 끌림의 기운이 흐르는 것을 감지했다. 그들은 매일 아침 카페에서 인생

의 주요한 주제들에 대해 대화를 나누었다. 그 대화가 그들 서로에게 양분을 공급해주는 것 같았다. 어느 날 카페에 가보니 작가의 자리가 비어 있었다. 다음날 아침에는 관광객 한 사람이 앉아 있었다. 그 다음날, 탁자는 다시 비었다. 나는 작가가 몸이 아픈가 보다고 생각했다. 일주일이 지나도 작가는 모습을 보이지 않았고, 나는 카페 지배인에게 작가가 어디에 갔느냐고 물었다. 그러자 지배인은 자기도 그가 보이지 않아 매우 의아해하고 있다고 대답했다. 어느 날 저녁, 나는 거리를 걷다가 우연히 그 작가를 보았다. 걸음을 재촉해 그에게 다가가 말을 걸었고, 그와 함께 잠시 동안 길을 걸었다. 나는 그에게 요즘엔 왜 그 카페에 커피를 마시러 오지 않느냐고 물었다. 그는 항상 아침에 카페에서 커피를 마시며 글을 쓰지 않았던가? 그가 나에게 한 대답은 이랬다. "당신도 알겠지만, 세상을 살다보면 피해야 할 만남들이 있답니다. 당신도 그 젊은이를 보았겠지요. 그 젊은이는 나와 내 창작에 굉장히 위험한 인물이에요. 그 젊은이를 피하지 않았다면 나는 강박증에 사로잡혔을 거예요. 나는 나 자신을 잘 알아요. 그것이 내가 그를 피한 이유랍니다."

만일 이 작가와 반대로 연약하고 불안정한 인격을 가진 사람이라면 그 인정의 단계를 명백한 구원으로서 경험했을 것이다. 그 사람은 상대방에게 말할 것이다. "나를 나 자신으로부터 구해줘!" 혹은 "내 삶을 가져가. 나는 네 거야." 인정의 단계는 열반이나 도취와 비슷하다. 그러나 곧 지옥이 따라온다. 불안정한 인격을 가진 사람에게는 방어물이 없다. 그래서 결핍, 융합의 욕구, 강박적인 집착에 사로잡힌다. 그리고 정서적 의존을 알려주는 최초의 신호들이 나타난다. 수없이 전화를 걸어대고, 계속 메일을 보내고, 상상 속에서 시나리오를 짜고, 자기가 원하는 사람에 대해 친구들에게 끝없이 이야기하고, 육체적 접촉에 대한 억누를 수 없는 욕구를 느끼고, 정신적으로 귀찮게 군다. 이런 것은 불안정한 인격을 가진 사람이 경험하는 인정의 단계이다.

구원 : 크리스틴의 이야기

:: 크리스틴은 재정적으로 파산하던 무렵 사랑하는 사람과 고통스러운 이별을 경험했다. 그녀는 카리브 해의 한 섬에서 혼자 산다. 대도시에 사는 친구들은 크리스틴이 잘 지내지 못할 거라고, 우울증에 걸려 자살할지도 모른다고 느꼈다. 친구 한 명이 크리스틴에게 비행기 표를 사주며 대도시를 방문해 기분전환을 해보라고 권했다. 크리스틴이 대도시로 온 지 얼마 되지 않아 친구가 파티를 열어 크리스틴을 초대했다. 거기서 크리스틴은 곤경에 처한 여자들의 '구원자'인 보디가드 미셸을 만났다. 그들은 얼마 전 카리브 해의 섬에서 만난 적이 있는 사이였고, 그래서 즉시 서로를 알아보았다. 처음 만난 장소와 아주 멀리 떨어진 곳에서 마치 마술처럼 재회한 것이다. 크리스틴은 상황에 몸을 맡겼고, 미셸과 연인이 되었다. 미셸은 크리스틴을 구원해줘야 할 여자로 보았다. 인정의 단계는 퍽 빠르게 진행되었고, 크리스틴이 섬으로 돌아가야 할 때가 되었다. 그즈음

크리스틴의 강박적 행동이 시작되었다. 전화를 걸고, 메일을 보내고, 기다리고, 자동응답기에 끝없이 메시지를 남기고, 여러 가지 일에 대해 미셸을 비난했다. 크리스틴은 광기에 사로잡혔다. 미셸은 크리스틴이 융합을 추구한다는 것을 감지했다. 미셸은 왜곡된 융합적 인격의 소유자였으므로 자신을 방어하며 크리스틴과의 관계를 끝내기로 했다. 크리스틴은 언제나 더 많은 것을 요구하는 여자였다. 그러나 미셸은 귀를 닫고 크리스틴의 요구에 응하지 않았다. 이런 상황이 크리스틴의 강박증을 더욱 부추겼다. 친구들이 개입하려고 나설 정도였다. 크리스틴이 파괴의 악순환에 다시 사로잡힌 것을 알았기 때문이다. 한 달 뒤, 크리스틴 앞에 에릭이 등장했다. 에릭 역시 융합적 인격의 소유자였다. 크리스틴은 에릭과 융합했고, 마침내 자신이 살아 있다고 느낄 수 있었다. 에릭은 크리스틴의 융합의 대상이 되는 것을 받아들였고, 크리스틴은 구원자를 찾아낸 것이다. 문이 열렸고, 크리스틴은 스스로 그 문으로 들어가 갇히면서 삶을 되찾은 느낌을 받았다. 에릭은 그녀에게 구원이었다. 삼종기도를 알리는 종소리였다. 밤에 그녀가 편안한 마음으로 잠들게 해주는 목소리였다.

당신도 크리스틴 같은가? 당신도 어떻게 해서든 융합을 추구하는가? 당신도 융합적인 사랑을 통해서만 존재하는가? 사랑한다는 느낌을 갖기 위해 자기 자신을 잃어야만 하는가?

물불을 가리지 않고 융합을 추구하는 사람들이 있다. 그들에게 사랑이란 융합의 테두리 안에서만 존재한다. 크리스틴이 이런 사람에 속한다. 이들은 버림받고 거부당했거나 태어날 때 받아들여지지 않은 고통을 경험한 사람들이다. 크리스틴의 경우 세상에 태어났을 때 아버지가 부재했던 것이 상처였고, 그 상처에서 여전히 회복되지 못했다. 크리스틴은 에릭을 만난 뒤 미셸과 사귈 때 경험한 강박증에서 벗어났다. 더 이상 강박증을 보이지 않게 되었다. 융합하고자 하는 욕구를 채워주고 함께해주는 한 남자를 소유했기 때문이다. 크리스틴은 에릭을 미친 듯이 사랑하지는 않았다. 그러나 에릭이 자기 자신을 전적으로 주었기 때문에 만족했다. 융합하고자 하는 그녀의 욕구가 충족된 것이다.

융합 단계

융합은 나의 자아와 인격이 타인의 자아와 인격과 합쳐져 하나가 되는 것이다. 우리의 인격이 **유연**하다면, 그리고 우리가 내면 깊은 곳으로부터 양분을 공급받는다면, 우리는 사랑 안에서 융합을 경험할 것이고, 창조와 공유에 이 사랑을 활용할 것이다. 또 우리는 사랑을 더 잘 활용하고 재창조하기 위해 융합에서 벗어날 것이다. 융합에서 벗어난다 해도 타인이나 세상과의 관계가 단절되는 것은 아니다. 우리는 타인과 공명할 수 있다. 왜냐하면 우리의 인격이 유연하기 때문이다. 이제 타인은 더 이상 대상이 아니다. 타인은 우리가 진화하도록 돕는 존재이다. 이것이 완수될 때 우리의 인격은 폭 넓은 인격이 된다.

만일 여러분이 왜곡되어 있다면, 앞에서도 말했듯이 여러분은 시계추의 양 극단을 왔다 갔다 하며 흔들릴 것이다. 융합을 갈망하지만 왜곡되어 있기 때문에 상대방과의 융합에 성공하지 못한다. 마음, 신체, 정신이 왜곡된 채 굳어 있는 이런 사람은 융합된 상태를 거부하는 동시에 추구한다. 말하자면 **거부를 통한 융합**을 추구하는 것이다. 이런 양상이 평생 동안 지속될 수도 있다. 그렇게 도달할 수 없는 천국을 평생 동안 꿈꿀 수도 있다. 이런 사람은 사랑한다고 말하지만 사랑하기가 힘들다. 융합과 사랑에 자신을 온전히 맡기지 못하기 때문이다. 융합과 사랑을 진정으로 믿지 못하는 이들은 다람쥐 쳇바퀴 돌듯 빙빙 원을 그리며 주변만 맴돈다. 이것은 유혹의, 냉정함의, 무의식적 잔인함의 유희이다. 이들은 술래잡기를 한다. 타인을 잠시 맛보았다가 그다음에는 거부한다. 완벽한 융합의 대상이 아니라며 상대방을 비난하기도 한다. 이들은 공격, 방어, 두려움을 통해 융합의 경험을 스스로 망가뜨린다는 것을 깨닫지 못한다. 이들은 사랑이 고통스럽고 위험한 것이라는 믿음을 갖고 산다. 이들이 이런 믿음을 가지는 것은 방어 본능을 불러 일으키는 융합의 빛 아래에서만 사랑을 보기 때문이다. 이들은 융합의 대상을 감지하고, 그것을 믿는다. 융합에 이끌리기 때문이다. 그러나 상대방이 융합을 시도하면 즉시 거부한다. 이들은 융합을 갈망하지만 융합하는 능력이 없다. 말하자면 모순에 사로잡혀 있다. 이들은 상처받은 경험이 있고, 상처 때문에 많이 아팠다. 이들은 엄청난 모순 속에 살면서 융합을 갈망하지만 융합이 불가능하다. 그래서 괴롭다. 그 괴로움을 잊기 위해 또다시 융합을 갈망한다. 사랑의 상처 때문에 왜곡되었고, 그런 자신을 방어했고, 그래서 사랑 받지 못하는 사람들이다.

시계추의 다른 극단에는 불안정한 사람들이 있다. 이 사람들은 융합이 부여하는 강렬한 느낌에 붙들려 있고, 거기에 고착되어 있다. 이들은 그 느낌에 동화되며, 성숙한 인격을 가지지 못했기 때문에 자기 자신을 잃어버린다. 이들은 융합적인 사랑이 삶의 유일한 이유라고 믿기 때문에 고통받는다. 그러므로 융합을 경험하기 위해서라면 무슨 일이든 한다. 정신적·신체적 건강을 위태롭게 하는 일도 마다하지 않는다. 말하자면 융합에 중독되어 있다. 이런 사람들은 사랑하는 사람을 자기가 소유할 수 있고 마음대로 할 수 있는, 더 나아가 학대까지도 할 수 있는 대상으로 여긴다. 그가 사랑하는 사람들은 차례로 쾌락의 대상이 되었다가, 그의 소유욕에 순응하지 않을 경우 고통의 대상이 된다. 이런 사람들은 융합이 사랑의 최종 단계인 것처럼, 내일은 없는 것처럼 융합을 경험한다. 이들의 선택은 간단하다. 영원한 융합 상태로 살거나, 아니면 아무것도 아니거나. 이들의 사랑은 사랑할 상대가 없을 때는 결핍감에 흔들리고, 사랑하는 사람이 있고 그 사람이 자신의 욕구를 채워줄 때는 도취감에 흔들리고, 상대가 응답하지 않을 때는 지옥에 빠져 흔들린다. 극단적인 기복을 겪고 식음을 전폐하다시피 하며, 창조성은 정체 상태에 빠진다. 모든 에너지가 상대방과의 융합에 집중되기 때문이다. 융합적인 사랑에 대한 과도한 갈망이 채워지지 않으면 이들에게는 아무것도 존재하지 않는 것과 마찬가지다.

융합에의 고착 : 필리프의 이야기

::   필리프는 삼십대 남자이다. 건축가이고, 결혼했으며, 두 아이
의 아빠다. 필리프는 아내를 두고도 다른 여자에게 욕망을 느껴 나
에게 상담을 하러 왔다. 필리프가 그 여자에게 느끼는 강박적 욕망
에는 융합에 대한 강렬한 갈망이 동반되었다. 필리프는 아내와 별거
중이었다. 필리프의 말에 따르면 그의 아내는 차갑고, 몰인정하고,
가까이 하기 어려운 여자였다. 필리프의 꿈을 분석하면서 나는 필리
프가 태어나서 어머니에게 버림받은 경험 때문에 불안정한 인격을
갖게 되었음을 알았다. 필리프는 만 한 살 때 입양되었다. 나는 어린
시절부터 그를 사로잡고 있는 사랑의 결핍에 주의를 집중해보라고
권했다. 필리프는 사랑에 대한 갈증을 갖고 있었고, 새로운 여자와
의 만남이 그의 감춰진 결핍감과 상처를 일깨웠다. 사랑에 대한 그
의 갈망은 엄청났다. 그는 융합이 무엇보다도 어머니의 사랑을 뜻한
다는 사실을 모른 채 사랑의 융합을 몹시 갈망했다. 그는 자기가 만
난 새로운 여자의 매력을 이야기하면서 그 여자를 자기 아내와 정반
대로 묘사했다. 그의 아내는 야윈 몸매의 차가운 여자였다. 반면 새
로운 여자는 살집이 포동포동하고, 따뜻하고, 관능적이었다. 필리프
는 자신이 몹시 퇴행해 있음을, 다시 말해 어머니를, 어머니 젖가슴
의 따뜻한 온기를 갈망하고 있음을 깨닫지 못했다. 어머니에게 버림
받은 것 때문에 유발된 상처가 2주 동안의 상담만으로 온전히 치유
될 수는 없음을 이해하지 못했다.
일단은 필리프 안에 살고 있는 고통스러워하는 어린아이를 길들여

야 했다. 필리프는 점점 더 초조해졌다. 새로운 여자와 융합하면 더 이상 고통받지 않아도 될 거라고 생각했다. 그 여자는 그의 인생의 여자였다. 나는 필리프와 함께 그의 과거를 더 깊이 탐색해보기로 했다. 때는 12월이었고, 그의 생일이 다가오고 있었다. 다시 말해 그가 어머니에게 버림받은 시기 말이다. 그의 무의식적 방어는 매우 강력했다. 나는 그의 인생에 아무런 힘도 행사하지 못했고, 그가 새로운 여자에게 가는 모습을 바라보아야 했다. 하지만 그가 내 도움을 받아들인다면 기꺼이 도와주기로 했다. 그러던 중 크리스마스 휴가가 되었고, 우리는 2주간 상담을 쉬었다.

크리스마스 휴가가 끝나고 다시 만났을 때 필리프의 삶은 완전히 바뀌어 있었다. 그는 아내와 아이들과 헤어졌고, 새로운 애인과 함께 외딴 농장에서 살고 있었다. 다니던 건축 사무실에는 휴가를 냈다. 그가 멀리 이사 갔음에도 불구하고, 우리는 한 달에 두 번씩 만남을 가졌다. 그렇게 몇 달이 흘러갔다. 그 몇 달 동안 그는 계속 퇴행 상태에 있었다. 자신의 정체성과 파트너의 정체성을 구별하지 못할 정도로. 그는 어린아이가 어머니를 필요로 하듯 '모성애적' 보살핌을 필요로 했다. 새 애인과 함께 지내면서 그는 도취 상태와 지옥 사이를 왔다 갔다 했다. 하지만 자신의 근원적 상처를 계속 부인했다. 자신이 어머니에게 버림받았다는 바로 그 사실을. 그의 새로운 애인은 처음에는 외딴 농장에서 함께 지내면서 그가 하자는 대로 했지만, 얼마 지나지 않아 숨 막혀 하며 균형 잡힌 예전의 삶으로 돌아가기를 원했다. 그리고 그와의 관계를 끊고 싶어 했다. 어느 날 아침, 필리프는 혼자가 되었다. 여자가 사라져버린 것이다. 그녀는 그와의 공생의 둥지에서 도망쳤다. 필리프는 또다시 버림받았고, 그 경험은 매우 고통스러웠다. 그는 도시로 돌아왔고, 일주일에 두 번씩 나에게 상담을 받으러 왔다. 그즈음에야 그는 생모가 자신을 버린 사실을 똑바로 대면하게 되었다. 나는 필리프가 내면의 어린아이를 극복하도록 조금씩 도왔다. 그러던 중 필리프는 자신이 자기가 버림받은 것만큼이나 급작스럽게 자기 아이들을 버렸음을 깨달았다. 필리프는 아내의 요구에 따라 이혼했지만, 지금은 전 아내와 공동으로 아이들을 보살피고 있다. 일도 다시 시작했다. 그는 한결 행복해졌고, 좀 더 균형 있는 삶을 다시 준비하고 있다.

성숙을 위한 분리 단계

이 단계는 융합이 끝나는 자연스러운 단계이다. 이 단계에서 중요한 것은 관계를 보존하면서 거리를 두는 것이다. 융합 상태로 다시 돌아갈 수도 있다. 상대방이 여전히 곁에 있기 때문이다. 그러나 융합 상태로 여러 번 되돌아간다 하더라도 거리를 두는 것은 꼭 필요하다. 깊이 있고 실제적인 사랑에는 분리가 꼭 필요하다. 칼릴 지브란의 말을 인용하자면 잔이 가득 찼고, 이제는 각자 자신의 잔을 마셔야 한다. 이런 사랑은 내면의 변화를 일으킨다. 관계를 잃지 않으면서 상대방과의 분리를 가능하게 해준다. 이런 형태의 분리를 성취하려면 자아와 인격이 매우 유연해야 한다. 분리는 상대방과 연결된 채 다음 단계로 넘어가는 데 필수적이다. 삶과 사랑은 일종의 깊은 호흡이다. 이 호흡 덕분에 융합이 끝나고, 융합을 통해 변모된 내면 공간을 회복시킬 수 있는 것이다.

유연한 인격을 가진 사람은 융합에서 벗어남으로써 융합을 통해 얻은 것들을 더욱 키워간다. 사랑은 늘 존재하며 상대방 역시 존재한다. 그러나 이제 사랑은 타인이 주는 것이 아니라 자신으로부터 샘솟는 것으로서 고통 없이 충만하게 음미된다. 사랑은 곁에 존재하면서 채워주고, 치유해주고, 감싸준다. 유연한 인격을 가진 사람은 사랑을 통해 자기 자신을 고양할 수 있다. 유연한 인격을 가진 사람은 온화하고, 긴장이 풀려 있다. 그러므로 융합을 통해 양분을 제공받은 후 고통을 겪지 않고도 융합에서 벗어날 수 있다.

긴장된 인격을 가진 사람은 사랑을 고통스럽고 위험한 것으로 여긴다. 그에게 분리는 폭격 경보와도 같다. 긴장된 인격을 가진 사람은 융합을 경계하고, 분리는 훨씬 더 경계한다. 어떤 사람이 이런 인격을 갖고 있다면, 그 사람은 융합이 형성되기도 전에 그 관계를 끊을 것이고, 그런 관계를 경험하자마자 거부할 것이다. 그에게 분리는 긴급 상황에서 싸움을 피하는 것과 비슷하다. 그는 분리 단계를 '빨리' 완수하려 한다. 그는 상대방을, 융합의 대상을 조롱한다. 그의 상처는 상대방이 경험하는 분노 및 부당감과 함께 확장된다. 상대방이 느끼는 고통이 그의 고통을 되살아나게 한다. 상대방의 분노와 원한이 그에게 상처를 주고, 상처 난 부분의 조직을 죽게 한다. 분리 단계는 그가

고착된 채 머물렀던 폭력과 함께 경험된다. 그것이 이유와 통합 단계
를 방해한다.

거부에 의한 융합 : 알랭의 이야기

: :   알랭은 늘 사랑에 두려움을 느꼈다. 태어나자마자 거부당한 고
통 때문에 자기를 거부할 듯한 사람들은 피하는 버릇이 생겼다. 그
래서 소유욕 강한 여자들과 융합했다. 그녀들의 강한 소유욕의 대상
이 되는 것을 불평하면서도 그것에서 위안을 얻었다. 그러나 자신이
느끼는 것들을 절대로 털어놓지 않았다. 마음을 열지 않았다. 그의
이런 태도가 그가 만난 여자들을 끌어당겼다. 그가 가까워지기 힘든
사람으로 보일수록 여자들은 그와 더 가까워지기를 원했다! 그는 그
런 사실을 비웃었다. 그러던 어느 날, 그는 자기와 비슷한 여자를 만
났고, 그때껏 그가 다른 여자들에게 겪게 한 일을 이번에는 그가 겪
게 되었다. 그는 그 여자의 닫힌 마음을 열고 싶었다. 하지만 그가
융합을 시도하자 그 여자는 거부했다. 이 일 때문에 알랭은 내 진료
실을 찾아왔다. 자신의 무의식을 들여다보는 작업을 했는데 얼마 안
가 팔다리가 잘린 그의 신체 이미지가 나타났다. 그 이미지는 그가
경험했던 모든 이별과 모든 분리들을 이해하게 해주었다. 그 경험들
은 그의 마음과 생명력의 절단이나 다름없었다. 기 코르노의 표현을
다시 빌리자면 알랭은 '전쟁 같은 사랑'을 경험한 것이다.

불안정한 인격을 가진 사람들은 분리 단계를 도피, 부인 혹은 회피

속에서 경험한다. 불안정한 사람들, 살기 위해 융합에 의존하는 사람들은 사실 분리를 원치 않는다. 분리를 피할 유일한 방법은 과거로 거슬러 올라가는 것이다. 그러면 분리를 부인할 수 있다. 이런 사람들은 의존 관계 속에 자신을 붙들어매기 위해 무슨 일이든 한다. 이들은 융합의 대상에 매달리며, 도취의 순간을 포기하지 않으려 한다. 하지만 상대방에게 자꾸만 매달리면 관계가 무거워지므로, 진정한 융합의 순간은 점점 더 멀어진다. 의존은 타인과의 관계는 물론 그 사람 자신까지도 파괴할 수 있다. 인격이 불안정하므로, 융합의 상대라는 약물과도 같은 존재에 자신을 붙들어매기 위해 정체성까지 포기하기에 이를 수 있다. 하지만 이런 행위는 학대와 파괴를 향해 문을 여는 것이나 다름없다. 아주 짧은 시간의 도취, 짧은 시간의 융합을 경험하기 위해 스스로에게 상처를 입히는 것이다. 이들은 수없이 환상을 품고, 융합을 북돋워줄 많은 시나리오를 만들기까지 한다. 융합이 실제 현실 속에서 경험되지 않더라도 말이다. 분리의 현실을 마주 보지 않기 위해 분리를 피하게 해주는 방어 메커니즘을 작동시키기도 한다. 왜냐하면 이들은 분리를 자신을 재발견하게 해주는 도구로 여기기보다는 방치, 균열로 해석하기 때문이다. 불안정한 인격을 가진 사람은 우리가 가장 먼저 의지할 수 있는 우리 내면의 존재에 양분을 제공하지 못한다. 이런 사람의 내면은 상대방으로 꽉 차 있어서 정작 자신을 위한 자리는 없다. 자신을 채워줄 상대방이 없으면 공허감을 느끼며 그런 불안정함이 자기 자신을 잃게 한다.

융합에 대한 환상 : 모니크의 이야기

:: 나를 찾아왔을 때 모니크는 아주 야윈 상태로 마치 약물을 구하지 못한 약물 중독자 같은 모습이었다. 그녀는 한 남자를 사랑하고 있었고, 그 남자가 자기에게 연락하기를 기다리고 있었다. 그러나 그 남자는 유부남이었다. 그녀는 어쩔 줄을 모른 채 자학에 사로잡혀 있었다. 그런 그녀를 보다 못해 친구들이 상담 치료를 받아보라고 강력히 권유해 날 찾아온 것이다. 모니크는 그 남자와 몇 달 동안 융합적인 사랑을 경험했다. 그 기간 동안 그 남자는 기꺼이 모니크에게 시간을 내주었고, 그의 이혼 시나리오를 함께 짜기도 했다. 모든 것이 완벽해 보였다. 하지만 어느 날 남자는 갑자기 번쩍 정신이 들었고 자기가 가진 것을 모두 잃을까봐 염려하기 시작했다. 그는 아내의 의심을 피하기 위해 모니크와의 만남을 줄이려고 했다. 모니크는 상심이 컸다. 그런 식으로 결말이 나리라고는 생각도 못했던 것이다. 모니크는 사실을 부인하고 싶어 했다. 그러나 이제 사는 게 사는 것 같지가 않았다. 모니크는 그와의 만남만 기다리며 하루하루를 보냈다. 식음을 전폐했고, 몸이 점점 야위어갔다. 하지만 그 남자를 만나면 다시 강력한 일치감을 느낄 수 있었다. 모니크는 그녀 자신의 표현을 빌리자면 '환각 상태'에 빠져들었다. 그와 만날 때 경험하는 일치감이 며칠 동안 그녀를 심리적으로 지탱시켰다. 그러나 신체는 허약해지고 있다는 뚜렷한 징후들을 보여주었다. 의사는 그녀에게 강장제를 처방하고 휴식을 취하게 했다.

모니크의 이야기를 들으면서 나는 그녀가 사랑하는 남자가 이유 단계에 진입했음을 알 수 있었다. 차츰 만남을 뜸하게 가지면서 이별을 준비하고 있었던 것이다. 실제로 그는 어느 날 약속 장소에 나타나지 않았다. 휴대전화 번호와 이메일 주소도 바꿨다. 모니크는 그의 집과 사무실 전화번호를 몰랐기 때문에 그와 연락할 방법이 없었다. 모니크는 아주 힘들어했고, 나와 정신과 의사의 개입에도 불구하고 현실을 정면으로 대면하기를 거부했다. 그녀는 융합이라는 약물에 중독되어 있었다. 그런 상황 속에서 그녀의 면역체계가 무너졌다. 루푸스(정확한 명칭은 '전신성 홍반성 루푸스'이다. 주로 가임기 여성에게 발병하는 만성 자가면역 질환으로, 피부, 관절, 신장, 폐, 신경 등 전신에서 염증 반응이 일어난다 —옮긴이) 증상이 나타났다. 분리의 상처가 신체적 증상으로 나타난 것이다. 루푸스에 걸린 것이 모니크에게는 하나의 계기가 되었다. 모니크는 정신을 차렸다. 나는 '사랑받지 못하는 남녀들의 모임'에 참석해보라고 권유했고, 그녀는 내 제안을 받아들였다. 모임에 나가면서부터 모니크는 자신이 공생관계와 융합을 병적으로 추구했다는 사실을 깨달았다. 모니크는 융합의 대상으로부터 벗어나면서 조금씩 회복되어갔고 이유 단계로 진입할 수 있었다.

분리와 단절의 순간을 자각하는 것은 매우 중요하다. 살기 위해 융합에서 벗어나야 한다는 것을 인정하면 분리를 완수할 수 있고, 신체적, 정신적으로 이유와 통합 단계로 진입할 수 있다. 반대로 분리가 필요하다는 것을 부인하고 융합에 대한 환상을 유지하면 더 이상 발전할 수 없다. 다시 말해 불안정한 인격을 가진 사람들은 정서적 성숙과 개별적 존재 양상을 인정할 수 없다.

자아로 귀환하는 이유 단계

이 단계는 인정, 융합, 분리의 세 단계를 통합하는 단계이다. 또한 자아로 귀환하는 단계이기도 하다.

유연한 인격을 가진 사람들에게 이 귀환은 수월하다. 자신의 내면으로 돌아가는 것은 좋은 일이기 때문이다. 이들은 융합을 통한 자신의 변모를 받아들이고, 타인을 통해 영감을 받고, 타인으로부터 분리될 줄을 안다. 더 이상 예전의 그들이 아니다. 그들은 호흡하기 위해, 마음과 신체와 정신에 양분을 제공하는 사랑의 욕구를 충족시키기 위해 필요한 거리를 만들어낸다. 그렇게 함으로써 새롭고 창조적인 에너지로 자신을 가득 채우고 다시 상대방에게 돌아갈 수 있다.

그러나 긴장된 인격을 가진 사람들은 융합을 제대로 경험하지 못하며, 이유와 통합도 경험하지 못한다. 이들은 인정의 단계를 거쳐 융합을 추구하는 단계에, 그러나 실제로 융합을 완수하지는 못하는 단계에 머무른다. 이들은 융합을 시도한 상대방과의 분리와 이유 단계를 시험적으로 경험할 뿐이며, 사랑에 마주하여 방어물을 쌓는다. 상대방은 이들의 말 한마디, 미소 한 자락에 매달리게 되며, 그것이 이들에게 권력감과 우월감을 부여한다. 이들은 상대방이 연약하다고 판단할 것이고, 그로 말미암아 사랑은 사람을 연약하게 만들고, 노예로 만들고, 눈멀게 만든다는 믿음을 갖게 된다. 그리하여 마음이 경직되고 딱딱해진다. 관계가 시작된 뒤에도 나는 당신을 사랑하지 않는다고 상대방에게 강조한다. 그러면서 문제는 자기가 아니라 상대방에게 있다고 여기며 이 입장을 고수한다.

불안정한 인격을 가진 사람들은 매우 힘들게 이유 단계를 겪는다. 그러나 이 단계는 미래의 성숙을 위해 매우 중요하다. 이들은 상대방 속에서 자신을 잃고 융합의 도취에 휩쓸리는 경향이 있다. 그런 만큼 분리와 이유는 이들이 자신을 되찾고 회복하는 데 필수적이다. 사랑의 힘에 고무된 무의식적 힘들을 숙고하게 되는 순간이 온다. 이유 단계는 우리의 몸, 정신, 우리의 존재 전체를 되찾는 데 필요한 거리를 부여한다. 우리가 균형을 되찾고, 우리의 개화(開花)에 도움이 되는 것을 되찾는 데 필요한 거리 말이다. 이 기간은 우리가 융합적 공생관계에서 얻은 무의식적 힘들을 우리 안에서 발견하게 해주는 진정한 자기 성찰의 기회이다. 과거로부터 치유되고, 존재하기 위해 누군가에게 소속되어야 한다는 욕구로부터 해방되는 기회이다. 이 기간을 통해 나 자신을 사랑하는 법을 배우고, 내 사랑과 창조적 잠재력이 상대방과의 공생관계에서 펼쳐질 수도 있지만 내 자아와 동행하여 펼쳐질 수도 있음을 배워야 한다. 이 단계에서 우리가 찾아낼 수 있는 도전이 바로 이것이다.

융합적
커플

융합적 커플은 존재하기 위해 공생관계를 필요로 하는, 감정적 인격을 가진 두 존재로 이루어진다. 남자-남자, 여자-여자 또는 여자-남자로 이루어지는 한 커플이 세상에 유일한 한 사람이 되어간다. 그런데 이들은 자기들의 목표가 좀 더 성숙하고 창조적인 삶을 향해 나아가기 위해 융합적 고착에서 치유되는 것임을 알지 못한다. 융이 말했듯이, 이들은 삶 속에서 또는 타인들과의 관계 속에서 과거에 해결하지 못하고 억압한 것들을 다시 체험한다.

첫 눈 에 반 하 기

융합적 사랑을 하는 커플들이 경험하는 인정의 순간은 첫눈에 반하는 신비롭고 황홀한 경험이다. 이들은 목소리, 냄새, 미소, 눈길, 자세 등으로 서로를 알아본다. 모든 감각을 통해 서로를 알아본다. 이들은 이렇게 말한다. "이 사람은 내 인생의 남자야(여자야)." "나는 이 사람과 떨어지기 싫어. 내 삶이 갑자기 새로운 의미를 띠게 됐어." "이 사람과 인생을 함께하고 싶어." 이런 생각은 무의식적으로 일어난다. 각자의 몸과 마음이 화학적으로, 본능적으로 상대방을 알아보는 것이다. 이들은 엄마의 냄새, 목소리, 촉감을 찾는 아기처럼, 번개를 맞듯 첫눈에 반할 상대를 찾는 사람처럼 무의식적 퇴행 속으로 빠져든다.

몸이 가벼워지고, 어깨에 날개가 돋아난 느낌이 든다. 먹지 않아도 배고픈 줄 모르고, 잠을 자지 않아도 피곤한 줄 모르며, 그리움에 목이 마른다. 존재 전체가 퇴행 상태에 빠지고, 상대방에게 바싹 달라붙게 된다. 이때 상대방은 어린 시절 좋아했던 어머니의 상징적 재현이다. 그런데 첫눈에 반하는 것은 융합적 커플에게만 일어나는 현상은 아니다. 성격장애가 있는 커플들도 첫눈에 반한다.

| 서로에 대한 갈망 |

인정 단계가 지나가면 상대방과 헤어지기 싫다는 욕구가 나타난다. 당장 함께 살 수는 없다 하더라도, 정신적으로 한시도 떨어지지 않는다. 끊임없이 전화 통화를 하고, 문자 메시지를 주고받고, 가능한 한 자주 만나려고 한다. 상대방에 대해 생각하는 시간도 길어진다. 너무 심해서 일상생활에 지장이 있을 정도다. 이들은 서로에게 사로잡히고, 서로를 갈망한다. 공생관계의 둥지를 지을 때까지, 함께 휴식을 취하고 붙어 있을 수 있는 장소를 마련할 때까지 이런 상태가 계속된다. 함께 사는 것이 가능하다면 즉시 그렇게 할 것이다. 함께 있을 공간을 빨리 찾아내지 못하면, 이들은 신체적, 정신적으로 극도의 흥분 상태를 경험하게 된다.

| 본능적인 융합 욕구 |

인정 단계를 지난 융합적 커플은 함께 있고 싶은 욕구를 느끼기 시작한다. 이 욕구는 절실하고도 분명하다. 그것은 생존과 관계된 본능에서 나온 것이다. 다시 말해 근원적이다. 단순히 욕망에 기인하는 욕구가 아니며, 욕망보다 훨씬 더 강하다. 이들은 과거에 충족받지 못한 것, 즉 어머니와의 관계에서 충족받지 못한 것을 보상받고 싶은 욕구를 느낀다. 그 욕구는 합리적인 것이 아니다. 계산되거나 연구된 것도 아니다. 명백한 이유도 없다. 커플은 서로 다른 사회적 환경에 속할 수도 있다. 인종이나 문화가 다를 수 있고, 한 명이 결혼했거나 아이가 있고 다른 사람은 그렇지 않을 수도 있다. 융합의 충동이 인정되고 일단 융합이 개시되면 사회적 · 인간적 규칙이 그들을 저해하지는 못하기 때문이다.

오래 지속되는 융합 : 프랑수아즈의 이야기

: : 　프랑수아즈는 연하의 남자친구 스테판과 헤어졌다. 스테판은 지압을 공부한다며 다른 도시로 떠났다. 프랑수아즈와 헤어졌기 때문에 떠난 것은 아니었다. 자신이 원하는 공부를 하기 위해 떠났을 뿐이다. 스테판은 여전히 프랑수아즈를 사랑했고, 프랑수아즈도 머리로는 그것을 이해했다. 그러나 프랑수아즈는 정서적으로 충분히 성숙하지 못했기 때문에 이 일을 계기로 방치와 관련된 근원적 상처가 드러났다. 이성적으로는 스테판이 여전히 자기를 사랑한다고 생각하려고 애썼다. 하지만 스테판이 곁에 없는 상태가 지속되자 그에게 버림받았다는 느낌이 들었다. 프랑수아즈는 아침저녁으로 울었다. 공허감과 무력감, 절망감을 느꼈다. 감정적으로 머무를 곳이 없어 방황하는 사람처럼 외로움과 결핍감을 느꼈다. 프랑수아즈는 이런 힘든 상태에서 벗어나기 위해 검도를 배우기로 결심했다.

어느 날 저녁, 프랑수아즈가 검도 수련을 하러 가던 중 정전이 일어나 시내가 어둠에 잠겨버렸다. 프랑수아즈는 그래도 도장에 가기로 결심했다. 그날 저녁 검도 선생이 기름을 발라 준비해놓은 죽도를 주기로 약속했기 때문이다. 프랑수아즈는 기름 냄새가 감도는 어두운 계단을 올라 촛불이 켜진 도장 안으로 들어갔다. 계단 꼭대기에 함께 검도를 배우는 미셸이 보였다. 키와 몸집이 큰 미셸의 몸이 어슴푸레한 빛 속에 선명히 드러났다. 그의 뒤에는 검도 선생이 서 있었다. 프랑수아즈는 불빛과 미셸의 모습에 깊은 인상을 받았다. 미셀이 그녀에게 인사하며 자리를 내주었다. 미셸은 검도복을 입고 있지 않았다. 검도복을 입지 않고 죽도도 지니지 않은 미셸을 프랑수아즈는 처음 보았다. 그런 미셸의 모습에 낯설고 기묘한 분위기를 느끼며 압도되었다. 미셸에게서 풍기는 분위기가 좋았다. 프랑수아즈는 미셸의 앞을 지나가면서 미셸의 냄새를 느꼈다. 자신과 그의 자장(磁場)이 서로 만나는 것을 느꼈다. 미셸은 검도 선생으로부터 죽도를 건네받았다. 미셸도 몇 걸음 떨어진 곳에서 그 의식에 참여했다. 프랑수아즈는 무척 감동받았다. 촛불이 발하는 어슴푸레한 빛, 다다미의 색깔, 검도 선생이 그녀에게 새 검도복을 입혀준 것, 그리고 미셸의 존재.

정전 때문에 수련은 취소되었고, 미셸과 프랑수아즈는 함께 도장을 나왔다. 사방이 온통 어둠에 잠겨 있으니 집까지 데려다주겠다고 미셸이 프랑수아즈에게 제안했다. 프랑수아즈가 자전거를 타고 왔다고 대답하니, 그러면 자기가 앞에서 자동차로 가면서 그녀의 앞을 밝혀주겠다고 했다. 프랑수아즈는 미셸의 친절한 태도에 감동받았다. 프랑수아즈는 죽도를 케이스에 넣은 뒤 어깨에 둘러맸다. 미셸이 그녀의 팔을 가볍게 건드리며 물었다. "그런데 당신 어디 살아요?" 이 질문에 프랑수아즈는 놀랐다. 자기가 어디에 사는지 혹시 미셸이 알고 있는 게 아닐까 하는 느낌이 들었다. 그런 느낌이 들 정도로 모든 것이 마법적이었다. 그녀는 비외몽레알에 산다고 대답했다. 미셸이 수수께끼 같은 미소를 지은 다음 그녀에게 대답했다. "나도 그 동네에 살아요." 프랑수아즈의 다리에서 힘이 빠졌다. 너무나 멋진 일이었다. 그가 이웃에 산다니! 그녀는 자전거에 올라탔다. 길을 가는 동안 기쁨이, 일종의 광기가 그녀의 몸을 감쌌다. 울고 싶기도 하고, 웃고 싶기도 했다. 마침내 기다리던 남자를 만난 것이다. 마침내 그녀 인생의 남자를 만난 것이다. 그녀는 그렇다고 확신했다. 미셸은 집으로 프랑수아즈를 초대했고, 자신이 수집한 일본도들을 그녀에게 보여주었다. 프랑수아즈는 꿈을 꾸는 게 아닌가 싶어 자기 몸을 꼬집었다. 그 남자에게서 고향을 찾아낸 느낌이었다. 그날 이후로 둘은 한시도 떨어지지 않았고, 그들의 관계는 3년간 지속되었다.

프랑수아즈는 미셸을 알지 못했고, 미셸은 프랑수아즈를 알지 못했다. 사실 그들에게는 검도를 수련한다는 공통점만 있었을 뿐이다.

프랑수아즈는 자신이 거부의 상처로 인한 융합의 욕구 때문에 미셸과 관계를 맺게 되었다는 것을 알지 못했다. 또 자기 삶에서 가장 의존적이고 강박적인 관계 속으로 들어갔다는 것을 알지 못했다. 그 관계로 인해 그녀는 사랑병에 걸렸고, 중독의 극단까지 치달았다. 그리고 거기서 벗어났고 치유되었다.

융합적 커플의 2가지 유형

정신요법 의사로서 수련을 쌓는 동안 나는 2가지 유형의 융합적 커플을 자주 만났다. 그 첫째 유형을 나는 '지나치게 충만한 남자(여자)와 텅 빈 여자(남자)'라고 이름 붙였다. 둘째 유형은 '서로 통하는 남자와 여자'이다.

| 불가능한 융합, 지나치게 충만한 남자(여자)와 텅 빈 여자(남자) |
이 커플은 한쪽은 지나치게 충만한 융합 때문에 고통받는 반면 다른 한쪽은 텅 비어 있다. 즉 융합이 결핍되어 있다. 전자는 융합에 거부 반응을 보인다. 반면 후자는 융합을 필요로 하고 추구한다. 후자는 융합을 경험하고 상대방 안에서 사라지기 위해 상대방과의 결합을 갈망한다. 전자도 융합을 갈망하지만 사라지기 위해서는 아니다. 그는 존재하기 위해 상대방을 필요로 하면서도 밀어낸다.

'지나치게 충만한' 사람은 냉혹한 인격을 가진 경우가 많다. 사랑에 대한 그의 정체성은 다음과 같이 요약될 수 있을 것이다. '나는 융합이 필요해. 내 주위에 융합을 고취하고 싶어. 하지만 동시에 융합을 물리치고 싶어. 왜냐하면 융합은 사랑만큼이나 위험하니까.' 이런 사람은 근본적인 융합의 필요성 때문에 상대방을 필요로 한다. '텅 빈' 상대방은 불안정한 인격을 가진 경우가 많은데, 이 상대방을 향한 '지나치게 충만한' 사람의 메시지는 다음과 같다. '나는 당신을 사랑해. 당신을 원해. 나는 당신 없이는 살 수 없어. 하지만 나는 당신을 거부해. 당신을 미워해. 나는 존재하기 위해 너를 망가뜨리고 싶어.' '지나치게 충만한' 사람은 어머니와 탐욕스럽거나 강렬한 융합을 경험했고 아버지는 너무 약해서 그들 사이에 끼어들지 못했던 경우가 많다. 그의 삶의 큰 걸림돌은 과거의 탐욕스러운 공생관계에 사로잡혀 있다는 것이다. 어머니라는 거미줄이 자신을 질식시키는 느낌을 받고 정신적으로 항상 포로인 듯한 기분을 느낀다. 그는 어머니와 정신적으로 절연하기 위해 그 거미줄을 없애기를 원하면서도 자기 주위에 다시 정신적 거미줄을 친다.

그의 파트너는 대개 어머니와의 급작스러운 단절을, 공생관계의 공허함을 경험한 사람이다. 이런 사람은 융합을 갈망하고, 그 경험을 되살리고자 하는 욕구를 느끼고, 그 경험을 끝까지 이끌고 싶어 한다. 그가 상대방이 던진 거미줄 속으로 기쁘게 들어가고 그 안에서 기꺼이 자신을 잃으려 하는 것은 바로 이런 이유에서이다. 그의 메시지는 이러하다. '나를 붙잡아줘요. 내 마음을 빼앗아줘요. 내가 당신에게 열중하게 해줘요. 나를 삼켜줘요.' '텅 빈' 파트너는 거부당하는 것을 견디지 못한다. 하지만 언젠가는 거부당할 것이다. 왜냐하면 그의 주위에 거미줄을 친 '지나치게 충만한' 파트너가 살아남기 위해 거미줄을 없애려 들 것이기 때문이다. '지나치게 충만한 파트너'는 자기 파트너를 정신적으로 '죽이려' 한다. 물론 이런 움직임은 무의식적이다. '텅 빈' 파트너에게 이런 거부의 움직임은 이해할 수 없는 것이고 폭력적이다. '텅 빈 파트너'는 이 움직임에서 자신이 유년 시절에 경험한 단절을 기억해낸다. 그리하여 방치 또는 부인의 시나리오 속으로 침몰한다. 이런 순간이 오기 전까지는 서로에 대한 의존관계가 이어진다.

두 사람은 근원적 상처에 이를 정도로 심리적으로 퇴행하기 위해 상대방을 필요로 한다. '지나치게 충만한' 파트너는 본능적으로 상대방을 삼키려 하고, 그것이 완수되면 질식할 듯한 느낌을 받고, 모성이라는 감옥에서 벗어나기 위해 상대방을 거부하고 싶어 한다. 반면 '텅 빈' 파트너는 방치의 경험을 통해 자신이 죽을 수도 있다는 느낌 속에서 상대방에게 매달리고 싶은 본능적 욕구를 경험한다. 성인의 경우도 어린아이와 마찬가지로 이런 생존 본능이 뚜렷이 나타난다. 이것이 충족되지 못할 경우, 신체적 또는 정신적 질병이 발생할 정도로 불균형이 일어난다.

이런 융합적 커플이 경험하는 중독적 사랑은 그러나 사랑으로부터 오는 것은 아니다. 어린 시절에 경험한 융합적 사랑에서 치유되려는 시도일 뿐이다. 그 결과는 해방과 치유일 수도 있고, 파트너 중 한쪽에게만 유익한 다른 한쪽의 무의식적 파괴일 수도 있다. 이제 이런 유형의 커플이 취하는 신체 자세에 대해 살펴보자.

그림 A와 B를 보면 파트너 중 한쪽은 지나치게 충만하여 흉곽이 부풀고 가슴이 풍만하며, 다른 한쪽은 비어서 흉곽이 내려앉고 가슴이 패어 있다. 그림 C와 D의 경우 두 파트너가 서로 보완적임을 알 수 있다. 덩치 큰 남자 옆에 있는 왜소한 여자는 자기도 남자처럼 크다고 착각할 수 있다. 뚱뚱한 여자의 경우 자신이 남자친구의 왜소함을 채워준다는 느낌을 가질 수 있다. 이 2개의 그림이 나타내는 커플의 경우 한쪽이 다른 쪽을 짓누른다는 점을 제외하면 상호 보완의 느낌을 가질 수 있다.

이 경우들에서 두 파트너는 공허감에 이끌려 만난다. 사실 이 공허

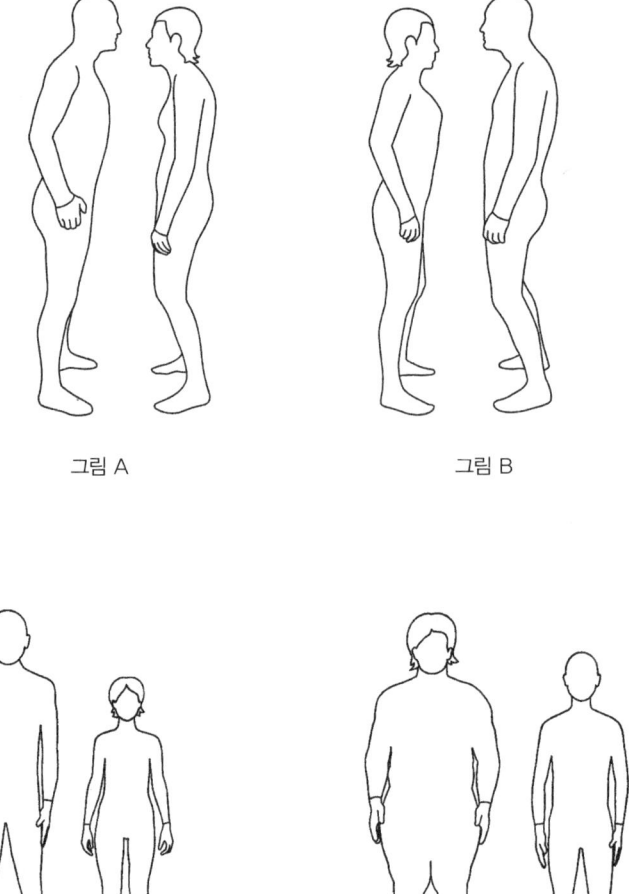

그림 A   그림 B

그림 C   그림 D

[융합적 커플의 신체 자세]

감은 생명 에너지의 무의식적 중지와 근원적 상처 때문에 충만함이 억압되어 초래된 것임을 이해해야 한다. 이들은 사랑에 의해 불안정해진 자기들의 인격을 보았고, 융합에 대한 똑같은 갈망에 사로잡혀 서로 한 사람이 되기 위해 상대방 속에서 자신을 잃을 준비가 되어 있다. 그러므로 강력하면서도 무의식적인 퇴행이 일어난다. 이들은 어머니의 배 속으로 다시 돌아가 거기서 양분을 공급받고 융합을 경험하고 싶어 한다. 그리하여 심리적 정체성을 잃어버리고 서로 상대방 속에 몰입한다.

반면 '텅 빈' 두 파트너가 서로 만날 때 취하는 자세는 꽃병 모양을 닮았다. 이들은 서로를 알아본 뒤 융합하고, 꽃병 모양의 자세를 통해 일상에 양분을 제공받는 느린 퇴행에 착수한다. 이들은 상대방 없이는 존재할 수 없다. 그러나 시간이 지나면서 고갈되고, 더 이상 개인적으로 자신을 실현하지 못한다. 한 사람이 채워지는 동안 다른 사람은 비워진다. 결코 동시에 비워지지 않는다. 동시에 비워지는 것은 이들이 만나기 전 각자 정서적으로 텅 비어 있던 단계로 돌아가는 것을 의미하기 때문이다. 또한 동시에 충만할 수도 없다. 동시에 충만해지는 것은 그들이 더 이상 융합을 필요로 하지 않으며 분리와 이유의 단계 속으로 들어가야 한다는 것을 의미하기 때문이다. 하지만 둘은 이런 단계와는 거리가 멀다! 이들은 융합에 고착되는 것을 좋아한다. 한 사람이 숨을 내쉬는 동안 다른 사람은 숨을 들이쉰다. 그 역도 성립한다. 이들 두 사람은 함께 하나의 호흡을 이룰 뿐이다. 이런 특성이 이들의 융합에 회피적 측면을 부여한다.

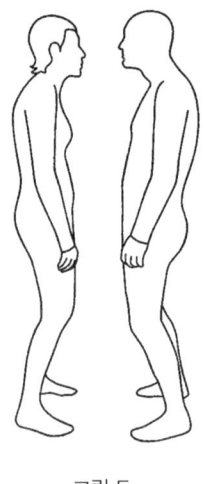

그림 E

[서로 전적으로 의존하는 융합을 이루는 남자와 여자]

이들은 같은 항아리에서 술을 마신다. 같은 잔으로 술을 마신다. 그러다가 마침내 술이 떨어진다. 이런 유형의 관계는 서로에 대한 의존에 기반을 두는데, 이런 의존성이 '텅 빈' 융합적 커플을 방해한다. 이들은 의존성 때문에 발전과 성숙, 창조로 이행할 수 없다. 한 사람이 행복할 때 다른 한 사람은 무의식적으로 불행을 느끼며 그의 행복을 질투한다. 그리하여 후자는 자신의 기쁨을 증가시키기 위해 무의식적으로 상대방의 기쁨을 망가뜨리려고 한다. 반면 행복한 파트너는 상대방의 공허함을 채워주려고, 자신의 에너지를 불어넣어 행복하게 해주려고 애쓸 것이다. 그는 이렇게 함으로써 꽃병 모양의 그들 관계에

문을 연다. 그러면 불행한 파트너는 상대방의 행복 속에서 활력을 끌어낼 것이다. 하지만 두 사람이 오랫동안 이 같은 상태에 있을 수는 없다는 점을 잊지 말자. 신체적인 면에서도 마찬가지다. 한 사람이 피곤할 때 다른 사람은 몸 상태가 좋다. '정서적 요요' 게임이 시작되고, 마침내 정신적 피로가 찾아온다. 그러면 우울감이 자리를 잡는다. 왜냐하면 더 이상 공유할 기쁨도 고통도 없기 때문이다. 관계는 퇴색하고, 각자 상대방 앞에서 조금씩 비워진다. 이렇게 몇 달, 몇 해가 지나면 각자의 개성은 죽어버린다.

이렇듯 관계 속에서 융합을 추구한다는 명목만으로 오랫동안 생명 에너지가 고갈될 수 있다. 공허감을 안고 만난 두 파트너의 마음속 깊은 곳에는 사실 불안감이 감춰져 있다. 이 불안감이 둘이라는 안정감을 통해 일시적으로 감춰지기는 하지만 말이다. 따라서 둘 중 하나가 병에 걸리거나, 떠나거나, 죽으면, 몇 달 후 다른 사람도 병에 걸리고, 심지어 죽는 일도 있다. 어려움을 극복하고 자신의 홀로 서는 데 성공하는 사람들도 있는데, 이때 심리치료사나 친구들이 도움이 된다. 그리하여 타인에게 의존하기보다 자기 자신으로부터 양분을 공급받는 법을 서서히 배우게 될 것이다. '텅 빈' 파트너들이 이런 개별화 경험에 다다르려면 융합으로부터 빠져나와 분리와 이유의 단계를 통과해야 한다. 그러면 자신을 잃는 일 없이 다시 마음을 열 수 있다. 그림 E와 같은 커플은 서로 반쪽이 되어 하나의 개체를 형성한다. 텅 빈 두 사람이 합쳐져 충만한 하나를 형성하는 것이다.

성 (性)

| 지나치게 충만한 남자(여자)와 텅 빈 여자(남자) |

이 커플의 성은 꽃병 모양 커플의 성과는 매우 다르다. '지나치게 충만한' 사람은 '텅 빈' 상대에게 강력한 공생관계를 요구한다. 텅 빈 파트너는 '지나치게 충만한' 상대의 요구에 휩쓸리고, 그의 무게에 짓눌리면서도 아이러니하게 이런 느낌을 매우 좋아한다. 남자가 '지나치게 충만한' 이성애 관계의 경우, 그는 '텅 빈' 상대인 연인을 여러 번 기쁘게 해줄 것이다. 그렇게 몇 달이 지나면 상대인 여자는 다양한 오르가슴을 경험한다. 때로는 내면까지 정신적으로 충만해진 상태의 열락을 경험하기도 한다. 어떤 여자들은 이런 경험을 큰 매혹으로 여길 것이다. 하지만 이것이 공유는 아니다. 융의 용어를 빌려 설명하면 **모성의 정신적 소유**(possession psychique maternelle)이다.

'지나치게 충만한' 남자 쪽으로 말하자면 사정(射精)에 이르지 못한다. 사정을 하면 어린 시절에 자신을 희생시켰던 모성의 융합적 소유에 굴복하는 느낌을 받기 때문이다. 그는 상대 여자를 자기에게 미치게 만든다. 자신은 상대에게 몸을 맡길 수 없으면서도 그녀에게 매우 큰 쾌락을 선사한다. 그런데 실은 그는 이런 행동을 통해 무의식적으로 그녀를 거부하는 것이다. 그녀도 그것을 본능적으로 알아차린다. 그녀는 겉으로 보이는 것과는 달리 그들의 관계가 공허하다는 것을, 에너지가 없고, 실제적으로 함께 있지 않다는 것을 깨닫는다. 그리하여 '텅 빈' 여자는 상대방이 우위를 차지하고 있음을 본능적으로 느낀다. 싸움이 시작되고, 여자는 그 역할 관계를 뒤집으려고 한다. 그녀는 자기의 파트너가 자기에게 사정하기를 바란다. 그렇게 하기 위해 가능한 모든 수단을 동원한다. 그러나 파트너는 양보하지 않는다. 이후 그들의 성관계에는 분노, 슬픔, 공허감, 절망감, 좌절감이 나타난다. 여자는 정신이 들고 정서적 의존에서 벗어나고자 노력한다. 지나치게 충만한 여자와 텅 빈 남자 사이에도 똑같은 유형의 성관계가 이루어진다.

성관계의 유형은 동성애 관계에서도 나타난다. '지나치게 충만한' 파트너는 '텅 빈' 파트너를 완력으로 제압하고 지배한다. 지배당하는 사람은 그들 관계의 현실을 자각하게 된다. 그는 자신이 상대방의 장난감이라는 것, 학대와 지배의 대상이라는 것, 자신이 육체적으로, 성적으로, 정서적으로, 정신적으로, 다시 말해 모든 측면에서 의존적이라는 사실을 알게 된다. 상대방이 '지나친 충만함'에 젖어 있고, 자신에게 절대권력을 행사하며, 마음대로 지배하고 멋대로 다룬다는 사실을 깨닫는다.

| 서로 거울이 되는 관계 |

이들의 성은 결핍에서 비롯된다. 이 두 사람은 거울을 보듯 성관계를 한다. 성적으로는 만족스럽지 못하지만 정서적으로는 만족스럽다. 이런 커플의 성관계는 무엇보다 정서적 안정감의 추구에 기반한다. 이들 두 사람은 자신의 정서적 결핍을 채우기 위해 상대의 본질을 흡수하려는 갈망을 가진다. 그러나 이것이 양쪽에서 동시에 이루어질 수

는 없다. 성관계 때 한 사람의 에너지가 상대방이 느끼는 오르가슴에 도약대 구실을 한다. 커플 중 한쪽이 고양되어 상대방에게 자신의 힘을 행사한다. 한쪽이 채워지고 만족하는 동안 다른 쪽은 헌신하고 비워진다. 이들은 불가피하게 좌절감을 느낀다. 두 사람이 함께 오르가슴에 다다르는 일이 드물기 때문이다. 사실 이런 유형의 관계에서는 오르가슴을 경험하더라도 함께 나누기가 어렵다. 다시 말해 둘 간에 뚜렷한 융합이 일어나지 않는다. 그러나 이들에게는 그것으로 충분하다. 이들에게 중요한 것은 쾌락이 아니라 안정감이기 때문이다. 그 안정감은 상대방의 존재를 통해 함양된다. 이들 커플에게 성은 정서적 삶을 보장해주는 도구이다. 창조적 성과는 반대되는 것이라 말할 수 있겠다.

융합적
사랑의
치유

혼자든 파트너가 있든, 우리는 모두 내면의 공허함을 경험한다. 그것을 인정해야 한다. 보통 때에는 그 공허함을 의식하지 못한다. 그러나 직장을 잃거나, 연인과 이별하거나, 배우자와 이혼하거나, 사랑하는 사람이 죽었을 때, 즉 갑작스러운 사건이 일어났을 때 그것을 의식하게 된다. 이런 사건들은 정서적 충격을 유발하고, 우리가 오래전에 근원적 상처 주변에 세워놓은 방어물을 해체시킴으로써 우리를 공허감 속에 몰아넣는다. 그 공허감이 너무나 크고 깊어서 육체적 증상으로 나타나기도 한다. 배가 아프고, 심장에 탈이 날 수도 있다. 이런 느낌은 너무나 고통스러워서 우리를 울부짖게 하고, 굴복시키고, 움츠러들게 한다. 어떤 사람들은 몸을 비틀고 가슴을 치기도 한다. 이런 몸짓은 거의 본능적이다. 나를 찾아와서 이런 몸짓을 하는 환자들을 많이 보았다. 전쟁의 공포를 포착한 사진에서도 이런 몸짓들을 볼 수 있다. 테러리스트들의 공격에 대한 시민의 반응을 보여주는 텔레비전 방송에서도 볼 수 있다. 이것은 견딜 수 없는 고통과 마주한 우리 인간들의 본능적 몸짓이다.

근원적 상처와 그것을 둘러싼 공허감을 일부러 만나려고 하는 사람은 없다. 삶 속에서 일어나는 사건들을 통해 어쩔 수 없이 마주하게 될 뿐이다. 고통에서 해방되려면 심연을 건너야만 한다. 우리가 느끼는 공허감은 아무것도 없는 텅 빈 공허감이 아니다. 그것은 방치, 거부, 부인과 관련된 고통, 자신을 방어하기 위해 우리가 본능적으로 피하려고 애쓰는 고통으로 가득 차 있다. 1부에서 말했듯이, 우리가 우리의 상처와 '가까이 하는' 데 익숙하지 않다는 사실은 차치하고라도 말이다. 가족들은 오히려 우리가 방어물을 만드는 데 일조했다. 우리는 방어물을, 우리 고유의 사랑의 조건들을 만들었다. 우리의 깊은 본성과 분리되고, 우리 내면의 어린아이와, 우리의 영혼과 멀어졌다. 이러한 내적 분리가 공허감을 가져온다. 융합적 사랑에서 치유되는 것은 이 공허감과 가까이 하라는 권유이다. 그런데 이것은 내면의 성숙을 요구한다. 우선 공허감을 단단히 덮고 있는, 우리를 정서적 의존 상태에 고착시키는 자기 방어적 지층을 해체해야 한다. 이 지층은 마치 양파 껍질처럼 여러 겹이며, 강박, 결핍 또는 충족되지 않은 정서적 욕구라는 이름을 갖고 있다.

융합적 사랑이 너무나 매혹적일 경우, 그것이 결핍을 채워줄 거라는 환상을 가지게 된다. 사랑에 빠진 사람은 상대방이 자기 혼자서는 견딜 수 없는 고통을 덜어줄 거라고 생각한다. 그에게는 상대방이 세상의 중심이 되고 잘살게 해주는 모태가 된다. 이런 상태는 이 총체적인 행복과 충만함에 대한 약속이 더 이상 지켜지지 않을 때까지 지속될 것이다. 융합적인 의존에서 해방되려면 이 행복과 충만함의 경계 위를 걷고, 그것을 통과해야 한다. 많은 사람들이 공허감과 가까이 하는 것을 생각할 수도 없는 힘든 일로 여긴다. 정서적 의존을 길들일 시간을 가져보지 못했기 때문이다. 우리는 대개 정서적 의존에 맹목적으로 몸을 맡긴다. 그럼으로써 정서적으로 보상받으려 한다. 그런 상태가 살아 있다는 환상을 우리에게 부여하고, 비록 꾸며낸 행복이라 하더라도 빠르고 손쉬운 행복감을 우리에게 부여해주기 때문이다. 결핍과 정서적 욕구, 내적 공허감을 덮어버리는 이런 보상은 실상은 마음의 감옥들이다. 공허감과 부재를 덮어서 가리기 위해 우리가 사용하는 다양한 보상들이 우리 마음에 감옥을 만든다. 그 감옥 한가운데에 융합적 사랑이 존재한다.

사 랑 중 독 이 라 는 감 옥

앞에서 살펴본 것처럼, 융합적 사랑은 우리로 하여금 목숨을 걸고 사랑하게 하거나 회피하게 하는, 상대방과의 의존 관계에 기인하는 감옥이 분명하다. 사랑에 중독된 사람은 정서적으로 의존할 것이고, 이런 의존은 두 사람이 서로의 발전을 돕는 것을 방해하기 때문이다.

나는 온갖 대상에 중독된 사람들을 만나보았는데, 그중 최악의 중독은 사람에 대한 의존이라고 생각한다. 다른 중독들은 매우 실제적이다. 신체, 마음, 영혼에 고통을 주는 이런 중독들은 정서적 공허감과 그 공허감 밑에 잠재된 사랑에 대한 욕구의 상징적 대체물일 뿐이다. 다시 말해 사랑에 대한 절박한 호소이다. 일 중독, 도박 중독, 금전 중독, 알코올 중독의 예를 들어보자. 어떤 중독이든 그 대상과의 융합을 통해 사랑, 애정, 다정함을 추구한다. 중독된 사람들은 자신이 경험해보지 못한 융합을 경험하고자 한다. 그들이 경험하는 공허감과 고통은 너무나 깊어서 그들로서는 차라리 그것을 회피하고, 부인하고, 지하감옥에 처박아두는 것이 낫다. 자신의 엄청난 정서적 욕구와 감히 대면하느니 차라리 의존적이 되는 것이 더 쉬운 것이다. 그러나 이것은 일종의 화려한 감옥이다.

이런 화려한 감옥에서 나오려면 자신의 상처에 맞서 책임을 지고, 그것에 관련된 정서적 욕구에도 책임을 져야 한다. 그리고 감옥의 벽과 철책들을 떠나 자기 자신의 날개로 사랑을 탐험해야 한다.

| 감옥의 화려한 장식 |

사랑에서 나타나는 의존적 태도는 우리를 결핍과 강박의 악순환으로 몰고 간다는 의미에서 분명히 감옥이다. 강박이 생기면 즉각적인 만족을 주는 자극을 갈구하게 된다. 이 자극은 화려한 금박 장식과 비슷하다. '이 사람을 정복하면 삶의 기쁨을 다시금 느낄 수 있을 거야.' '그녀가 나에게 전화했어. 정말 멋진 날이야!' '그가 나에게 눈길을

주었을 때 마치 몸이 녹아내리는 것 같았어.' 하지만 이런 만족의 순간에는 언제나 실망이 뒤따른다. 감옥의 금박 장식은 퇴색하고, 이제 새로운 자극이, 또 한 번의 정복이, 또다른 눈길이 필요하다. 이런 과정이 한없이 반복된다. 화려한 금박 장식 때문에 감옥을 안락한 곳으로 여기게 되고, 결핍된 채 강박과 의존을 음미하며 계속 감옥 안에 머무르기 때문이다. 만일 우리가 시간을 갖고 그 뒤에 숨겨진 것들을 찾아낸다면, 우리는 의존에서 벗어날 수 있을 것이다. 그러나 시간은 빠르게 흘러간다.

의존에는 마치 진짜 지층처럼 맨 위의 표면부터 심층에 이르기까지 여러 요소가 켜켜이 쌓여 있다. 표면부터 시작해 우선 강박에 대해 알아보자.

강박 : 결핍에 대한 반사 반응

우리는 모두 강박을 갖고 있다. 그러나 융합적 인격을 가진 사람을 다른 사람과 융합하도록 몰아대는 강박은 자아에 대한 평가, 존중, 인정에 고약한 결과를 초래할 수 있다. 사실 이런 인격을 가진 사람들은 사랑에 대한 갈망이 다른 사람들보다 훨씬 더 강하다. 의식에서 시작하여 무의식으로 이어지는 최악의 경우를 살펴보자.

강박은 결핍에 대한 반사 반응이다. 융합적 인격을 가진 사람들은 유쾌하지 않고 불안감을 주는 결핍을 느끼는 대신 강박을 통해 자신의 욕구를 만족시키는, 빠른 쾌락을 추구하는 쪽으로 나아간다. 사실 결핍보다는 강박이 더 견딜 만하다. 강박은 즉각적인 쾌락을 가져다 주고, 통증을 완화시키는 진통제처럼 안도감을 주기 때문이다. 진통제는 순식간에 고통을 덜어주지 않는가. 그러므로 결핍을 느낄 때마다 반사 반응으로 강박이 나타나는 경향이 있다. 강박은 강도가 다른 약물 중독과 비슷하다. 실베트는 이렇게 말한다. "나는 그 남자에게 전화를 걸지 않고는 견딜 수가 없어요." 기욤은 이렇게 말한다. "혹시 새로 온 메일이 있는지 하루 종일 메일함을 확인합니다." 클로드는 이렇게 말한다. "그녀에게서 전화가 오기를 하루 종일 기다렸습니다." 미셸은 이렇게 말한다. "혹시 그녀의 메일이 왔을지 몰라 사무실에 도착하자마자 컴퓨터를 켜고 메일함부터 확인해요." 그런데 융합을 통해서만 살아가는 사람들은 상대방에 대한 자신의 강박적 행동을 쉽게 인정하지 못한다. 많은 사람들이 사랑하는 상대방에게서 자양분을 제공받으면서 자신의 일부분은 보지 않으려 한다. 무지와 분별없음이 그들을 의존하게 만든다. 강박의 아래층을 파보면 결핍이 드러난다. 결핍을 길들이기 위한, 결핍을 잊게 만드는 감옥의 화려한 장식을 해체하기 위한 몇 가지 제안을 하겠다.

| 자신을 판단하지 않고 강박을 인정하기 |

우리는 자신을 부정적으로 판단할 수 있다. 특히 자신이 쾌락을 추구하고픈 욕망에 쉽게 굴복했다는 사실을 알게 될 때 그렇다. 우리는 이렇게 말한다. '아! 그 남자에게 전화를 걸지 말아야 했는데.' '나는 새

로운 정복욕에 쉽게 사로잡히는 경향이 있어!' '그의 눈길을 받고 싶어 미칠 것 같아……' '그 남자에게서 메일이 오기만 하염없이 기다리는 나 자신이 역겨워.' 이런 태도는 자기 성찰을 방해하고, 자기 파괴의 악순환 속으로 우리를 이끈다. 이런 악순환에 빠지지 않으려면 우선 자신에게 안도감을 주는 것이 무엇인지부터 알아야 한다. 현실을 직시하지 않고 눈 가리고 아웅하면 상황을 똑똑히 보기가 매우 힘들다. 용기를 내 정면을 바라보라. 그리고 자신에게 다음과 같은 질문을 해보라. 나의 강박은 어떤 것들인가? 설탕? 담배? 알코올? 일? 성? 상대에게 자신을 주는 것? 융합적 사랑? 도박? 텔레비전? 인터넷? 이것이 첫 단계의 질문이다. 좀 더 본질적인 질문으로 넘어가보자. 사랑에 관한 나의 강박은 어떤 것인가? 매일 몇 시간이나 상대방을 생각하는지 헤아려보라. 당신은 기다리는가? 상대방이 당신의 전화 한 통화, 말 한마디, 눈길 한 번, 미소 한 번을 기다리게 만들기 좋아하는가? 사랑의 강박 속에서 당신은 구원하는 자인가? 이를테면 당신은 상대방에게 먼저 다가가 행동을 개시하는가? 아니면 희생자인가? 상대방이 뭔가를 베풀어주기만 기다리는가? 아니면 학대하는 자인가? 기다리게 하거나 괴롭히는 자인가?

| 강박을 풀어주기 |

우리는 자신의 강박을 즐길 수도 있고, 강박을 풀어줄 수도 있다. 몇 분, 아니, 가능하다면 한 시간쯤 강박에 대해 생각해보라. 그리고 무슨 일이 일어나는지 관찰해보라. 만일 떨림 같은 신체적 반응이 나타

난다면, 강박이 정말로 여러분 안에 단단히 고정된 것이다. 이 경우 여러분은 외부의 도움을 받아 그 내성에서 벗어나야 할 것이다. 외부의 도움은 여러분이 강박을 넘어설 수 있도록 그 뒤에 존재하는 무의식의 매듭을 끊도록 도와줄 것이다. 하지만 여러분이 내면의 소리에 귀를 기울이고 호흡하면서 강박에 대한 반응을 늦추고 휴식할 수 있다면, 다음 단계로 결핍을 해결해야 것이다. 좀 더 자세히 살펴보자.

강 박 뒤 에 숨 은 정 서 적 욕 구

강박 뒤에는 사랑의 결핍으로 인한 고통이 숨어 있다. 물론 이것을 항상 명확하게 인정할 수 있는 것은 아니다. 이것을 인정하는 데에는 겸허함이 필요하며, 다음과 같은 질문에 대면할 수 있어야 한다. '나는 계속 사랑이 결핍된 채로 살게 될까? 앞으로도 오랫동안 사랑을 찾아야 할까?' 앞에서 나는 사랑의 공허함을 인정하는 것보다는 사랑의 결핍으로 고통받고 있음을 인정하는 것이 더 쉽다고 이야기했다. 잠시 멈추어 서서 긴장을 풀고 강박을 경험하는 자신을 바라본다면 사랑의 결핍을 더 빨리 깨달을 수 있다. 여러분은 주변에서 이런 말을 들어보았을 것이다. "그 사람이 그리워요." "내 아이들이 그리워요." "누군가 내 곁에 있어주면 좋겠어요." 그러나 이런 말은 별로 들어보지 못했을 것이다. "나는 그의 자리가 비어 있다고 느껴요." "내가 성관계를 갖지 않을 때 나는 비어 있다고 느껴요." 자신에게 뭔가가 결핍되어 있다고 인정하는 것은 앞에서 설명한 이유 단계의 시작이다. 결핍을 느끼기를 거부한다면 의존이 커질 것이다. 그럴 경우 우리는 사랑의 꼭두각시가 된다.

결핍 뒤에는 근원적 상처와 관련된 큰 정서적 욕구가 숨어 있다. 그런데 우리는 사랑의 상처에 의해 남겨진 이 욕구와 공허를 인정하기를 두려워한다. 이 공허와 대면하기 위해서는 단단한 내면의 토대가 필요하다. 이것에 대해서는 4부에서 이야기할 것이다. 사랑의 공허를 느끼기를 거부하면 자칫 사랑병 환자가 될 수도 있다.

결핍은 전의식(前意識)이라는 내면의 공간 속에 존재한다. 전의식은 공허나 숨겨진 정서적 욕구들이 그런 것처럼 전적으로 은폐되지는 않는다. 우리는 운동감각적 방법으로, 이를테면 신경총이나 배에서 그것을 느낄 수 있다. 이 감각은 우리에게 뭔가 부재하는 느낌을 남기는 경우가 많다. 어떤 사람들은 결핍을 남들에게 빼앗긴 또는 그들이 잃어버린 어떤 것으로 묘사한다. 어떤 사람들은 피부가 수축되고 목구멍에 어떤 덩어리가 있는 것 같은, 혹은 가슴에 불안감이 느껴지는 등 감각의 형태로 결핍을 느낀다. 결핍은 신체에 나타나는 정신적 욕구의 표현이다. 이 욕구를 이해받지 못하면 뭔가 결핍되었다는 느낌이 들고 이것이 내적 긴장을 만들어낸다. 그리하여 신체가 경직된다. 강박이 일시적인 경감을 가져다주는데, 문제는 악순환이다. 최초의 강박적 충동에 신체가 반응을 보였고, 그 반응이 고정되었기 때문이다. 이때부터 신체는 '뭔가 결핍된 존재'가 된다. **신체가 정신을 능가**하고 우리는 의존적이 된다. 정신적 결핍은 육체적 결핍에 자리를 내

주고 완전히 숨어버린다. 이유기 때, 융합의 충동적 욕망과 최초로 분리될 때 이 감각들을 길들이는 것은 매우 중요하다. 강박적 충동이 일단 감지되면 맨 처음 신체가 강박이 시작되었음을 알리는 신호를 보낸다. 정신적 결핍을 느끼지 않더라도 말이다. 자생트의 예를 살펴보자.

:: 자생트는 버림받으면 어쩌나 하는 두려움으로 고통받았다. 매일 저녁 7시 그녀는 연인 피에르에게 전화를 걸었다. 그 시간을 기다리면서 몹시 흥분을 느꼈다. 내면의 시계가 그녀에게 강박을 부여했다. 막상 피에르에게 전화를 걸면 일상적이고 평범한 이야기만 나눌 뿐이었다. 그렇더라도 전화를 끊고 나면 기분이 한결 나아졌다.

자생트는 어떤 욕구를 가지고 있었을까? 바로 안심 욕구이다. 그러나 자생트는 그 욕구로부터 매우 멀리 떨어져 있었다. 자생트는 자신의 결핍을 의식하지 못했다. 그녀가 느끼는 것은 모두 강박에 의해 유발된 느낌들이었다. 우리의 의식은 결핍을 좋아하지 않는다. 결핍보다는 강박을, 만족했다는 환상을 가져다주는 빠른 쾌락을 좋아한다.

다시 우리의 주제로 돌아가자. 강박 뒤에는 결핍이 존재하고, 결핍 뒤에는 무의식 속에 자리한 깊은 욕구가 존재한다. 우리가 사랑의 정서적 욕구로부터 멀어질수록 분노, 좌절, 집착은 더욱 증가한다. 이런 감정들은 우리 안에 정신적·육체적 긴장을 유발한다. 우리가 강박을 통해 경감시키려고 애쓰는 긴장 말이다. 우리는 정서적 의존이라는 덫에 사로잡힌 것이다. 자생트의 이야기로 돌아가자.

:: 자생트는 전화로 피에르를 괴롭혔다. 가끔 피에르가 전화를 받지 않을 때가 있었고, 그것이 그녀를 격분하게 한 것이다. 더 이상 피에르의 목소리에 안심할 수 없었던 자생트는 피에르가 자기를 버릴 거라는 상상에 시달리며 밤을 하얗게 지새운 뒤 아침 일찍 그에게 전화를 걸었다. 그러나 피에르는 대개 아침에는 그녀의 전화를 받지 않고, 그래서 그녀는 결핍감을 느꼈다. 자생트는 안심하기 위해 피에르의 옷을 샀다. 그러면 피에르가 자기를 더 사랑하고 버리지 않을 거라고 생각했다. 하지만 그녀는 그의 사랑을 사려고 애쓴 것이다. 사실 자생트는 자신이 강박에 시달린다는 것을 알고 있었다. 그런데도 전화요금과 옷값으로 돈을 탕진했다. 결국 나중에 융합적 사랑에서 벗어나기 위해 집단 치료 프로그램에 참여했다.

| 이유(離乳)에서 결핍 길들이기로 |

이유에 착수하는 유일한 방법은 신체 안에 강박이 뿌리내리는 것을 완화하는 방식으로 결핍과 접촉하는 것이다. 즉 강박에 대한 응답 기한을 연장시켜야 한다. 혹은 내가 환자들에게 권유하는 것처럼 결핍 안으로 조금씩 들어가 강박을 의식적으로 경험해야 한다. 그런 다음 결핍을 길들여야 한다.

나 역시 '정서적으로 중독'되면서 결핍을 길들이기 위해 한 가지 방법을 시도했다. 결핍의 모든 활동을 중지시키고 바닥에 누워 땅과, 흙과 접촉하는 것이었다. 흙은 우리의 신체를 지지해주고, 앞으로 다가올 일을 느끼게 해주고, 호흡하게 해준다. 여러분도 똑같이 할 수 있다. 감미로운 음악을 들으면서 결핍에 귀 기울일 수 있는 내적, 외적 공간을 마련하라. 결핍이 크게 소리 내어, 또는 글의 형태로 자신에게 이야기하게 하라. 결핍이 하는 이야기에 귀를 기울여라. 만일 그 이야기가 상징들을 통해 표현된다면, 그 상징들에 귀를 기울여라. 정말로 그것을 필요로 하는지 여러분 자신에게 물어보라. 만일 그 대답이 여러분이 사랑하는 상대와 관련된다면, 그 사람에게 전화를 걸어 여러분의 결핍에 대해 아주 간단하게 이야기하라. 필요하다면 그 사람이 여러분에게 보낸 메일과 문자 메시지들을 다시 읽어라. 여러분의 결핍에 대해 상대방에게 이야기하는 것을 두려워하지 마라. 여러분의 이야기가 그를 미망에서 깨어나게 할 것이다. 우리는 마음의 감옥의 화려한 표면 장식에 취한 채 시간을 보낸다. 하지만 이완과 호흡, 구체적인 소통의 도움을 받으면 깊은 심층으로 내려갈 수 있다.

결핍의 이야기에 귀를 기울여라. 그것은 감정을 통해 이야기한다. 그리고 여러분이 무엇을 필요로 하는지 자문하라. 다양한 답변들이 나올 것이다. 사랑받는 것을 필요로 할 수도 있고, 누군가의 팔에 안기는 것을 필요로 할 수도 있고, 인정을 필요로 할 수도 있고, 누군가와의 동반을 필요로 할 수도 있고, 안심을 필요로 할 수도 있다. 계속 호흡하고, 결핍이 자연스럽게 표현되도록 내버려두어라. 어떤 감정들이 솟아오르고 그것들이 견딜 만하다면, 그 감정들이 자유롭게 표현되도록 내버려두어라. 만일 어떤 이미지들이 떠오르면 그 이미지들이 여러분의 내면을 순환하도록 허락하라. 결핍을 **작동시키지** 말고, 결핍이 있는 상태에서 **존재하는**(être) 시간을 가져라. 그런 다음 결핍과 함께 움직임 속으로 들어가라. 결핍을 묘사해보고, 결핍을 노래 부르고, 글로 적어보라. 결핍이 활동하게 하고, 정해진 방향 없이 자유롭게 표현되게 하라. 우리의 무의식에 살고 있는 결핍이 마음껏 표현되게 하라. 이렇게 했는데도 강박이 여전히 존재한다면, 그것을 가로막지 말고 있는 대로 경험하라. 강박에서 결핍에 이르는 흔적을 거슬러 올라가는 이 훈련을 규칙적으로 하면, 강박들이 조금씩 줄어들 것이다. 그렇게 하다 보면 이유기로 진입하게 된다. 이 훈련의 목표는 강박을 끝내는 것이 아니라, 극심한 결핍을 길들이는 것이다. 결핍이 표현되도록 하는 것, 결핍이 강박 속으로 투사되는 일 없이 존재하도록 하는 것이 중요하다. 즉 이유(離乳)가 중요하다.

이유 단계에서는 여러분의 신체를 돌보라고 권하고 싶다. 강박은 신체에 뿌리를 내리고 신체를 영리하게 먹여살림으로써, 비타민이나 미네랄이 필요 없다는 듯 속이기 때문이다. 코카인이나 다른 약물들을 오랫동안 복용한 사람이 그렇듯 말이다. 신체를 돌보아야 한다. 신체 역시 박탈의 과정 속으로 들어가기 때문이다.

| 결핍을 인정하고 사랑하기 |
우리는 결핍을 의식하면서 사랑할 수 있고 친구들과 관계를 맺을 수 있다. 이런 사랑은 사람을 해방시킨다. 결핍을 부인하면서, 또는 결핍

에 예속된 채 하는 사랑은 고통을 준다. 그것은 사랑의 경험을 변질시키고 상대방에게 상처를 준다. 이런 사랑을 하는 사람은 상대방을 훌륭한 영혼을 가진 존재로 여기지 않는다. 자신의 결핍을 채워줄 대상으로 여길 뿐이다. 만일 우리가 결핍과 관련된 어떤 부분을 계속 억압한다면, 융합적 사랑에서 해방되어 진정한 사랑을 하기가 힘들어질 것이다.

결핍과 공허 사이에는 사랑받고 사랑하고 싶은 욕구가 존재한다. 이것은 현실적인 욕구이다. 우리는 모두 사랑을 필요로 하며, 이것을 부인한다면 우리의 인간 조건을 부인하는 일이 될 것이다.* 이 욕구는 우리가 태어였을 때, 혹은 갓난아기나 어린아이였을 때 우리에게 고통을 주었던 사랑의 상처와 직접적인 관련이 있다. 물론 우리가 **버림받았다 해도 사랑에 대한 우리의 욕구는 다른 사람에 의해 채워질 것이다. 우리가 거부당했다 해도 사랑에 대한 우리의 욕구는 받아들여질 것이다.** 그리고 우리가 인정받지 못했다 해도 사랑에 대한 우리의 욕구는 인정받을 것이다. 각각의 상처들에 본질적 욕구가 하나씩 대응한다. 물론 사랑을 추구하는 방식은 전혀 다른 문제이다. 아무튼 사랑은 의존에서 시작하여 파괴를 지나 건설에 다다를 때까지 우리를

---

* 사랑받고, 안정감을 느끼고, 인정받고, 자신의 존재를 입증하고, 자유로워지고, 창조하는 것은 인간의 본질을 이루는 심리적 욕구이다. 이 욕구들은 우리의 정신건강에 매우 중요하다. 이 욕구들이 만족되지 못하면 온갖 콤플렉스가 나타난다. 사랑받지 못하고, 인정받지 못하고, 안정감을 느끼지 못하고, 창조적이지 못하고, 자유롭지도 못한 사람은 살 수가 없다. 이런 사람은 타인들로부터 완전히 고립됨으로써, 혹은 타인들에게 맞섬으로써 자신을 방어한다. 콜레트 포르틀랑스, 『조력 관계와 자신에 대한 사랑』, 몬트리올, CRAM 출판사, 1990년.

개별화의 길로 인도한다. 융합적 사랑 속에 나타나는 강박들과 그것이 유발하는 의존으로 인해 타인이 우리의 욕구에 응답해주는 대상처럼 보일 수도 있다. 하지만 타인은 우리의 욕구에 응답하기 위한 존재만은 아니다. 타인 역시 고유한 욕구를 가진 인간이다.

| 정서적 욕구에 응답하기 |

정서적 욕구는 사랑의 상처와 직접 관련이 있다. 여러분이 최초로 받은 사랑의 상처는 무엇인가? 여러분이 버림받았든지, 거부당했든지, 모욕당했든지, 학대받았든지, 인정받지 못했든지, 배신당했든지, 부당함에 희생되었든지, 다시 말해 그 상처가 무엇이든 간에 여러분의 정서적 욕구는 그 상처와 관련이 있다. 상처와 욕구를 인정하는 것은 자립을 향해 나아가는 주요한 단계이다. 하지만 상처와 욕구를 인정한다고 해서 곧바로 의존에서 벗어날 수 있는 것은 아니다. 특히 누군가가 와서 그 상처를 싸매주기를 기다린다면 말이다. 정서적 욕구를

사랑의 상처	대응하는 정서적 욕구
방치	안정감
거부	수용
부인	인정
학대	온정
모욕	존중
배신	신뢰
부당함	공정함

인정하는 것은 자신의 한 부분이 경험한 사랑의 상처를 살피도록 우리를 이끌어준다. 다음의 표로 설명해보겠다. 이 표는 사랑의 상처와 그것에 대응하는 정서적 욕구 사이의 관련을 잘 보여준다. 물론 이 표는 만능 해결책이 아니며, 여러분이 자신을 더 잘 사랑하도록 도와주지도 못할 것이다.

많은 사람들이 자신의 정서적 욕구를 찾는 일을 힘들어한다. 자기가 무엇으로 인해 고통받는지 알지 못하기 때문이다. 우리는 자신이 타인에게 의존한다는 것을 알고 있다. 그러나 그 의존 뒤에 어떤 상처와 욕구가 숨어 있는지는 알지 못한다. 어떻게 해서든 사랑하고자 하는 우리의 갈망 뒤에는 무엇이 숨겨져 있나? 내면의 소리에 귀를 기울이지 않고는, 사랑의 조건화와 반복을 관찰하지 않고는 그 대답을 찾아낼 수 없다. 사랑에 대한 자신의 욕구에 응답하는 것이 타인으로부터의 고립을 의미하지는 않는다. 오히려 타인과 함께일 때 사랑을 경험할 수 있다. 사랑의 욕구에 응답하는 것이 단순히 자신을 사랑하고 타인을 사랑하는 것만을 의미한다면 얼마나 좋겠는가?

| 공허감 |

정서적 경험을 스스로 책임져야 한다는 것을 자각할 때 공허감을 느끼는 일이 많다. 우리는 사랑을 받아들임으로써 공허를 채울 수 있고, 고통이 드러나도록 내버려둠으로써 공허를 채울 수 있고, 우리의 상처받은 부분이 사랑에 대해 이야기하게 함으로써 공허를 채울 수 있다. 정서적 고통과의 만남은 우리 안에 있는 사랑에 가까이 다가가게

해준다. 공허는 우리의 수용 능력에 의해 그리고 고통 속에서 자신을 인정하는 능력에 의해 채워질 수 있다. 이것은 다시 상처받는 것에 대한 공포 반응을 완화하는 데 도움이 된다. 나는 『계기, 파괴적 고통을 승리의 고통으로 변모시키기』에서 해로운 고통과 치유하는 고통에 대해 이야기했다. 공허는 고통이 과도할 때, 단절과 분리가 일어날 때 나타나는 반응이다. 공허를 길들이는 것은 곧 우리의 가장 내밀하고 심오한 부분에 접근하는 일이다. 우리의 상처 너머에는 흠 없고 무구한 부분이 존재한다. 공허는 우리를 그 부분에 접촉시킨다. 그렇게 함으로써 우리를 사랑으로 데려가는 무한에 접근할 수 있는 가능성을 부여한다. 어떻게 보면 공허를 탐험하는 것은 곧 삶의 여정과도 통한다. 근원적 상처에서 치유되는 것 역시 그렇다. 우리는 우리 안에 있는 공허를 의식하고 사랑할 수 있다. 공허의 노예가 되지 않는다면 말이다. 공허를 의식하면 융합적 사랑에서 치유되는 데도 도움이 된다.

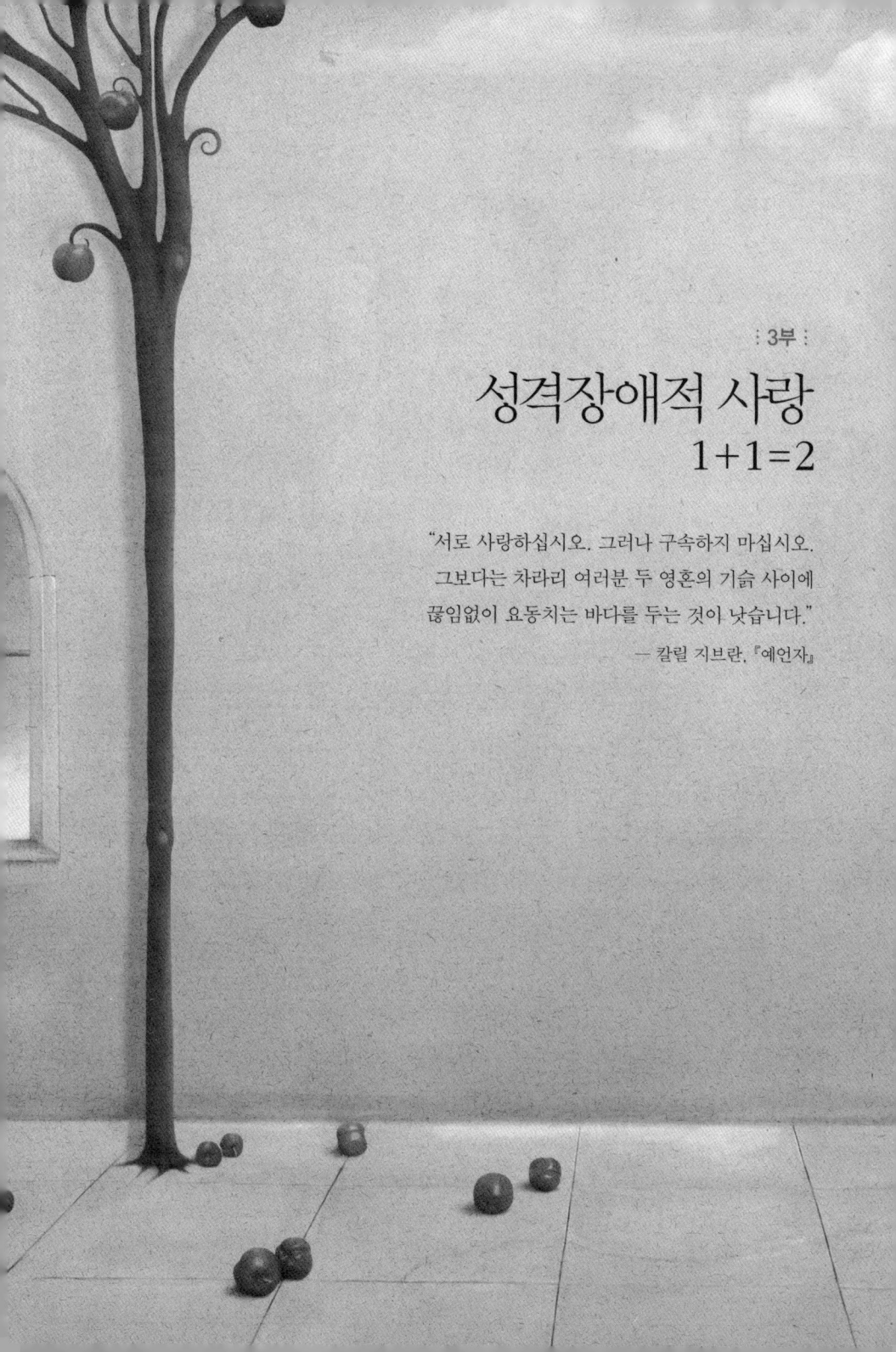

:3부:

성격장애적 사랑
1+1=2

"서로 사랑하십시오. 그러나 구속하지 마십시오.
그보다는 차라리 여러분 두 영혼의 기슭 사이에
끊임없이 요동치는 바다를 두는 것이 낫습니다."

— 칼릴 지브란, 『예언자』

성격장애적 사랑이란 증오와 원한에 사로잡힌 사람들이 하는, 상처를 주는 사랑이다. 이런 사랑은 무의식적일 때가 많기는 하지만, 이런 사랑을 하는 사람들에게도 이유는 있다. 상처가 너무나 심해서, 그 상처로부터 자신을 보호하기 위해 어떻게든 증오를 품을 수밖에 없는 것이다. 이렇듯 사랑이라는 이름으로 파괴가 행해진다.

마음의
감옥

우리의 마음에는 감옥들이, 상처 주는 사랑의 기둥들이 세워진 감옥
들이 있다. 이 감옥들은 상처받은 마음을 둘러싼 벽이다. 이 감옥들은
우리가 상처를 느끼지 못하도록 막는 무의식적 방어물이다. 그런데
이 감옥들은 자연적인 사랑의 충동을 가로막는다. 대신 감옥들 위에
자기 자신 및 타인과 갈등을 일으키는 성격장애적 사랑이 조금씩 자
리잡는다. 마음의 감옥이란 근거 없는 분노, 증오, 원한, 죄의식, 연민
을 뜻한다. 일반적인 분노나 슬픔 같은 감정과는 다르다. 이 감옥들은
애증에 영양분을 공급해 성격장애적 사랑을 만들어낸다. 마음의 감옥
들에 대해 좀 더 자세히 알아보고, 성격장애적 사랑의 특성에 대해서
도 알아보자.

감정적 방어물

감정은 신체적이다.* 감정은 혈액 속에 방출되는 호르몬과 관련이 있다. 감정은 삶이다. 감정은 순환한다. 감정은 움직임이다. 어떤 사건이나 사람에 대한 자발적 응답이고, 우리의 믿음을 통해 조건화된 표현이다. 예를 들면 나는 아무도 나를 사랑하지 않는다고 생각하기 때문에 슬프다. 감정은 대뇌 변연계에서 관장한다. 감정은 근원적 욕구가 충족되지 못했다는 신호이다. 어린아이는 배가 고프면 울고, 어머니의 품에서 떨어지면 화를 낸다. 감정은 또한 가족 안에서 전달된다. 이를테면 우리는 어머니가 살아가고 사랑하면서 겪은 슬픔이나 분노 또는 좌절을 전해 받는다. 가족들이 겪은 감정을 간접적으로 겪는 것이다. 어떤 감정은 부모의 몸짓이나 생각, 세상을 보는 방식을 모방하려는 욕구에서 생겨나기도 한다. 5살인 조제프는 자주 화를 낸다. 유치원 선생님이 조제프에게 물었다. "조제프, 너는 왜 그렇게 자주 화를 내니?" 그러자 조제프가 대답했다. "아빠처럼 하는 거예요." 조제프는 걸핏하면 화를 내는 자기 아버지를 모방했던 것이다.

중요한 것은 우리가 느끼는 감정들이 살아서 활동하는 에너지로부터 나오고 움직인다는 점이다. 어린아이가 자신의 감정을 일정한 방

---

* 프랑시스 방드렐(Francis Vendrell)은 이렇게 말했다. "다마지오에 따르면, 감정은 어떤 현상이나 사건에 의해 환기된 정신 이미지에 신체가 응답하여 신체 상태가 변화함으로써 표현된다. 이를테면 분노는 맥박이 빨라지고, 얼굴이 붉어지고, 턱이 수축되는 것으로 표현된다. 때로는 격렬한 몸짓이 뒤따르기도 한다." 국제 젠 협회 사이트: http://www.buddhaline.net/spip.php?article615.

식을 통해 지속적으로 표현한다면, 그렇게 함으로써 사람들의 주목을 받고 자신의 욕구를 인정받을 수 있다는 것을 깨달았기 때문이다. 이렇게 어떤 감정에 고착되면서 감정적 방어물을 만들 수 있다. 이런 무의식적 고착은 영속적인 감정적·정신적 구조를 형성한다. 이런 구조는 시간이 지나면서 우리 안에서 뭔가가 딱딱하게 굳어버렸다는 신호이기도 하다.

| 분노 |

순수하게 표현되는 분노는 건강한 생명의 약동이다. 우리는 분노를 통해 우리의 의식적 인격이 견딜 수 없는 어떤 상태에서 벗어나려고 애쓴다. 분노를 표출함으로써 주변 사람들에게 우리가 경험한 것이 견딜 수 없다고 말한다. 순수한 분노는 우리의 생존 영역이 위협받을 때 솟아오른다. 분노를 터뜨림으로써 그 영역의 경계를 다시 세울 수 있다. 분노는 매우 큰 고통과 마주했을 때의 방어 본능이나 생존 반응과 비슷하다. 우리는 분노를 건강하지 못한 것으로 생각하는 경향이 있지만, 실은 그렇지 않다. 분노라는 감정 자체가 건강하지 않은 것이 아니라, 분노를 통해 만들어내는 부산물이 건강하지 않은 것이다.

우리는 흔히 분노를 억압하는 경향이 있다. 분노가 우리를 두렵게 하기 때문에 혹은 우리의 가정환경이 분노를 표출하는 것을 용인하지 않기 때문이다. 또한 분노가 우리가 갖기를 원하는 착한 아이 이미지를 손상시키기 때문에 분노를 부인할 수도 있다. 우리 자신이 아니라 다른 사람들에게 분노를 투사할 수도 있다. 분노가 솟아오르면 우리는 곰곰이 생각해보지도 않고 아무 상관없는 주변 사람들을 과녁으로 삼아 분노를 표현한다. 분노가 일상화한 가정에서 자라난 경우, 매우 자연스러운 일인 것처럼 매일 분노를 표현하는 습관을 들일 수도 있다. 때때로 우리는 이런 말을 듣지 않는가? "우리 집 사람들은 항상 화가 나 있어요. 아무것도 아닌 일을 가지고 불쑥불쑥 화를 내곤 해요!" 분노는 억압되고, 부인되고, 투사되고, 조건화되며, 오랫동안 반복될 경우 경화(硬化)되어 증오로 귀결되는 만성적 고착을 만들어낸다.

경화된 분노에는 다양한 유형이 있다. 슬픈 분노도 그중 하나다. 슬픔에 사로잡힐 때마다 화를 내는 뤼시의 예를 살펴보자. 뤼시는 슬플 때 화를 내면 슬픔이 더는 느껴지지 않았다. 경화된 분노의 또 다른 유형은 죄책감에서 나오는 분노이다. 앙투안은 동생이 죽은 후 죄책감에 사로잡혔다. 그리고 죄책감이 느껴질 때마다 화를 냈다. 화를 내면 죄책감을 느끼지 않아도 되었다. 셋째 유형은 성격장애적 분노이다. 성격장애적 분노는 근거 없이 반복되는 분노, 정확히 말하면 근거가 없기 때문에 그것을 이해하지 못하는 주위 사람들에게 표출되는 분노이다. 그런데 불행하게도 분노를 표출하는 당사자 역시 이 분노를 이해하지 못한다. 이 분노는 저항할 수 없고 혼란스러운 충동의 형태로, 뚜렷한 이유도 없이 솟아오른다. 이런 형태의 분노는 놀라움과 당황스러움, 심지어 공포를 유포한다. 이런 분노는 매우 파괴적이며, 공격과 싸움을 유발한다. 사실 분노는 방어 반응이다. 무엇에 대한 방어인가? 알 수 없다. 왜냐하면 공격이 없었으니까. 그래서 근거 없는 분노라고 규정하는 것이다.

분노는 당하는 사람에게 고통을 안겨주는 감정적 에너지이다. 한 사람이 주변 사람에게 이유 없이 화를 낼 때, 그 화는 건강하지 못한 에너지를 퍼뜨린다. 이런 일을 당하는 상대방은 대개 도망치거나 공격한다. 이것은 본능적인 방어이다. 다르게 반응하는 사람들도 있다. 분노에 굴복하는 것이다. 굴복은 방어와는 정반대이다. 굴복은 반복되는 분노에 '과도하게 적응되었음*'을 뜻한다는 점에서 매우 시사적이다. 불행하게도 굴복은 우리를 공격자의 희생물로 만든다. 성격장애를 가진 어머니에게서 태어난 마르틴의 예를 살펴보자.

> :: 마르틴은 근거 없이 분노를 자주 폭발시키는 어머니와 단둘이 산다. 아버지는 마르틴이 아주 어릴 때 가정을 떠났다. 마르틴의 어머니는 성격장애적 행동들을 피하려고 애쓰면서 코카인을 복용했지만, 상황은 더욱 악화될 뿐이었다. 그럴 때면 딸 마르틴을 때리곤 했다. 나이가 좀 많았다면 도망치거나 어머니에게 맞설 수도 있었을 것이다. 그러나 그때 마르틴은 겨우 5살이었고, 굴복할 수밖에 없었다. 그렇게 마르틴은 어머니의 희생물이 되었다.

* '과도하게 적응되었다'는 것은 어떤 공격에 지나치게 적응한 것을 의미한다. 집단의 힘이 개인에게 불이익을 주면서 개인으로 하여금 과도하게 적응된 행동을 하게 만드는 경우가 있다. 이 경우 개인은 좌절과 사기 저하에 빠진다. 이 개인이 자신을 되찾기 위해서는 자신에게 힘을 주는 것, 자신이 재능을 발휘할 수 있는 부분에 집중해야 한다. 카트린 푸아(Catherine Foix), 『삶과 일에서 당신의 재능을 일깨워라』, 파리, 앵테르에디시옹, 2004년.

마르틴의 이야기에서 알 수 있듯이, 분노에 대한 굴복은 본능적으로 일어난다. 그러지 않을 경우 맞이할 위험이 두렵기 때문이다. 하지만 이렇게 굴복하면 그 자신은 물론 상대방에게도 아드레날린이 분출된다. 굴복은 겉으로 볼 때는 수동적 반응이다. 그러나 안을 들여다보면 매우 능동적인 반응이다. 굴복은 행동하는 것에 대한 두려움, 회피에 대한 두려움, 다시 공격받는 것에 대한 두려움, 자신이 스스로를 방어할 만큼 충분히 강하지 못하며 그로 인해 죽을지도 모른다는 두려움 등 여러 가지 두려움에 대한 반응이다. 이런 두려움들은 누적되면 아드레날린 분출**을 통해 신체에 표출된다. 뇌가 혈액 속에 이 호르몬을 내보내면 신체와 근육이 이에 반응한다. 반면 굴복하는 경우 아드레날린은 회피나 공격에 사용되는 대신 근육 속에 축적되어 신체와 정신을 마비시킨다. 게다가 굴복하는 사람의 뇌와 공격하는 사람의 뇌 사이에 협정이 이루어진다. "나는 너에게 굴복해. 네가 더 강하다는 것을 인정해. 내 권한을 너에게 양도해." 이렇게 위계질서가 성립된다. 이때부터 공격하는 자와 공격받는 자가 생긴다.

분노에 근거가 있는 경우, 즉 분노를 설명하고 이해할 수 있는 경우에는 공격하는 자도 공격받는 자도 없으며, 이해하는 가운데 상황이 다시 정리된다. 마르틴은 근거 없는 분노의 대상이었다. 그래서 불안하고, 상처받고, 혼란스러웠다. 어른이 이런 분노의 대상이 되면 당연

** 아드레날린 분출은 심장 수축기 압력의 상승과 확장기 압력의 하강을 유발한다. 그 외에 기관지 확장, 혈당치 상승, 체온 상승, 산소 소비량 증가를 가져온다.

히 다음과 같이 자문할 것이다. '내가 무슨 나쁜 짓을 했기에 이런 일을 당하는 거지? 혹시 내가 본의 아니게 저 사람에게 상처 준 적이 있나?' 상대방의 분노를 이해하기 위해 대화를 시도하거나 질문을 할수도 있다. 다시 말해 상황을 분별할 수 있다. 하지만 마르틴 같은 어린아이의 경우에는 어떨까? 어린아이는 아직 그럴 수 있는 나이에 다다르지 못했기 때문에, 상황 분별 능력이 없고 상대방을 이해하지 못한다. 그래서 상황을 그냥 믿어버린다. 이를테면 마르틴은 자기가 말을 안 듣는 아이라고, 어머니에게 큰 잘못을 했다고, 그러니 벌을 받아 마땅하다고 생각했다. 스스로에 대해 이렇게 생각했기 때문에 어머니의 분노가 정당하다고 믿어버린다. 무슨 잘못을 했느냐고 묻자, 마르틴은 무슨 잘못을 했는지는 잘 모르지만 어머니가 화를 낼 만한 큰 잘못일 거라고 대답했다. 마르틴은 이렇듯 스스로를 탓함으로써 자신의 안정감과 정서적 발달을 스스로 저해했다. 부모 중 한쪽이 이 상황을 자각할 경우 상황은 다시 정리될 수 있다. 분노를 표출한 부모가 자신이 화를 낸 이유를 아이에게 설명하고, 용서를 구하고, 아이의 불안해진 정서를 바로잡아줄 수 있다. 그러나 부모가 상황을 알지 못하거나 인격에 장애가 있을 경우에는 아이를 대답 없는 의문과 함께 방치하게 된다. 분노를 표출한 이유를 설명함으로써 지지의 틀을 제공하지 못한 채 말이다. 그러면 아이는 부모와의 관계에 혼란스러움을 느끼고 세상에 대해 확신을 갖지 못하게 된다.

근거 없는 분노의 반복은 그것을 표출하는 사람과 당하는 사람 모두의 신체, 마음, 영혼에 상처를 준다. 마르틴의 어머니는 치료를 받은 후에도 터무니없는 분노를 폭발시키고 폭력적인 행동을 했고, 그런 후에는 자신의 행동을 후회했다. 그녀는 자기가 왜 그런 식으로 딸에게 분노를 투사하는지 알지 못했다. 그녀의 분노는 비슷한 문제를 겪는 다른 사람들처럼 무의식을 통해서만 설명이 가능했다. 그녀가 과거에 겪고 억압해버린 경험이 문제였다. 근거 없는 분노는 대개 매우 큰 고통을 감추고 있다. 이런 큰 고통은 학대에 기반을 둔 사랑에 대한 내적 방어에서 비롯된 경우가 많다. 이것에 대해서는 다음 장에서 살펴볼 것이다.

| 증오 |

증오는 책임질 필요가 없는 억압된 분노이다. 증오는 사랑의 상처를 입은 희생자가 느끼는 감정인데, 이 근원적 상처는 유아기의 정서적 조건화로 거슬러 올라가고 한 세대에서 다음 세대로 전해진다. 증오는 다음과 같이 표현되는 근본적 믿음에 기반을 둔다. "그 사람이 나에게 상처를 줬어. 그러니까 나는 희생자야." 혹은 "내가 상처받은 것은 그 사람이 잘못했기 때문이야." 희생자는 자신이 학대의 대상이 되었다고 생각한다. 이런 희생자의 입장과 그것과 관련된 증오 역시 세대에서 세대로 전해진다. 이때의 증오는 늘 의식되는 것은 아니며, 때로는 무의식을 통해 가족에게 계승된다. 그런데 공격자가 없는 경우에도 '나는 희생자야' '그 사람 때문이야' 같은 믿음을 가질 수 있다. 어찌되었든 상처는 존재하고, 희생자는 상처를 받는다. 희생자는 고통받고, 슬퍼하고, 두려워하고, 굴복하고, 분노를 겪는다. 분노가

그것을 유발한 원인과 관련하여 이해되고, 존중되고, 재배치되지 않으면, 희생자는 그 분노를 억압하고, 되새기고, 그 분노에 고착될 것이다. 그리하여 증오의 감정이 성립된다. 마르틴은 7살이 되자 어머니를 미워했다. 어머니가 폭발시키는 분노에서 살아남기 위해 증오라는 갑옷을 입었다.

증오의 감정을 가질 때 희생자는 자신에게 분노를 터뜨린 사람에게 권력을 행사한다는 느낌을 가진다. 실제로 효력을 발휘하는 권력이 아니더라도 말이다. 증오는 희생자에게 자신을 공격하는 사람에 맞설 힘과 통제력을 가졌다는 느낌을 준다. 증오는 희생자가 심리적 굴복 상태에서 벗어나도록 하는 효력이 있다. 희생자가 실제로는 계속 굴복한다 할지라도 그렇다. 증오의 효력 덕분에 분노, 슬픔, 두려움은 지하감옥으로 쫓겨난다. 증오는 다른 감정들보다 우세하며 고착된다. 증오를 품는 동안 희생자는 고통을 느끼지 못하며, 자신을 공격한 사람보다 우위에 있다는 느낌, 고통이 사라지는 느낌을 받는다. 희생자는 가해자에게 느끼는 증오를 먹고 산다. 증오는 자칫 희생자의 인격을 파괴할 수도 있는 고통 속에서 희생자가 살아가는 이유가 되기도 한다. 이런 상황은 폭력적이고, 여기에 사랑은 존재하지 않는다. 희생자에게 권력감을 부여하고, 희생자는 조금씩 가해자로 변해간다. 다시 말해 희생자가 자기에게 상처를 준 공격자를 박해하게 된다. 결국 희생자는 자신의 증오에 다시 희생당하며, 이 증오를 토대로 학대에 기반한 사랑이 형성된다.

| 원한 |

증오가 만성이 되면 심리적 고착이 이루어진다. 증오를 자꾸만 되새
김질하는 것이다. 그리하여 상대방을 벌하고자 하는 억누를 수 없는
욕구가 생긴다. 그렇게 증오는 원한으로 변하며 또 한번 사랑으로부
터 멀어진다. 원한이라는 감정은 그야말로 마음의 감옥이다. 상대방
과의 관계에 악순환을 만들어내기 때문이다. 원한으로 촉발된 감정
때문에 무슨 일이 일어나면 상대방의 잘못으로 돌리게 된다. 자신의
마음, 몸, 생활에 상처를 입혔다고 상대방을 탓하게 된다. 또한 오랫
동안 상대방의 공격에 굴복하고 그로 인해 고통받았으니 이번에는 상
대방에게 벌을 주어 굴복시켜야 한다고, 상대방에게 고통을 줘야 한
다고 느끼게 된다. 마르틴은 여러 주 동안 입을 다물고 침묵으로 도피
함으로써 어머니를 벌했다. 마르틴의 어머니는 마르틴이 일부러 말을
하지 않는 것을 알고 몹시 흥분했다. 마르틴이 다른 사람들과는 이야
기를 했지만, 어머니와 둘이 있으면 입을 굳게 닫았기 때문이다.

　이런 식으로 상대방에게 고통을 주면 증오와 고통이 일시적으로 가
라앉는 것을 느낀다. 마음속에 원한이 있는 사람은 상대방에게 벌을
주기만 하는 것이 아니라, 그 자신이 겪은 것과 유사한 고통을 상대방
에게 안겨주려고 한다. 자신이 당한 것을 똑같이 되갚아주겠다는 이
런 심리는 좋지 않다. 그야말로 복수의 악순환인 것이다. 남편을 무척
이나 사랑하지만 암에 걸린 뒤 남편에 대한 끔찍한 원한에 사로잡힌
엘렌의 이야기를 들어보자.

::   엘렌은 주치의의 권유를 받고 나를 찾아온 것이 아니었다. 그녀는 주치의의 처방을 그리 열심히 따르지 않았다. 남편에 대한 원한 때문에 치료에 온전히 전념하지 못했다. 엘렌은 자신이 남편 때문에 암에 걸렸다고 생각했다. 그녀의 생각이 완전히 틀린 것은 아니었다. 엘렌 부부는 일종의 정신적 암으로 고통받는 듯했다. 엘렌의 이야기를 들으면서 나는 그 부부가 성격장애적 사랑에 지배받고 있음을 알 수 있었다. 엘렌에게 고통을 주는 것은 암뿐만이 아니었다. 원한이라는 감정이 심리적으로 그녀에게 고통을 주었다. 그녀는 남편을 사랑하지만, 예전에 다른 여자에게 한눈을 파느라 잠시 자기를 방치했던 그가 '죽을 만큼' 원망스럽다고 했다. 그 사건은 어렸을 때 아버지에게 배신당했던 기억을 떠오르게 했다. 그래서 정신적 충격이 더 컸고 심하게 고통받았다. 남편 폴이 잘못을 깨닫고 여러 차례 용서를 구했지만 엘렌은 그 '배신'(그녀 스스로 이렇게 표현했다)에 고착되어버렸다. 그 사건 이후 엘렌의 건강이 나빠지기 시작했다. 그리고 일 년 뒤, 엘렌은 오른쪽 가슴에서 악성 암세포가 발견되었다는 진단을 받았다. 폴은 자기 때문에 그녀가 암에 걸렸다는 죄책감을 느꼈다. 실제로 엘렌이 매일 그 사실을 상기시키며 남편을 고문했다. 엘렌은 당신 때문에 가슴을 잃게 되었다고 남편에게 말했다. 그녀는 다른 남자와 부정을 저지르는 것이 아니라 병에 걸림으로써 남편을 벌한 것이다. 엘렌은 암 때문에 느끼는 고통을 하나도 빠짐없이 세세히 남편에게 이야기했다. 절제수술을 받은 뒤 수술 자국을 남편에게 보여주었고, 증오와 원한의 감정을 표출하며 벌거벗

은 채 집 안을 돌아다녔다. 폴은 눈물을 흘렸고, 그 다음에는 엘렌에 맞서서 공격함으로써 자신을 방어했다. 그들의 사랑은 상호 학대로, 성격장애적 사랑으로 변했다. 엘렌은 폴을 아프게 하는 데서 즐거움을 느꼈다. 그러나 그녀가 알지 못한 것이 있었다. 그녀 자신이 자기 원한의 희생자가 되었다는 사실 말이다.

원한을 가지면 증오가 줄어든다는 착각을 갖게 된다. 원한을 통해 상대방을 심리적으로 벌주기 때문이다. 그러나 원한을 갖는 것은 좋지 않다. 오로지 상대방을 벌하겠다는 목적 하나만 남게 돼 자기 원한의 희생자가 될 위험이 크기 때문이다. 이런 의미에서 원한은 사랑에는 독약과도 같다. 몸에는 환각제, 마음에는 감옥이다. 원한은 증오를 봉인하고 사랑의 충동을 가둬버린다. 원한은 성격장애적 사랑을 떠받치는 기둥들 중 하나이다. 원한은 파괴에 문을 열어주며, 파괴는 사랑의 쇠퇴로 치달을 수 있다. 그리하여 모욕, 악의, 가학성이 나타난다. 마음은 얼음처럼 차가운 감옥에 갇혀버리고, 사랑은 더 이상 새롭게 태어날 수도, 무르익을 수도 없다. 앞에서 말했던 마르틴은 마침내 침묵에서 벗어나 엄마에게 외쳤다. "나는 엄마가 미워. 엄마를 죽이고 싶어."

| 죄책감 |

복수와 처벌의 욕구, 더 고통받지 않기 위해 상대방을 제압하고자 하는 욕구는 결국 그 사람 안에 커다란 죄책감을 만들어낸다. 이런 상태

는 사람을 완전히 사로잡아버린다. 대체 우리가 무엇을 잘못했을까? 나는 내 환자들에게 다음과 같은 질문을 얼마나 많이 했는지 모른다. "당신이 무슨 잘못을 했지요? 심술궂게 군 것? 누군가를 학대한 것? 복수하고 싶다고 생각한 것?" 이런 생각은 우리가 괴물이 된 느낌, 우리 안에 우리보다 더 강하고 사악한 짐승이 있다는 느낌을 준다.

죄책감은 해롭다. 우리 안의 '심술궂은 괴물'을 죽이기 위해 우리를 자기 처벌로, 자기 파괴로 이끌기 때문이다. 나를 만나러 오는 환자들 중에는 죄책감에 사로잡혀 활기를 잃어가는 사람이 많다. 물론 가끔은 죄책감 속에 일종의 자기만족, 일종의 '안도감'이 자리잡기도 한다. 죄책감은 문제를 정면으로 대면하기 이전, 다시 말해 근본적인 문제 제기를 하기 이전의 최후 방어물과도 같다. 이런 환자들은 대개 그들에게는 익숙한 고통이며 근원적 상처보다는 덜 고통스러운 '소중한' 죄책감 말고는 아무것도 느끼지 못한다. 심지어 그들은 자신이 무엇에 대해 죄책감을 느끼는지조차 알지 못하는 경우도 많다! 죄책감의 힘든 점은 무의식 속에 자리한 증오와 원한의 전(前) 상태를 감추고 있다는 데 있다. 죄책감을 경험하는 것은 고통스러운 일이다. 그러나 이 고통은 사랑에 마음을 닫게 하는 더 깊은 상처와 대면하는 일을 피하게 해준다.

| 연민 |

죄책감을 느낄 때 우리는 대개 우리가 학대한 희생자를 돕고 싶어 한다. 희생자를 돕고, 그를 소생시키고, 삶에 대한 새로운 영감을 주고

싫어 한다. 가해자는 희생자에게 연민을 가지며, 희생자가 다시 일어서도록 도움의 손길을 내민다. 희생자가 받아들이면 가해자는 구원자가 되어 희생자를 두 팔로 감싸안는다. 그는 희생자의 육체적·정신적 상처를 보듬어안고 연민으로 어루만진다. 가해자도 심장을 가진 인간이므로, 상대방의 고통에 마음이 움직인다. 그런 마음이 한편으로 그에게 유익하고, 그가 더욱 죄책감을 느끼게 한다. 연민은 사랑이 아니다. 자기가 죄를 지었다고 생각하는 사람의 뉘우치는 마음이다. 뉘우치는 사람은 이렇게 생각한다. '내가 나빴어. 내가 잘못했어. 내가 너를 구해줄 거야. 고통받는 너를 보니 연민이 느껴져.' 그런 의미에서 연민은 사랑의 질을 떨어뜨린다. 엘렌과 폴 부부의 이야기로 다시 돌아가보자.

:: 엘렌은 암에 걸렸고, 한쪽 가슴을 잃었다. 암이라는 질병에 희생되었다. 그녀는 육체적으로는 물론 정신적으로도 고통을 겪었는데, 끊임없는 복수욕에 시달렸다. 엘렌이 병에 걸리기 전에 이 부부는 늘 부부싸움을 했다. 폴은 아내의 투쟁적인 사랑 때문에 고통받고 기진맥진했다. 그래서 다른 여자에게 한눈을 팔았다. 그에게는 숨 쉴 곳이 필요했다. 폴은 자신의 행동이 아내에게 더 큰 상처를 주리라는 것을 알고 있었다. 그 자신이 정신과 의사였으므로 자기가 어떤 상황에 처했는지 잘 알았다. 엘렌이 배신 문제에 매우 민감하다는 것도 알고 있었다. 하지만 자기 자신을 위해 한눈을 팔았다. 엘렌에게 상처 줄 의도는 없었지만, 그렇게 행동함으로써 엘렌의 상처

를 건드렸다. 이후 폴은 엘렌에 대한 연민과 큰 죄책감을 느꼈다. 폴은 굴복했고, 자기가 저지른 '죄'의 대가를 치렀다. 끊임없이 자기를 비난하는 병든 아내를 감내했다. 그러느라 숨이 막힌 나머지 심장발작까지 일으켰다. 다행히 제때에 치료를 받은 덕분에 생명을 건질 수 있었다. 이번에는 엘렌이 죄책감과 연민을 느꼈다. 나를 만났을 때 엘렌은 이렇게 말했다. "제가 폴을 도울 거예요. 앓아누운 그를 보니 너무나 불쌍해요." 회복기에 들어서자 폴은 희생자의 위치에서 공격자의 위치로 옮겨갔다. 이제는 폴이 자신의 심장발작에 대해 엘렌을 비난한다. 그는 목청을 높여 엘렌을 비난하고, 엘렌에게 언어폭력을 행사한다. 엘렌과 함께 있을 때 그는 냉혹해진다. 예전에 그녀가 자기에게 한 대로 그녀에게 복수한다. 이 부부의 성격장애적 사랑이 새로운 국면을 띠기 시작한 것이다! 이들은 분노, 증오, 원한, 죄책감, 연민의 악순환에 갇혀 춤을 추고 있다. 얼마 지나지 않아 엘렌은 다시 병이 날지도 모른다. 암이 재발할지도 모른다. 그리고 그들의 삶은 계속된다……

성격장애적 사랑의 악순환

상황이 바뀌어 상대방이 고통을 받는 경우 그는 고통받는 상대방에게 연민을 느끼는 동시에 더 이상 혼자만 고통받는 게 아니라는 사실에 즐거워한다. 그는 상대방이 고통을 받으면서 예전에 그가 느낀 고통이 무엇이었는지 깨닫기를 무의식적으로 바란다. 그러다가 상대방의 상태가 좋아지면 그는 연민을 느끼는 역할을 그만둔다. 이런 이유로 그는 상대방의 회복을 견딜 수 없어한다. 게임이 다시 시작된다. 죄책감과 연민은 증오, 근거 없는 분노, 원한으로 재빨리 바뀐다. 그의 마음은 성격장애적 사랑의 악순환에 다시 사로잡힌다. 마르틴이 엄마와 맺고 있는 관계가 좋은 예이다.

:: 마르틴이 12세가 되었을 때, 마르틴의 어머니는 시각과 언어 기능에 문제가 생겨 병원에 입원했다. 뇌에 종양이 생겼다는 진단이 나왔다. 그러자 마르틴은 큰 죄책감을 느꼈다. "무엇에 대해 죄책감을 느끼니?"라고 묻자 마르틴은 대답했다. "내가 엄마를 죽인 거나 다름없어요." 마르틴은 그렇게 자신을 처벌하고 있었다. 마르틴은 죽고 싶을 정도로 괴로워했다. 어머니가 병원에 입원해 있는 동안 마르틴은 이모 집에서 지냈다. 이모의 도움으로 마르틴은 점차 상태가 좋아졌다. 약물중독 부모를 둔 청소년들의 모임에도 참여했다. 마르틴의 어머니는 뇌종양 수술을 받은 뒤 화학치료를 받았고, 자신의 병이 어떤 단계인지 알게 되었다. 병세가 호전되자 퇴원하고 약물도 끊었다. 마르틴은 집으로 돌아와 다시 어머니와 함께 살게 되었다. 집에 돌아오자마자 마르틴은 자제심을 잃고 다양한 방식으로 어머니를 공격하며 복수를 시작했다. 어머니가 투병하는 동안 한쪽에 제쳐두었던 증오와 원한의 감정을 모조리 되찾았다. 마르틴은 어머니를 사랑하고 싶은 마음과 미워하고 복수하고 싶은 마음 사이에

서 갈팡질팡했다. 그런 모순된 정서가 마르틴을 큰 혼란에 빠뜨렸다. 혼란스럽고 불편한 감정을 잊기 위해, 그리고 어머니를 벌해야 한다는 생각을 잊지 않기 위해 이번에는 마르틴이 알코올과 약물에 탐닉하기 시작했다. 그러자 어머니는 마르틴을 적극적으로 도우려 했다. 진심으로 딸을 돕고 싶어 했다. 두 사람은 가족치료를 받았고, 마르틴은 삶의 의욕을 조금씩 되찾았다. 서로에 대한 사랑도 회복했다. 어머니의 사랑 덕분에 지금 마르틴은 완전히 회복했다.

지금까지 마음의 감옥을 만드는 성격장애적 사랑의 특성들을 살펴보았다. 마음의 감옥은 상처받은 마음을 위한 방어물이다. 상처받은 마음이 여러 가지 이유로 스스로를 보호하는 것이다. 이번에는 성격장애적 인격이 어떻게 생겨나고 전개되는지 알아보자.

성격장애적
인격

성격장애적 인격은 어린아이 때 자신의 정신건강과 발전을 위협하는 모순된 메시지들에 맞서 자신을 보호하려고 애쓰면서 형성된 인격이다. 이런 어린아이는 자신을 방어하기 위해, 정신적 분열과 광기를 피하기 위해 증오와 갈등을 이용한다. 성격장애적 인격을 가진 사람은 앞에서 설명한 마음의 감옥을 통해 자신 및 타인들과의 관계를 경험한다. 몸과 마음 그리고 인격이 방어의 위치에 있고, 그리하여 사랑은 공격과 투쟁 속에 갇혀버린다. 이것이 사랑일까? 성격장애적 인격을 가진 사람에게는 그렇다. 이런 사람에게 사랑은 복수이며 냉혹한 것이다. 왜냐하면 어렸을 때 경험한 사랑이 그런 부류의 사랑이기 때문이다. 성격장애를 가진 사람도 동물이나 자연과 함께할 때는 상냥하고 애정 어린 순간을 경험한다. 그 안에서 피난처를 발견할 수도 있다. 그가 받는 상처는 사람들로부터 온다. 그래서 사람에게서 상냥함과 온화함을 느끼게 되면 위협받는 것으로 여긴다. 그럴 경우 과거에 학대로부터 자기를 보호해준 방어물 뒤로 숨는다. 마음의 감옥은 사람들과의 대면에서 피난처가 되어준다.

어린아이가 성격장애적 인격을 갖게 되는 것은 대개 아이의 부모가 갈등과 증오 속에서 자란 성격장애적 인격의 소유자이기 때문이다. 성격장애적 사랑과 그로 인한 방어물은 세대에서 세대로 전해진다. 그리고 성격장애적 인격은 육체적·정신적 학대가 존재하고 불안정한 정서가 지배하는 가정에서 만들어진다. 이런 인격을 가진 어린아이를 보면 부모가 매우 심한 성격장애를 가진 경우가 많다. 부모 중 한쪽이 부재하는 경우도 많다. 그 부재는 여러 가지 형태를 띨 수 있다. 정말로 부재하는 경우도 있고, 병을 앓는 경우도 있고, 부모가 존재하나 아이가 그 현실을 부인하는 경우도 있다.

방어물로서의 증오

성격장애적 인격은 정서적 불안이 클 때 더 잘 형성되고 굳어진다. 정서적 불안은 아주 어릴 때 아이의 마음에 상처를 입힌다. 이 불안은 아이 부모가 언어적·비언어적 방법으로 전달하는, 학대와 동반된 모순된 메시지들에 기인한다. 이런 메시지는 아이의 정서와 정신에 혼란의 씨를 뿌리고, 아이는 빠르게 생존 반응을 보인다. 마리는 여러

해 동안 '사랑한다'는 말을 들은 뒤 곧바로 얻어맞는 일을 겪었다. 장 피에르의 아버지는 존경받는 군인이고 아들을 매우 예뻐하지만, 장 피에르를 '훌륭한 어린 군인'으로 만들겠다며 수없이 모욕을 주었다. 프랑수아는 아버지에게 강간을 당했다. 그러면서도 아버지는 프랑수아에게 사랑한다는 말을 아낌없이 쏟아부었다. 이 아이들에게 사랑이란 뭘까? 애정 어린 말 뒤에 따르는 폭력과 냉혹함이 과연 사랑일까? 정서적 혼란, 몰이해, 육체적·정신적 불안감이라는 모순이 그 사랑 속에는 존재하지 않을까? 마리, 장 피에르, 프랑수아, 그리고 마르틴은 그들에게 주어졌던 사랑과 증오라는 모순된 메시지를 이해할 수 없었고 두려움 속에 살았다.

부모에게서 부당한 양육을 받은 아이는 자기가 냉혹하게 대접받을지 아니면 상냥하게 대접받을지 알지 못한다. 그래서 불확실 상태에 빠진다. 아이는 경계하고, 마음을 열어야 할지 닫아야 할지 망설인다. 이런 상황에서 아이가 신뢰를 가질 수 있을까? 아이는 무엇을, 누구를 믿을 수 있을까? 어디서 기준점을 찾을 수 있을까? 또 다른 부모가 있는 것도 아니라면 아이는 부당하고 성격장애적인 부모를 관계의 기준으로 삼을 수밖에 없다.

이런 경우 아이는 살아남기 위해 사랑에 대한 자발적 충동과 단절하고 증오라는 방어 태세를 갖춘다. 증오 속에서 인격이 형성된 사람들은 성적·정신적 학대, 모욕과 부당함, 방치, 거부, 고의적인 무관심으로 자기를 괴롭힌 부모에게 상처받지 않으려고 애쓰면서 살아온 경우가 많다. 이런 대접 앞에서 아이는 분노와 극심한 고통, 반항심을 억압하는 법을 배운다. 아이는 자신이 당한 일을 되새기고, 부당한 부모를 죽이거나 상처 입히는 투쟁적 시나리오를 상상한다. 아이는 부모를 미워하는 동시에 사랑한다. 왜냐하면 아이에게는 부모가 유일한 정서적 기준이기 때문이다. 아이는 성장하기 위해 관심을 필요로 한다. 비록 그 관심이 가혹한 것일지라도 말이다. 또한 아이는 나무가 자라나기 위해 햇빛이 필요하듯 사랑과 온기를 필요로 한다. 그래서 자기에게 주어지는 짧은 애정의 순간들에 매달리게 된다. 아이는 그렇게 스스로를 형성하고, 자신이 경험하는 증오, 사랑, 원한, 죄책감, 연민 등의 모순된 감정들을 통해 사랑하는 법을 배우고자 애쓴다. 우울증에 걸린 아버지의 정서적 볼모가 되었던 피에르가 생각난다.

:: 피에르의 아버지는 몇 달 동안은 입을 꾹 다물고 지내다가 다음 몇 달 동안은 언어폭력을 행사하는 패턴을 반복했다. 피에르는 그런 아버지를 몹시 미워하는 동시에 불쌍히 여겼고, 아버지를 도우려고 애썼다. 그러나 모든 것이 불안감만 조장할 뿐이었다. 어린 피에르는 폭력과 애정이 번갈아 나타나는 아버지의 행동에 점차 길들어갔다. 피에르는 그것이 사랑이라고 생각했다. 피에르는 사랑과 증오 사이에서 분열되었다. 복종해야만 자신을 방어할 수 있다고 생각했지만 복종은 증오와 원한의 감정을, 폭력을 일깨웠다. 폭력은 밖으로 표출되지 못했고 방향을 돌려 피에르 자신을 향했다. 자기 자신에 대한 증오와 폭력으로 인해 피에르는 고립감을 느꼈다. 피에르의 내면 깊숙한 곳에는 억압된 사랑의 충동들과 고통이 여전히 자리

잡고 있었다. 피에르는 차츰 울지 않게 되었다. 그렇게 자신을 닫아 버렸고, 몸과 마음이 경직되었다. 피에르는 점점 더 차갑고 냉혹해졌다. 이 모든 것이 살아남기 위해서였다. 고립감 속에서 피에르는 사랑은 곧 폭력이라고 결론 내렸다. 자라면서 폭력이 피에르의 궁극적 방어책이 되었다. 피에르는 깊은 모순에 사로잡혔다. 주변의 세상이 적대적이라는 것을 알기는 했지만, 그의 내면 깊숙한 곳에는 사랑과 온기가 여전히 존재했기 때문이다. 사춘기가 되자 피에르는 살아남기 위해, 사랑에 대한 믿음을 유지하기 위해 세상에 적의를 품으려고 애쓰게 되었다. 아마도 아버지와 맺고 있는 성격장애적 관계를 끝내기 위해 부당한 아버지에 맞서 반항할 힘도 갖게 되었을 것이다.

아이는 아버지와 함께 사는 집을 떠나 다른 곳에서 새출발을 할 수도 있다. 아무것도 느끼지 않고 차가운 고립감 속에 머무르기 위해 알코올과 약물을 택할 수도 있다. 그리하여 학대에 기반한 사랑에 마음을 열게 될 수도 있다. 이 경우 악순환에 사로잡히기 쉽다.

이런 청소년이 성인이 되면 사랑의 충동과 모순된 감정들 사이의 내적 고립감 때문에 성격장애적 사랑을 하게 된다. 기분이 좋다가도 금세 우울감에 빠지는, 감정 기복이 심한 사람이 된다.

급작스런 기분의 변화

성격장애적 인격의 특징들 중 하나는 기분의 급작스런 변화이다. 기분의 급작스런 변화는 자신의 영역을 통제하려는 본능적 표현이다. 여기에는 정신병리학적 원인이 있을 수도 있고, 호르몬의 불균형 때문일 수도 있다. 성격장애적 인격을 가진 사람에게는 기분의 급작스런 변화가 전형적으로 나타난다. 이때 기분의 급작스런 변화는 상황이나 관계의 조화로움이나 상대방의 행복을 깨뜨리려는 무의식적 욕망에서 나온다. 자신의 급작스럽게 변화하는 기분을 감내하게 만듦으로써 상대방에게 권력을 행사하고 상대방을 장악하려는 것이다. 이때 표출하는 기분은 대부분 분노와 공격성, 증오이다. 기분의 급작스런 변화는 분노, 공격성, 근거 없는 증오와 비슷하며, 지나치게 억눌린 감정들로부터 해방되고 상대방에게 벌 주는 것을 목적으로 한다.

:: 　알린은 성격장애적 인격을 가진 남편과의 관계에서 자신을 추스르기 위해 나에게 정신치료를 받았다. 약혼 중일 때는 아무 문제가 없었다. 하지만 결혼 후에 남편의 성격장애적 기질을 알게 되었다. 2년의 결혼생활 동안 알린은 공포에 떨어야 했다. 매일 살 것인가, 죽을 것인가 하는 고민 속에서 살았다. 알린의 남편은 그녀가 식탁을 차리면서 약간 소리를 내거나, 옷을 잘못 개키거나, 질문에 곧바로 대답하지 않거나, 외출했다가 예정보다 늦게 귀가하면 불같이 화를 냈다. 집 안에 물건들이 날아다녔고, 알린은 허리를 구부린 채

두려움에 떨며 지내야 했다. 부당한 비난에 말대꾸라도 할라치면 남편은 폭력적인 태도를 보였고, 대꾸를 하지 않으면 말로 집요하게 괴롭혔다. 증오와 공격의 분위기가 계속되는 가운데에서도, 남편은 부부관계를 유지하려고 애썼다. 알린은 자기 남편이 성격장애적 인격을 가졌고 자신이 희생양이라고 느끼긴 했지만, 입을 다물고 가만히 있어야 할지 아니면 적극적으로 대꾸를 해야 할지 알지 못했다. 어느 날 알린은 남편과 함께 쓰는 방을 떠나 다른 방으로 피신했다. 그러자 남편이 따라와 그녀가 자신의 말에 대꾸를 할 때까지 괴롭혔다. 남편을 무시할 수는 없었다. 무시할수록 집요함이 더욱 심해져 어떻게 해서든 자기 생각을 납득시키려고 했기 때문이다. 알린은 그때까지의 희생자 역할을 그만두고 이번에는 공격을 해보기로 마음 먹었다. 마음속에 담아두었던 모든 것을 남편에게 말했다. 그러자 남편은 일주일 동안 입을 다물고 아무 말도 하지 않는 방식으로 그녀를 무시했고, 자신의 세계에 틀어박혔다. 알린은 남편을 떠나기로 결심했다. 자신이 지금껏 비난해온 남편과 똑같은 사람이 되는 것은 상상할 수도 없는 일이었기 때문이다. 알린이 떠나자 남편은 심각한 우울증에 빠졌다.

폭력에 가려진 우울증

증오를 방어물로 삼는다는 것은 모든 사람에게 힘든 일이다. 사랑의 증거로서 폭력만을 경험하는 것, 선의·상냥함·온화함을 뿜어내야 할 자아의 순결한 부분에 내적 분열의 느낌만 경험하는 것 역시 힘든 일이다. 성격장애적 인격을 가진 사람은 깊은 고통을 감추고 있다. 이 고통은 잠재적인 우울감과 자살 본능을 통해 표출된다. 증오와 폭력 속에서 사랑한다는 것은 자연스럽지 않기 때문이다. 증오와 폭력은 영혼의 본질적 특성들을 변질시킨다. 생명 유지에 필수적인 충동을 꺼뜨린다. 타인에게 느끼는 증오와 원한은 앞에서도 말했듯이 결국엔 견딜 수 없는 죄책감으로 이어진다. 이 죄책감은 스스로에 대한 증오를 낳는다. 쉽게 말해 증오와 폭력 속에서 사랑하게 되면 자기 자신에 대한 긍정적 이미지를 형성하지 못한다. 자신이 괴물이 되었다는 느낌만 갖게 될 뿐이다. 이 괴물은 자주 통제력을 벗어나며, 이 괴물을 내면에 키우며 사는 삶은 무력감, 자기혐오, 자살 욕구를 불러일으킨다. 약물과 알코올은 이 내면의 괴물이 활동력을 누그러뜨리는 느낌, 혹은 이 괴물이 몇 시간 동안 잠드는 느낌을 준다. 그러나 그것은 완전한 착각이다. 이런 사람들에게는 우울증 증상이 뚜렷이 나타난다. 상대방에게 중압감을 주는 자폐와 침묵의 순간에 뒤이어 기분의 급작스런 변화와 공격성도 자주 나타난다. 두려움의 씨앗을 뿌리는 사람은 파괴의 악순환에서 벗어나는 방법을 알지 못할 때가 많다. 그는 증오에 의해 자신이 유폐되었다고, 몸과 마음이 감옥에 갇혀버렸다고 느낀다. 성격장애의 방어물 뒤에 숨어 있는 내면의 어린아이가 자신의 고통을 소리 높여 외친다. 그 아이는 사랑받기를, 사랑하기를 너무나 바란다. 그러나 사랑 대신 폭력만 표출될 경우 어떻게 사랑할 수 있겠는가? 자신의 내면에 괴물이 존재하는데 어떻게 사랑할 수 있겠는가? 이런 냉혹한 현실에서 벗어나려면 스스로 고립시키거나 우울증만 남지 않겠는가?

고립의 벽

성격장애적 사랑은 결국엔 사람을 고립시키고, 그 사람의 내면에 만리장성 같은 벽을 만든다. 그 벽 뒤에서는 내면의 어린아이가 제대로 영양을 공급받지 못해 괴로워하고 눈물을 흘리며 죽어가고 있다. 아이는 삭막한 정서적 사막에 둘러싸이게 된다. 이런 아이는 자신의 아픔을 표현할 줄 알아야 하며 아이의 눈물이 사랑의 움직임을 제지하는 차가운 감옥을 녹일 것이다.

성격장애적 육체

무의식은 특히 육체를 통해 표출된다. 성격장애적 인격을 가진 사람은 방어물을 만들어 자신이 받은 모순된 메시지와 정신적·육체적 폭력으로부터 스스로를 방어한다. 그 방어물은 육체에 존재하는 사랑과 생명의 원천을 질식시키고 갈등을 유발한다. 방어물이라는 갑옷을 입은 육체는 생명 유지에 필수적인 사랑의 충동을 가두는 감옥이 되어 버린다. 이런 육체는 냉혹함, 공격, 갈등을 불러일으킨다. 이런 육체의 방어물 밑에는 상처받은 영혼의 무력함과 절망이 숨겨져 있지만 말이다. 성격장애적 인격에서 치유되기 위해서는 우선 이런 육체적 방어물에서 해방되어야 할 것이다.

방어하는 육체

성격장애적 인격을 가진 사람의 육체는 다음 그림에서 볼 수 있듯이 흉부를 통해 스스로를 방어한다. 깊이 상처받은 마음을 보호하듯 흉곽이 앞으로 튀어나와 있다. 이 육체를 건물에 비유해보자. 건물의 특정한 부분에 힘이 너무 실리면 나머지 부분에 상쇄반응이 온다. 육체도 마찬가지다. 한 부분에 너무 힘이 실리면 상쇄반응이 일어난다.

흉곽의 돌출부 양쪽에 위치한 어깨가 뒤쪽을 향해 흘러내린다. 흉곽이 앞으로 튀어나와 있으므로 2개의 견갑골 사이가 움푹 파인다.

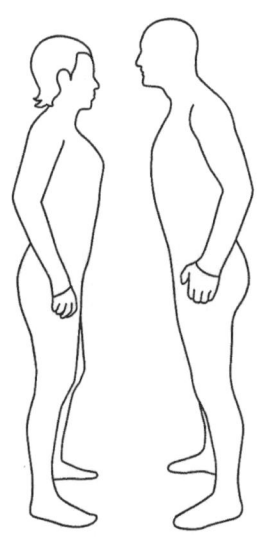

[성격장애적 커플의 신체 자세]

두 팔은 공격할 듯한 자세를 취한다. 때릴 준비를 하고 있거나 적어도 방어할 준비를 하고 있다. 두 손은 대개 주먹을 쥐고 있다. 턱은 긴장 된 채 꽉 다물려 있다. 아래턱은 각이 져 있는데, 이것은 냉혹함과 성마른 성격을 보여준다. 입술은 보통 얇다. 이런 육체 안에는 관능이 존재하지 않는다. 설령 입술이 두툼하다 할지라도, 아름다움과 자발 적 관능이 결여되어 있다. 입은 분노를 표현한다. 뭔가 물어뜯거나 외 치려는 듯 보인다. 안구 속의 눈은 약간 돌출되어 있다. 눈빛은 화가 나 있으며, '눈빛으로 사람을 죽인다'는 표현처럼 누군가를 죽일 준비 가 된 듯 보인다. 자신을 향하는 모든 눈빛들로부터 스스로를 보호하 는 이 눈빛은 두려움과 공포를 뿜어내고자 애쓴다.

다리는 방어 자세를 취하고 골반은 수축되어 있다. 이 수축은 성적 강박과 연관이 있다. 상반신은 공격 자세를 취하고 다리는 그런 상반 신을 받쳐준다. 발이 자리를 잘 잡은 듯 보일지라도, 발가락은 힘겹게 지면을 디딘다. 발의 힘줄들이 수축되어 있기 때문이다.

성격장애적 인격을 가진 사람의 육체에서는 냉혹함, 메마름, 폐쇄 성이 풍긴다. 자유로움도, 상냥함도 불러일으키지 못하는 이런 사람의 육체가 만일 매우 야위었다면 육체적 접촉을 유도하지 못한다. 육체가 묵직하고 피부가 긴장되어 있다면, 그 육체는 부피감으로 주변 환경을 지배하고 거리감을 유발한다. 육체적 접촉이 있을 경우 긴장된 근육은 혐오감을 불러일으킬 수도 있다. 성격장애적 인격을 지닌 사람의 육체 는 보통 두려움을 야기한다. 이런 육체는 냉혹함을 풍기며, 무슨 수를 써서라도 주변 환경을 지배하고 싶어 한다는 인상을 준다.

미 녀 와 야 수

내가 방금 설명한 증오와 분노의 방어물을 우리는 '야수'라고 부를 수 있을 것이다. 여주인공의 사랑 덕분에 야수가 왕자로 변한다는 아름다운 동화 『미녀와 야수』*를 생각해보면 말이다. 사실 야수에게 그 방어물은 매우 큰 고통이며, 그가 자신을 보호하기 위해 수년 전부터 자기 안에 만들어놓은 마음의 감옥에는 다른 사람들로부터 고립되어 괴로워하는 내면의 어린아이가 숨겨져 있다.

성격장애가 있는 사람이 성격장애가 없는 사람을 만나면 그 사람을 지배하려고 애쓴다. 상대방의 사랑이 극진하고 진실하다면, 성격장애를 가진 사람의 증오의 벽을 녹여버릴 수도 있다. 다시 말해 야수가 상대방의 사랑 덕분에 변화할 수 있다. 반대로 상대방이 야수의 공격 아래에서 굳어버리고 스스로를 보호하기 위해 야수처럼 되려고 애쓴다면, 사랑은 이루어지지 못할 것이다.

성격장애가 있는 두 사람이 만날 경우, 처음에는 서로를 노려보고 그 다음에는 지배권을 결정하기 위해 서로를 공격할 것이다. 그러나 두 사람이 서로 지배하려고 고집을 부린다면 무슨 일이 일어날까?

---

* 『미녀와 야수』는 민간전승을 주제로 한 동화이다. 이 동화는 미녀와 야수 사이의 불가능한 사랑을 묘사하고 있다. 상황이 매우 힘들지만, 이들은 편견을 뛰어넘어 사랑을 이룬다. 우리들도 조금은 미녀 같고 조금은 야수 같지 않을까?

성격장애적
커플

성격장애적 커플은 증오와 폭력으로 사랑을 표현하는 두 존재의 만남에서 생겨난다. 이들의 결합은 투쟁을 통해 조인된다. 이들에게 이것은 자연스러운 일이다. 왜냐하면 이들은 사랑을 투쟁하는 것, 공격하는 것, 믿음을 떨어뜨리는 것, 서로에게 권력을 행사하고 서로를 지배하는 것이라고 믿기 때문이다. 이들의 정체성은 공격과 방어를 통해서만 존재한다. 이들은 어린 시절에 경험한 것들로 인해 형성된 특별한 방어기제와 마음의 감옥과 함께 성격장애적 인격을 발달시켰다. 이런 커플은 융합적인 커플과는 반대이다. 이들의 목표는 스스로를 보호하기 위해 혹은 상대방을 지배하기 위해 서로 투쟁하는 것이다.

투쟁적 사랑

성격장애적 커플은 자기들의 인격을 마음껏 표출할 수 있기 때문에 서로를 사랑한다. 이들은 상대방에게 상처 주는 것을 두려워하지 않는다. 상대방 역시 자기에게 똑같이 상처를 주기 때문이다. 그들 사이에 이것은 무의식적 합의이다. 이것은 본능적인 동시에 과거의 경험들에 의해 조건화된 일종의 협정과 비슷하다. 기묘하게도 두 사람 모두 같은 방식으로 조건화되었고 똑같은 방어와 공격 본능을 사용하므로, 두 사람은 그들 안에 살고 있는 '야수'가 마음껏 감정을 표출하도록 내버려둘 수 있다. 이런 특성이 강한 이끌림을, 탐욕스러운 동시에 혐오감을 불러일으키는 사랑을 만들어낸다. 이들에게 상대방은 각자가 구현하는 학대에 기반을 둔 사랑의 완벽한 거울이다. 이 거울은 자기도취적이며, 이들로 하여금 성격장애적 인격에 너그러운 태도를 보이며 사랑하게 한다. 이들은 자기 안과 상대방 안에 사는 괴물을 사랑한다. 이런 비밀스러운 인정이 이들의 사랑을 승인한다. 이들은 살아남기 위해 서로에게 의존하며, 매일 갈등과 폭력에 의존한다. 바로 여기에 이들의 정체성이 존재한다.

융합적 커플만 의존을 경험하는 것은 아니다. 성격장애적 커플도 의존을 경험한다. 갈등과 싸움에만 의존하는 것이 아니라, 때로는 성에도, 약물과 알코올에도 의존한다. 성격장애적 커플이 어떻게 일상적 사랑을 경험하는지 살펴보도록 하자.

일 상 적 투 쟁

성격장애적 커플이 반드시 첫눈에 서로에게 끌리는 것은 아니다. 일단 이들은 상대방의 방어 태세, 증오, 공격성을 서로 평가한다. 그럼으로써 상대방이 자기와 매우 닮았다는 것과, 갈등과 싸움이 아직 나타나지는 않았더라도 자기들의 관계가 갈등에 기반하리라는 사실을 확인한다. 한 방에 있을 때 이들은 서로의 움직임, 목소리의 톤, 말의 리듬, 웃음의 빈정거리는 정도 등을 평가한다. 그리고 마지막으로 각자가 발산하는 지배 의지를 평가한다. 또한 이들은 성관계를 할 때 상대방을 재볼 수 있다. 성관계를 통해 서로의 인격을 측정한다. 양쪽 모두 도발하기를 좋아하고, 양쪽 모두 상대방에게 자기와 똑같은 증오가 존재함을, 똑같이 사랑에 마음을 닫았음을 알아본다. 두 사람은 이런 만남에서 권력감을 끌어낼 것이다. 만남이 이루어지고 상대방에 대한 평가가 끝나면 다시 만날 것인지 말 것인지 결정할 것이다.

　이들이 다시 만날 경우, 그것은 그들이 함께 나누게 될 공격적이고 투쟁적인 영역의 범위를 탐험하기 위해서이다. 이들은 그렇게 자기들을 테스트한다. 상대방을 비난하고, 판단하고, 평가절하하면서 각자의 잠재성을 탐험한다. 각자 상대방의 언어적, 비언어적 반응들을 관찰하면서 투쟁적인 관계를 수립하려고 애쓴다. 각자 상대방의 암호를 이해하고 자기의 암호를 만들어내려고 애쓴다. 두 사람은 무의식적으로 다음과 같은 질문을 한다. '내가 저 사람에게 상처를 주기 위해 어디까지 갈 수 있을까?' '내가 저 사람을 아프게 하기 위해 어디까지

갈 수 있을까?' '저 사람에게 상처를 줬다는 걸 내가 언제 느낄 수 있을까?' 이들 두 사람은 모두 지배자이며, 각자 상대방을 공격하고 성공적으로 상처 주기 위해 상대방의 흠과 허약한 부분을 찾아내려고 한다. 그러나 흠을 찾아내기란 쉽지 않다. 영원한 갈등 상태를 유지하면서 공격과 폭력으로 방어하는 법을 두 사람 다 아주 잘 알고 있기 때문이다. 갈등은 이들을 멀리 떨어뜨려놓아 이들이 정신적으로 서로 침투하지 못하도록 방해한다. 이들의 공격은 마치 빛이 수면에서 반사하여 튀어오르듯 상대방에게 맞고 튀어오른다. 격심한 공격의 시기가 고립과 침묵의 휴지기와 교대되면서 여러 주, 여러 달이 지나갈 수도 있다. 때때로 두 사람은 각자 다른 사람들을 지배하기 위해 다른 곳을 볼 것이다. 관계의 암호들이 잘 수립되고 관계의 영역이 잘 정의될 때까지. 그렇게 커플 관계가 이루어진다.

일단 커플 관계가 이루어지면, 영원한 투쟁이 시작된다. 이 커플들에게는 그것이 사랑의 표시이다. 이들은 서로 공격한다. 오늘 당신이 나에게 상처를 주었으니, 내일은 내가 당신에게 상처 줄 차례다. 이런 태도가 투쟁적 사랑에 기반을 둔 그들의 관계에 정신적 흥분을 불러일으킨다. 또한 이들은 서로를 소유하고 싶어 한다. 이들의 욕망은 민감하다. 이들은 자신의 지배력을 표시하기 위해 상대방의 육체에 흔적을 남기기까지 하면서 육체적으로 서로를 소유하려 한다.

성관계는 육체를 통해 상대방을 소유하려는 욕망을 자극하는 동시에 긴장을 풀어준다. 그러나 생각만큼 쉽지 않다. 상대방이 자신을 아주 잘 방어하기 때문이다. 두 사람에게는 깊은 상처가 남고, 각자 자신을 보호하는 법을 배운다. 이런 관계의 특징인 비뚤어진 흥분은 상대방이 저항하지 못하는 정서적 의존을 만들어낸다. 상대방의 정체성은 그 자신의 정체성의 반영이며, 그 자신의 정체성과 마찬가지로 투쟁, 공격성, 폭력의 고조에 기초를 두기 때문이다. 이들 커플은 일상 속에서 어린 시절의 일상을 재발견한다. 이런 부류의 커플은 투쟁 상태를 고조시키기 위해 알코올과 약물을 남용하기도 한다. 커플 관계가 어느 정도 지속되면 이들의 인격은 외향적으로 변한다. 좀 더 온화해지고, 좀 더 부드러워지고, 다른 사람들과 더 마음을 터놓고 이야기하게 된다. 투쟁의 욕구가 매일 배불리 충족되기 때문이다.

일 주 일 에 하 루 꼴 로 싸 우 기

나를 찾아오는 환자들 중에도 성격장애적 커플이 많이 있다. 이들은 일주일에 하루 꼴로 싸운다. 싸움은 대개 커플 중 한 사람에게 육체적 징후들이 나타나면서 시작된다. 다음은 내가 커플 치료를 한 여성 동성 커플 노엘과 쥐드의 사례이다.

:: 　노엘은 일요일에 친구들을 만나러 갈 때면 복통을 일으켰다. 일요일마다 친구들 만나는 것을 좋아하는 쥐드는 화가 났다. 쥐드는 노엘이 꼭 함께 가기를 바랐고, 함께 가자고 고집을 부렸다. 그러자

노엘은 입을 꾹 다물고 토라졌다. 쥐드는 매우 화가 났고, 거의 질질 끌다시피 해서 노엘을 데려갔다. 노엘은 집에 조용히 있고 싶었지만 하는 수 없이 모임에 따라갔다. 목적은 단 하나, 쥐드를 곤란하게 만들겠다는 것이었다. 두 사람은 처벌, 복수, 자기 처벌이라는 암묵적 협정으로 연결되어 있었던 것이다. 이것은 성격장애적 커플의 두드러진 특징이기도 하다. 노엘과 쥐드는 자기들의 싸움과 복수 놀이를 친구들이 탐탁지 않게 여긴다는 것을 알고 있었다. 일요일 오후 모임에 나와 긴장을 풀고 편안히 즐기고 싶은데, 매번 노엘과 쥐드가 보란 듯이 싸우는 모습을 구경해야 했던 것이다. 노엘과 쥐드 커플이 집으로 돌아가면 친구들은 기진맥진했고, 시간 낭비를 했다는 기분이 들었다. 하지만 노엘과 쥐드가 어떤 반응을 보일지 두려워 모임을 그만두자는 말을 감히 꺼내지 못했다. 모임을 마치고 집에 돌아오면 노엘과 쥐드는 최고조에 다다른 갈등에서 벗어나기 위해 성관계를 가졌다. 그러고 나면 노엘은 배가 아프지 않았고, 그들의 싸움을 구경하느라 괴로움을 당한 친구들에 대해 웃으며 이야기했다. 그들은 그런 식으로 한 주를 마감했다. 나머지 시간에는 바쁜 일과를 핑계 삼아 서로를 피했다. 어쩌다 만나게 되면 항상 싸우는 분위기가 되고 불평이 뒤따랐다. 이 커플은 만나면 거칠게 사랑을 나누었다. 아무튼 노엘과 쥐드는 서로 사랑했고 아이를 입양하기를 원했다. 이들은 자기들이 진정한 사랑을 경험하고 있다고 여겼다. 서로에게서 자신의 모습을 많이 발견했다. 이들은 폭력적인 알코올 중독 아버지와 우울증으로 고통받던 어머니를 두었다는 공통점을 갖고 있었다.

성격장애적 커플은 싸움을 통해 사이가 틀어지면서 비슷한 정체성을 공유한다. 각자 어린 시절에 경험한 것을 그대로 되풀이하고 있는 것이다.

성 (性)

성적 교류는 각자가 긴장을 풀고, 상대방에게 자신을 주고, 방어를 무너뜨리는 유일한 영역이다. 성격장애적 커플의 경우, 지배욕을 보이며 전희를 한다. 상대방을 소유하고, 쾌락과 복수의 대상으로 삼으려는 욕구가 흘러넘친다. 이때 육체는 열리지만 마음은 항상 닫혀 있다. 성격장애적 커플은 성관계를 갈등을 일시적으로 가라앉혀주는 약물처럼 이용한다. 성관계는 부드럽지 않고 거칠며, 심지어 냉혹하기까지 하다. 매일 일어나는 싸움 과정에서 형성된 긴장을 폭발시키는 밸브로 성관계가 이용된다. 그러나 성관계를 통한 이완이 마음의 방어물을 허물지는 못한다. 성관계를 가지면 신경체계가 이완된다. 그러나 정신적 · 육체적 방어는 유지된다.

성격장애적 커플의 성은 변태의 형태에까지 이를 수 있다. 그리하여 고통과 기쁨이 공존하는데, 그 경계가 항상 분명한 것은 아니다. 성격장애적 사랑을 하는 사람들 중 상당수가 성적으로 남용당한 경험이 있다. 이런 남용의 기억은 설령 전의식(前意識)이나 무의식 속에 묻혀 있다 하더라도, 그들의 몸에, 특히 남용을 경험한 부위에 늘 존재한다. 이런 이유로 성격장애를 가진 사람들은 성관계 때 상처를 주고받고, 지배하고 지배받으려는 욕구를 가지는 것이다. 한마디로 말해 모순적인 상태이다.

한 명이 성격장애적 인격을 가졌고 다른 한 명은 그렇지 않은 커플은 고통과 쾌락의 뒤섞임에 기반을 둔 이런 형태의 성을 이해하지 못한다. 잔과 피에르 커플이 그런 예이다.

:: 잔은 성격장애가 있고 피에르는 그렇지 않다. 피에르는 잔을 사랑한다. 잔이 성격장애가 있던 그의 어머니를 연상시켰기 때문이다. 하지만 피에르는 싸움을 한 뒤 잔이 흥분하면서 자신과 성관계를 갖고 싶어 하는 것을 이해하지 못했다. 피에르는 그럴 마음이 없었다. 싸운 일 때문에 아직 마음이 아팠고, 잔의 언어 공격에 방어 태세를 하고 있었기 때문이다. 잔도 그런 피에르를 이해하지 못했다. 잔은 정신적, 육체적으로 흥분하여 피에르를 소유하고 피에르에게 소유되기를 원했다. 그래서 잔은 자기가 피에르를 사랑하며, 분위기를 누그러뜨리려고 애쓴다는 것을 보여주고자 했다. 그녀에게는 그것이 사랑의 증명이었다. 그러나 피에르는 도무지 이해가 되지 않았다. 잔과 달리 피에르는 흥분이 되지 않았다. 싸움을 하고 나면 오히려 발기력이 떨어졌다. 그러면 잔은 불만스러워하며 또 싸움을 걸어왔다.

이 커플이 경험하는 것은 둘 다 성격장애적 인격을 가진 커플이 경험하는 것과는 다르다. 둘 다 성격장애적 인격을 가진 커플은 싸움으로 인해 흥분하고, 냉혹함 속에서 열렬히 성을 경험한다. 이들은 서로 차가운 말을 던지고, 상대에게 흔적을 남기기 위해 육체적으로 가볍게 상처를 주면서 욕구를 발산한다. 그런 다음 긴장을 푼다. 성관계가 끝나면 다시 말다툼을 벌인다.

성은 성격장애적 커플이 억눌린 요소들을 발산하게 해주고, 몸과 정신이 정해진 시각에 약물을 통해 기운을 얻듯 힘을 주고 쾌락의 느낌을 부여해준다. 바로 여기서 의존이 생겨난다. 성은 행복의 순간을, 절정의 순간을 제공하는 약물이 된다. 곧바로 지옥으로의 추락이 이어지지만 말이다. 사실 이들의 성관계는 일상적인 싸움이 다시 시작되기 전의 짧은 휴식일 뿐이다.

성격장애적
사랑에서의
해방

성격장애적 사랑에서 벗어날 수 있는 기적적인 해결책은 존재하지 않는다. 성격장애적 인격을 가진 사람은 자기 안에 냉혹하고 증오에 가득 찬 괴물이 산다는 느낌을 받는다. 싸움과 폭력 속에서 사랑할수록 그 괴물과 자주 대면하게 된다. 그리하여 그는 고립감을, 자기 안에 존재하는 잠재적 사랑과 자기를 둘러싼 사람들과의 단절감을 느낀다. 성격장애적 관계에서 벗어나는 유일한 길은 사랑이다. 이런 단언이 너무 단순하게 들릴 수도 있다. 그러나 이 말은 사랑을 통해 내적, 외적으로 큰 변화가 일어난다는 것을 뜻한다. 성격장애적 사랑만 경험한 사람이 사랑에 온전히 자신을 내맡기기란 어려운 일이다. 왜냐하면 그런 사람은 '사랑=폭력과 공격'이라는 공식 속에서 살기 때문이다. 앞에서도 말했듯이 차갑고, 냉정하고, 냉혹한 세계가 그의 마음을 감싸고 있기 때문이다. 오직 사랑만이, 그리고 그로 하여금 마음을 닫게 한 고통과의 접촉만이 그 감옥을 무너뜨릴 수 있다. 투쟁적 사랑을 하는 사람은 이따금 삶에 놀란다. 질병, 이혼, 죽음이나 탄생 등 그의 의사에 반하는 사건들이 연속적으로 일어나기 때문이다. 그러면 그는 삶에 대한 통제력을 잃는다. 삶이 그에게 질문을 던지고, 불시에 그를 덮치고, 그의 닫힌 마음을 건드리기 때문이다.

차 가 운 감 옥 에 서   나 오 기

해방을 향한 첫 단계는 진정한 사랑이 자기 안에 갇혀 있으며, 싸움 없이 사랑하는 것이 가능하다는 사실을 인정하는 것이다.

:: 40세인 폴린은 어느 날 대낮에 몬트리올 중심가에서 폭력 사건을 목격했다. 그 범죄 현장의 최초 목격자였다. 그녀가 보는 앞에서 어떤 여자가 가슴에 칼을 맞았다. 폴린은 그 여자에게 다가가 손을 붙잡고 말을 건넸다. 격려의 말을 건네면서 응급구조요원들이 올 때까지 그녀의 생명을 연장시키려 했다. 다음날, 폴린은 신문기사를 통해 그 여자가 결국 죽었다는 것을 알았다. 그 사건 이후 폴린의 삶은 변했다. 그 사건을 통해 그녀가 어릴 때부터 갇혀 있던 차가운 감옥을 떠나게 되었다. 폴린은 그 여자에게 연민을 느꼈다고 나에게 털어놓았다. "그녀의 고통 앞에서 내 마음이 열렸어요. 온기가 가슴

가득 차올랐고, 왜 지금껏 사람들을 미워하며 살았을까 자문했죠."
폴린은 마치 거울을 보듯 그 여자에게서 자기 자신의 모습을 보았던
것이다. 그녀의 무의식과 인격이 그것에 반응한 것이다. 폴린은 하
룻밤 사이에 바뀌었다. 폴린과 그녀의 남편은 성격장애적 커플이었
는데, 폴린은 그때껏 늘 해오던 싸움을 그만두고 다른 방식으로 남
편을 사랑하고자 노력했다. 폴린은 나에게 상담 치료를 받으러 왔
고, 나는 함께 그녀의 과거를 탐색했다. 그녀가 내면의 어린아이로
부터 해방되고 원한에서 치유되도록 노력했다.

우리 안에는 우리의 영혼에 양분을 제공하는 내면의 어린아이*가
있다. 이 어린아이가 상처받았을 경우, 그 사람은 증오를 통해 사랑한
다. 그 사람 속에는 고통받는 어린아이가 있다. 그 아이는 슬픔이라는
차가운 감옥에 갇혀 눈물조차 흘리지 못한 채 숨막혀하거나 제대로
양육받지 못하고 있다. 심지어 상처를 받아 스스로 사랑에 다가가지
못하는 어른에게 학대받고 있다. 우리는 잘못 사랑받았거나, 지나치
게 사랑받았거나, 혹은 사랑받지 못했다. 물론 우리는 우리 내면의 어
린아이로부터 멀리 떨어져 있을 때가 많다. 증오와 원한 속에서 인격
이 형성된 사람들은 특히 더 그럴 것이다. 증오를 사랑으로 변화시킨
이자벨의 이야기를 살펴보자.

:: 　이자벨은 '내면의 어린아이로부터 해방되기'라는 주제로 열린
　　나흘간의 세미나*에 참석했다. 그녀는 늘 앞자리에 앉아 예리한 질

문들을 퍼부었다. 이자벨은 매우 공격적이었고, 언제라도 덤벼들 준비가 되어 있었다. 턱을 꽉 다물고, 주먹을 꼭 쥐고, 상체를 앞으로 내밀고 있었으므로, 우리는 그녀가 큰 고통을 겪고 있다는 것을 추측할 수 있었다. 시간이 흐르자 그녀의 태도 때문에 몇몇 참석자들이 화가 났다. 세미나 중 그녀가 나서서 발언하거나 질문을 하면 한숨과 비웃음 소리가 들렸다. 이자벨이 공격과 비판을 선동했기 때문이다. 이자벨은 차츰 그룹에서 소외되었다. 내면의 상처받은 어린아이와 만난다는 세미나의 핵심에 접근할수록 이자벨은 점점 더 공격적이 되었고, 그녀의 그룹도 공격적이 되었다. 마침내 특별한 훈련법을 통해 내면의 어린아이와 만나기로 예정된 날이 왔다. 나는 이자벨이 그 훈련법을 어떻게 받아들이는지 관찰했다. 그녀는 몸을 구부린 채 혼자 앉아 있었다. 나는 그녀에게 다가가 그녀의 몸이 발신하는 메시지에 귀를 기울였다. 나는 당황했다. 그녀가 그녀 내면의 어린아이를 상징하는 물건을 손에 쥔 채 소리 죽여 울고 있었기 때문이다. 그녀가 나에게 말했다. "내게는 단 하나의 욕망이 있어요. 바로 사랑하는 거예요. 냉혹함도 공격도 더는 원하지 않아요. 나 자

---

* '내면의 어린아이' 개념은 오래전에 알려졌다. 카를 G. 융은 '숭고한 어린아이'에 대해서도 이야기했다. '숭고한 어린아이'는 늘 새롭고, 자발적이고, 과거로부터 자유로운 자아의 측면을 뜻한다. 1960년대 이후 미국의 찰스 위트필드(Charles Whitfield) 박사 같은 많은 정신요법 의사들과 영국의 소아과 의사이자 정신분석가 D. W. 위니코트(D. W. Winnicott), 그리고 프랑스의 심리학자 알리스 밀러(Alice Miller)는 '진정한 자아' 혹은 '진정한 존재' 같은 근접한 개념들을 이용해 다양한 정신치료법을 개발했다. 융에 따르면 '내면의 어린아이'는 개인의 발전에서 핵심적인 개념이다. '내면의 어린아이'란 우리들 각자 안에 사는, 죄책감을 모르고 자유롭고 창조적인 아이를 가리킨다. '상처받은 어린아이'라는 개념은 근원적 상처와 관련된다. 이 상처는 '내면의 어린아이' 혹은 '숭고한 어린아이'의 자발성과 잠재력을 제한한다.

신을 방어하느라 지쳐버렸어요. 휴식이 너무나 필요해요. 내 내면의 어린아이를 봤어요. 그 아이는 잘못 키워졌고, 거부당했고, 버림받았어요. 쇠로 된 감옥이 그 아이를 둘러싸고 있었어요. 하지만 나는 그 아이를 해방시켰어요. 그리고 그 아이를 내 품에 안았어요…… 그동안 우리는 너무도 피곤했어요." 나는 지금 당장 필요한 게 뭐냐고 이자벨에게 물었다. 이자벨은 우선 마음껏 울고 위로받고 싶다고 했다. 여자 조수 한 명이 함께 있어주었다. 이 경험 이후 이자벨은 변했다. 마음이 열렸다. 상냥함과 온정이 풍겨 나왔고, 자기 그룹 안의 몇몇 참석자들과 진정한 관계를 수립하기 시작했다. 예전의 그녀가 아니었다. 이자벨은 자신의 증오를 사랑으로 변화시켰다.

애도를 통한 해방

증오 속에서만 사랑할 줄 아는 사람은 결국에는 다른 사람들의 고통에 무감각해진다. 마음이 차가워져서 그 무엇에도 감동하지 못한다. 그는 어린아이 때의 마음으로부터 조금씩 멀어진다. 마음이 절망으로 가득하지만, 우울하고 고통스럽지만, 어떻게 울어야 할지 알지 못한

---

* 이 세미나에 참석한 사람들은 자신의 자기 방어 메커니즘을 탐험하고 근원적 상처와 대면한다. 내면의 어린아이와 대화를 나누고, 그 아이를 길들이고, 갇혀 있는 그 아이를 해방시키기 위해 다양한 기법을 사용한다. 우리들 각자가 원래 타고났지만 두려움과 조건화 때문에 소멸시켜버린 사랑, 기쁨, 자발성, 경탄을 되찾는 것이 이 세미나의 목표이다.

다. 평생 동안 견딜 수 없는 고통으로부터 멀어지려고 애썼고, 눈물은 오래전에 말라버렸다. 상처받은 내면의 어린아이 주변에 육체적·정신적 감옥을 만들었다.

사랑의 상처를 지닌 그 어린아이를 해방시켜야 한다. 우리의 몸과 마음속에 사랑이 다시 순환할 수 있도록 말이다. 충격적인 사건이 일어나면, 묻혀 있던 그 고통이 일깨워질 수 있다. 그런 사건은 그가 숨어 있던 차가운 요새에 균열을 만들고, 그 사람이 울 수 있게 만들어준다.

:: 자크는 내 환자이다. 그는 5살 이후 증오 속에서 사랑해왔다. 어느 날 아침, 그의 7살짜리 아들이 죽었다. 몬트리올의 어느 거리에서 제설차에 치인 것이다. 자크는 격분했다. 몬트리올 시를 상대로 소송을 하면서 일 년을 보냈다. 소송에서 이긴 뒤, 그는 우울증에 빠져들었다. 오랫동안 울지 않았던 그가 눈물을 흘렸다. 그의 화 잘내고 폭력적인 모습만 보아온 아내와 아이들이 깜짝 놀랄 정도였다. 자크는 흐르는 눈물을 멈추지 못했다. 넉 달이라는 시간 동안 그는 많이 울었고, 많이 야위었다. 동시에 학대라는 근원적 상처를 지닌 내면의 어린아이와 접촉하는 느낌을 받았다. 그때껏 감춰온 힘들었던 어린 시절이 그의 기억 속에 되살아났다. 그리고 자신을 학대한 부모에 대한 분노와 원한의 감정과 맞닥뜨렸다. 자크는 아들의 죽음을 슬퍼하면서 자신의 어린 시절을 슬퍼했다. 아들의 죽음이 내면세계와 소통할 수 있는 길을 열어준 것이다. 그 사건을 계기로 그의 내

면의 어린아이를 죽인 괴물을 마주하게 되었다. 그의 마음이 조금씩 열렸고, 덕분에 다른 가족들도 슬픔에서 회복될 수 있었다. 자크와 그의 아내, 그리고 아이들은 창조적 사랑을 재발견했다.

원 한 에 서   벗 어 나 기

원한에서 벗어나는 것은 성격장애적 사랑에서 해방되는 과정 중 가장 힘든 과정이다. 사실 중요한 것은 분노와 처벌의 욕구이다. 하지만 이런 것들이 반드시 의식적으로 경험되는 것은 아니다. 증오 속에서 사랑하는 사람들은 자신 및 다른 사람들을 박해하고 괴롭히는 악순환 속에 산다. 이들은 늘 상대방을 마음대로 좌지우지하고 원한을 북돋운다. 저명한 암 전문의 시몽통 박사는 원한에서 벗어나기 위한 방법으로 시각화*를 제안했다. 나도 불치병에 걸렸던 성인기 초반에 그런 경험을 했고, 시몽통 박사의 제안에 영감을 받아 시각화 기법을 발전시켰다. 이 책의 부록에에 시각화 기법에 대해 설명해놓았다.

원한은 증오와 투쟁 속에서 사랑하는 사람들의 특성은 아니다. 사랑의 근원적 상처로 고통받지만 자기의 고통에 책임을 지지 않으려는 사람들이 원한을 경험한다. 자기의 고통을 두고 다른 사람을 비난하는 사람들이 원한과 실랑이하는 것이다. 이런 상황은 결국 죄책감을 야기하며, 죄책감은 모든 것을 악화시킨다. 원한에서 해방되려면 자신이 간직한 상처를 받아들여야 한다. '그래, 나는 고통스러웠어',

'그래, 나의 일부분이 아직도 고통스러워해', '그래, 나는 아파', '그래, 나는 내 고통을 슬퍼할 권리가 있어', '그래, 나는 아파할 권리가 있어'라고 인정해야만 한다. 다른 사람을 비난하는 것을 그만두고 싶다면 이 단계는 매우 중요하다. 다른 사람을 비난하면 자신은 학대자가 되고, 원한도 더욱 커지기 때문이다. 사실 상처 주는 사람은 언제나 있다. 하지만 그런 사람들을 비난하고 나 자신을 비난하면서 얼마나 많은 에너지를 잃었는가. 이것은 인생을 존중하는 태도가 아니다. 이런 태도는 스스로 치유하도록 이끄는 사랑과 창조의 에너지를 손실시킨다. 원한에서 해방되려면, 우선 자신의 고통을 인정하고 자기 안의 상처 입은 어린아이가 울면서 '나는 아파'라고 말하도록 허락해야 한다. 이 어린아이는 자신의 고통을 슬퍼할 권리가 있다.

둘째 단계는 스스로에게 다음과 같은 질문을 하는 것이다. '내가 이 고통 속에서 어떻게 나를 도울 수 있을까?' 혹은 '내 안에 사는 상처받은 어린아이를 어떻게 도울 수 있을까?' 이런 질문을 하다보면 여러분에게 상처 준 사람에 대한 비난이 틀림없이 생겨날 것이다. 그 비난에 끝이 없다는 것을 인정해야 한다. 타인을 비난함으로써 마음에 조금 위로가 된다 해도, 그것은 큰 착각임을 인정해야 한다. 근원

---

* 만일 여러분이 오래된 상처로 고통받는다면, 여러분이 해야 했던 행동 또는 비난받아 마땅한 타인의 행동에 대해 끊임없이 생각한다면, 그것은 해결되지 않은 감정들이 여러분을 자극하기 때문이다. 그 감정들을 해결하기 위해 카를 시몽통 박사(Dr. Carl Simonton), 스테파니 매튜스 시몽통(Stephanie Matthews Simonton), 제임스 크레이턴(James Creighton)이 『모든 것에서 그리고 모든 것에 반(反)하여 치유되기: 암을 극복하려는 환자와 그 친지들을 위한 매일의 안내』(파리, 데스클레 드 브루베 출판사, 1982년)에서 제안한 시각화 기법을 사용할 수 있다.

적 고통은 언제나 우리를 아프게 한다. 그리고 고통받는 것은 우리 자신이지 타인이 아니다. 우리는 우리의 고통과 실랑이를 벌이고, 타인은 그 자신의 고통과 실랑이를 벌인다. 너무나 간단한 이치이다. 원한의 감정을 포기하면 우리에게 고통 준 사람을 떠나보낼 수 있다. 사실 언제까지나 그 사람을 붙잡아둘 수는 없다. 원한에서 치유되는 것은 곧 분리의 연습이다. 이런 연습은 사랑을 해방시키고, 그 사랑은 우리 안에 사는 상처 입은 어린아이가 치유되도록 도울 것이다. 그래도 원한을 방치하기로 마음먹었다면, 부록을 참고하여 시각화 작업을 실행해보라.

사 랑 에   몸 을   맡 기 기

나는 사랑을 주제로 시카고에서 열렸던 한 세미나를 잊지 못한다. 당시 나는 앓고 있던 관절염의 육체적, 감정적 측면은 치유되고 있었지만 정신적인 부분은 치유되지 않고 있었다. 병이 재발할 수 있는 행동들과 조건에 묶여 있었던 것이다. 어쨌든 나는 몸이 경험하는 것과 내가 아직 밝혀내지 못한 병의 무의식적 측면 사이에서 균형을 유지하기 위해 매일 노력했다. 그때는 한겨울이었는데, 알 수 없는 뭔가가 차를 타고 시카고에 가서 세미나에 참석하라고 나를 몰아댔다. 몬트리올에서 시카고까지 가는 길은 멀고 험했다. 그러나 나는 망설이지 않았고, 그것이 치유될 수 있는 길임을 차츰 확신할 수 있었다.

:: 세미나는 스타니슬라프 그로프*의 방법론을 적용한 호흡 연습으로 시작되었다. '사랑'이라는 단어가 계속 반복되었다. 사실 'Love'라는 단어였다. 그 세미나는 영어로 진행되었으니 말이다. "Love, love, love." 귀가 아팠다. 그 단어가 귀에 들리는 것을 견딜 수 없었고, 반항심이 치밀어 올랐다. 나는 울부짖고 싶었다. 'love를 되뇌는 일 따위는 그만둬. 나는 그럴 수가 없어!' 이윽고 둘씩 짝지어 하는 훈련이 시작되었다. 한 사람이 다른 사람의 머리와 가슴에 가볍게 손을 대고 하는 훈련이었다. 나는 바닥에 드러누워 훈련을 받았다. 너무나 피곤해서 도망가거나 드러눕고 싶은 생각뿐이었다. 내 파트너가 마치 아버지나 어머니가 딸에게 하듯 내 가슴 부분을 만지고 이어서 내 머리에 손을 얹었을 때, 나는 내 마음이 열리긴 했지만 아직 타인들 앞에 닫혀 있는 것을 느낄 수 있었다. 내 마음의 한 부분이 사랑에 닫혀 있는 것을 느꼈다. 4살 이후 늘 그랬다……내 몸은 가슴과 머리 위에 아주 가볍게 놓인 친절한 손을 밀어내고 있었다. 다음 순간, 나는 단념했고, 그 손이 내 마음을 만지는 것을 느꼈다. 나는 사랑에 나 자신을 열었고, 사랑을 받아들였다. 타인의 손이 내 마음을 건드리자, 내 마음에서 그의 손으로 에너지가 순환했다. 동시에 내가 사랑으로부터 나 자신을 방어하기 위해 마음을 닫고 있던 동안 나에게 일어난 여러 사건들이 머릿속에 떠올랐다. 시각적 이미지들이 순환했고, 운동감각들도 순환했다. 내 몸이 사랑에 전율했다. 마침내 나는 사랑에 나를 맡겼다. 그때 내 나이 28세였다.

다음날, 나는 시카고에서 몬트리올로 돌아왔다. 내 인생과 관련된 기억들이 머릿속에 계속 떠올랐다. 그 순간 내가 '정신적' 관절염에서 해방되었음을 깨달았다. 그 세미나가 내 마음의 감옥을 열어젖혔던 것이다. 나는 사랑에 나를 내맡겼고, 자유와 자발성 속에서 사랑을 경험했다.

지금까지 우리가 살펴본 모든 것이 증오와 투쟁에 기반을 둔 사랑에서 해방되기 위한 도구로 사용될 수 있다. 그러나 도구가 무엇인지 안다고 해서 해방이 보장되는 것은 아니다. 해방을 보장하는 것은 우리 자신이다. 마음의 감옥에서 해방시켜주는 궁극의 도구는 우리 자신이다.

---

* 스타니슬라프 그로프(Stanisalv Grof)는 1931년 프라하에서 태어났다. 재탄생 기법과 유사한 홀로트로픽 호흡 기법을 창시했다.

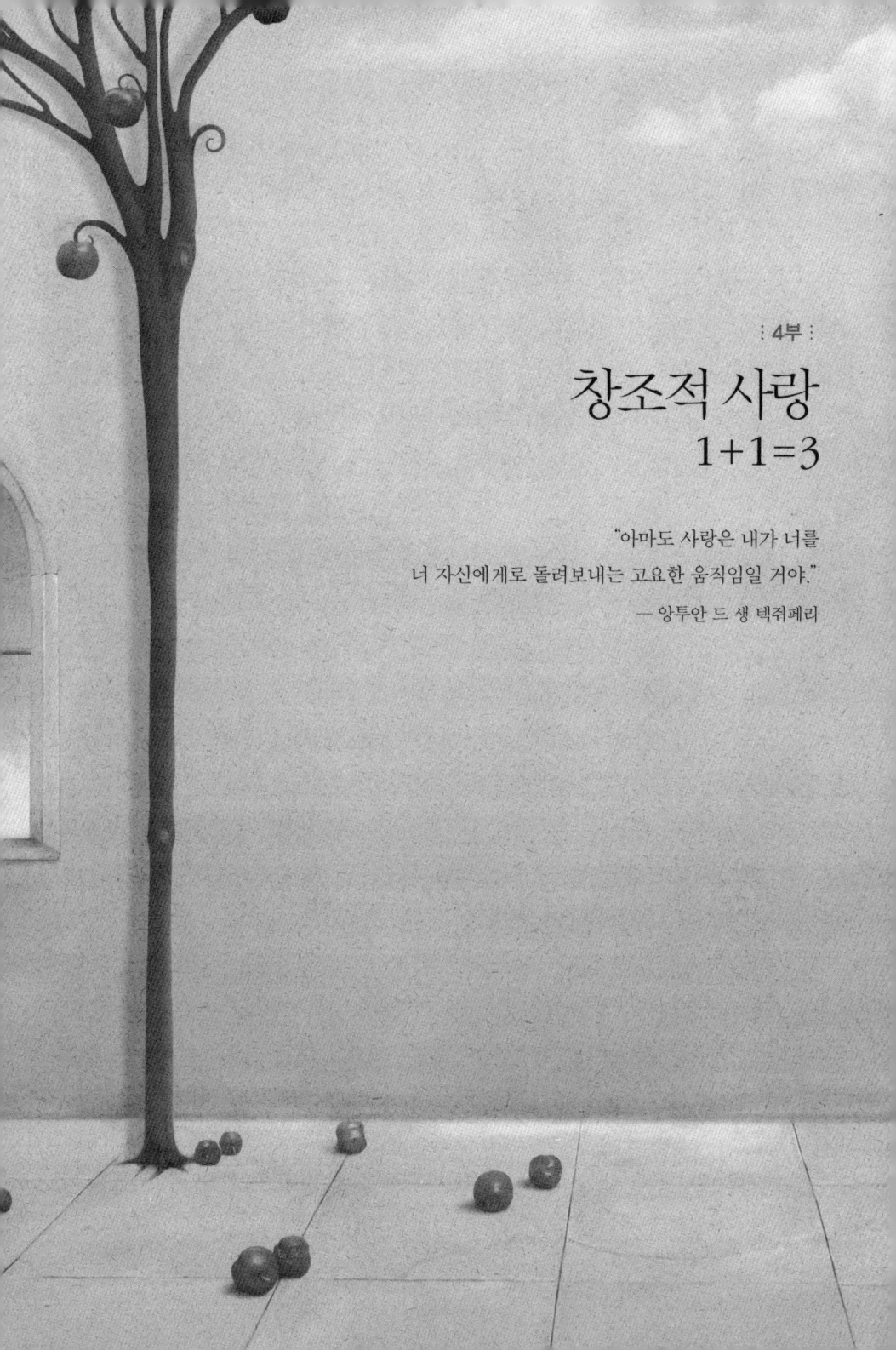

: 4부 :

창조적 사랑
1+1=3

"아마도 사랑은 내가 너를
너 자신에게로 돌려보내는 고요한 움직임일 거야."

— 앙투안 드 생 텍쥐페리

창조적 사랑은 우리를 세상에 다시 태어나게 한다. 덕분에 우리는 타인과의 올바른 사랑을 경험할 수 있다. 창조적 사랑은 우리에게 우리 자신을 드러내 보여준다. 창조적 사랑은 사랑에 빠질 때면 우리가 피신해 있곤 하던 참호에서 우리를 꺼내준다. 창조적 사랑은 올바르게 사랑하는 법을 가르쳐준다. 창조적 사랑은 다르게 살고자 하는 호소에 응답한다. 이것은 일종의 재탄생이다. 이 재탄생은 우리를 공허감에서, 분리에서, 갈등에서, 의존에서 꺼내준다. 창조적 사랑 속에서 우리는 우리 자신과의 사랑과 타인과의 사랑을 다른 방식으로 경험할 수 있다. 생 텍쥐페리가 말한 것처럼 사랑은 우리를 우리 자신에게로 돌려보내는 움직임이다. 창조적 사랑은 우리를 우리 자신과 통합시킨다. 우리를 일치로 이끈다. 사랑의 창조적 힘은 뚜렷이 존재한다. 이 힘은 우리를 치유하고, 통합하고, 해방시킨다.

우리는 다르게
사랑할 수 있다

우리 안에는 사랑과 생명에 대한 잠재력이 있다. 사랑에 대한 창조적 충동 속에서 살고 사랑하고픈 깊은 욕구가 우리 안에 존재한다. 인터넷 채팅 사이트의 인기가 이런 충동을 증명한다. 하지만 조건화와 상처에서 출발한 사랑과 심오한 자아에서 출발한 사랑 사이에는 뚜렷한 차이가 존재한다. 1부에서 우리는 태아기부터 성인기 초기까지의 사랑에 대해 살펴보았다. 4부에서는 다른 사랑에 대하여, 우리의 몸과 정신, 영혼 안에 분명히 존재하는 다른 차원의 사랑에 대하여 살펴볼 것이다. **우리는 다르게 사랑할 수 있다. 그러나 어떻게?** 다르게 사랑하려면 우선 우리를 상처에 종속되게 하는 노예 상태에서 벗어나야 한다. 다르게 사랑하기 위해서는 상처 위에 진통제를 발라 일시적으로 고통을 감추는 것이 아니라 상처를 치유하기로 결심해야 한다.

다르게 사랑하려면 자기 자신을 알아야 하고, 이 책의 1, 2, 3부에서 이야기한 것들을 잘 이해해야 한다. 내가 가진 조건화된 사랑은 어떤 것인가? 내가 가진 사랑의 상처는 어떠한가? 사랑받는다고 느끼기 위해 나에게는 무엇이 필요한가? 이 질문과 이에 대한 답변들은 매우 중요하다. 이 질문과 답변들이 우리로 하여금 책임감을 갖고 우리 자신과 타인들을 사랑하도록 도와주기 때문이다. 여러분이 정서적으로 늘 결핍되어 있다면, 어떻게 다른 사람을 진정으로 사랑할 수 있겠는가? 상처가 끊임없이 되살아난다면 어떻게 다른 사람을 사랑할 수 있겠는가? 내 사랑법이 어떠한지 알면 인격과 영혼의 발전에 도움이 되겠지만, 내 사랑법을 안다고 해서 자동적으로 깊은 사랑을 경험할 수 있는 것은 아니다. 내 사랑법을 안다고 해서 반드시 고통에서 벗어나 내 안에 존재하는 창조적 사랑에 다다를 수 있는 것은 아니다.

내가 가진 사랑의 상처와 정서적 욕구를 안다고 해서 상처가 저절로 치유되는 것도 아니고 정서적 욕구가 저절로 채워지지도 않는다는 사실을 명심하자. 칼릴 지브란은 "사랑은 사랑 자체로서 충분하다"고 말했다. 나는 내 남자친구들과의 관계에서, 그리고 환자들을 치료하면서, 정서적 의존과 투쟁에 기반을 둔 사랑에서의 해방이 우리를 자아도취적 내향성으로 이끌어가는 것을 관찰했다. 매일의 삶 속에서 '나는 내 강박증에서 벗어나야 해. 나는 내 결핍을 채워야 해. 나는 내 욕구들에 응답해야 해. 나는 내 상처를 치료해야 해. 나는 나를 공격한 사람들을 용서해야 해. 나는 내 원한에서 해방되어야 해'라고 되뇌는 것은 힘들고, 성공하기도 어려운 일이다. 물론 이런 행동이 감옥에 갇힌 인격을 해방시킬 수도 있다. 하지만 주의하지 않으면 자아로의 이런 회귀가 우리를 다시 감옥으로 데려갈 수도 있다. 상처들 때문에 내가 **마음의 이유**(raison du coeur)라고 부르는 것들, 즉 사랑하지 않아도 되는 이유들을 발견할 것이기 때문이다.

세상은 사랑하지 않아도 될 수많은 이유를 매일 우리에게 제공한다. 우리 중 상당수의 사람들이 아양 떠는 사랑이나 학대에 기반을 둔 사랑에 집착하면서도 마음속으로는 사랑이 우리를 우리 자신으로부터 구원해주기를 기대한다.

진정한 사랑을 향해 가려면 일단 자신의 정서적 욕구들에 응답해야 한다. 우리는 자신의 상처와 정서적 욕구를 알면서도 매일 사랑하기로 결심한다. 이것은 우리가 타인 및 우리 자신과 맺는 관계의 실상을 잘 보여준다. 사랑의 창조적 잠재력이 표출되려면, 내면의 태도를 바꿔야 한다. 우리가 오랫동안 해온 사랑의 형태들에서 분리되어야 한다. 이렇게 내면의 태도를 바꾸면, 회복하고, 치유하고, 결합시키는 힘과 함께 사랑이 자연스럽게 솟아오른다.

우리의 몸을 느슨하게 이완시키고, 우리 안의 사랑에 귀를 기울이자. 그리고 그 충동을 따라가자. 우리의 어두운 그림자를 받아들이자. 그리고 사랑이 우리에게 그 심오한 비밀을 가르쳐주게 하자.

진정한 사랑은 훈련을 통해 다다를 수 있는 개인적 성장과는 다르다. 진정한 사랑은 자생적 능력이다. 발전하고자 하는 자아 안에서, 그리고 타인을 통해 스스로를 재발견하려는 충동이다. 이제 질문해보자. "나는 어떻게 사랑하는가?" 그리고 다음의 질문으로 넘어가자.

"나는 진정으로 사랑하는가?"

사 랑 의 축

: :　　1977년의 어느 날, 나는 파리에서 황마(黃麻)로 된 양탄자 바닥에 누워 있었다. 어떤 여자가 내 앞에서 나를 내려다보고 있었다. 그 여자는 관절염의 고통*으로 인한 신체의 긴장에서 해방되는 법을 나에게 가르쳐주었다.

나를 비롯한 참석자들은 테니스 공 2개를 척추 양쪽에서 굴리는 법을 배웠다. 그 여자의 부드러운 목소리 덕분에 나는 병 때문에 경직된 근육의 통증을 받아들일 수 있었다. 여자가 잠시 휴식을 취하고 공 위에서 호흡하라고 권했다. 나는 그녀가 하라는 대로 했다. 공들이 내 등근육 위에, 두 견갑골 사이에 놓였다. 나는 그 상태로 호흡을 하려고 시도했다. 그 순간, 갑자기 나는 깨달았다. 사랑 속으로 들어가는 느낌을 받았다. 공들은 부드러웠고, 내 근육들이 유연해졌다. 나는 내 내면의 아주 깊은 곳에 호의, 아름다움, 사랑이라는 무한한 보물이 존재한다는 것을 깨달았다. 내 두 뺨에 기쁨의 눈물이 흘러내렸다. 병으로 고통받던 기억들이 내 눈앞에 빠르게 펼쳐졌다.

---

* 나는 13세 때 처음 류머티스 관절염 증세를 겪었고, 26세까지 이 불치병에 맞서 싸웠다. 마침내 파리에서 테레즈 베르트라(Thérèse Bertherat)가 이끄는 깊은 자기 성찰 과정에 참여하면서 반(反) 훈련법을 발견했다. 이 훈련법은 자가치유의 시작이었고, 마침내 나는 병을 극복할 수 있었다.

내가 내 몸 속에서, 내 존재 속에서 나 자신을 얼마나 혐오하고 미워하고 조롱했는지, 나 자신을 얼마나 많이 파괴했는지 깨달았다. 나 자신을 학대했음을 깨달았다. 그러나 고통스럽지는 않았다. 왜냐하면 사랑의 경험이 있었기 때문이다. 사랑의 경험이 이 각성의 순간을 받쳐주었다. 나는 앞으로는 절대 나 자신을 파괴하지 않기로 결심했다. 내 안에 있는 그 아름다운 것들을 어떻게 파괴할 수 있겠는가? 1977년 2월의 그날 이후, 나는 다시는 자기 파괴에 빠져들지 않았다.

나는 나 자신의 순결하고 흠 없는 부분과 접촉한 것이다. 이 사랑의 저장고는, 이 은총의 샘은 우리 모두를 사로잡는다. 이 사랑은 어디에서 왔을까? 테니스 공에서? 물론 아니다! 나를 이끌어준 여자의 목소리에서? 그럴지도 모른다. 하지만 그녀의 목소리는 언제나 듣기 좋았다. 그렇다면 내 안에서 휴식을 발견하게 해준 이 사랑은, 이 온기의 물결은, 이 충만감과 은혜로움은 어디서 왔을까? 그것은 내 존재로부터 온 것이다. 내 인격은 과거의 고통받던 인격보다 훨씬 더 폭넓어졌다. 정신분석가 매리언 우드맨(Marion Woodman)*이 말했듯이 "나는 나 자신을 치유할 수 없다. 그러나 내 안에는 나를 치유할 수 있는 힘이 존재한다. 그러므로 그 힘에 호소해야 한다."** 나는 치유로 인도

---

* 매리언 우드맨은 취리히에 있는 융 연구소에서 학위를 취득했으며, 국제적으로 유명한 융 학파 정신분석가이다. 토론토에 사무실을 갖고 있으며, 심리학과 현대여성의 자세에 관한 훌륭한 에세이를 여러 편 썼다.
** 『수태한 처녀: 심리적 변모 과정』, 몬트리올, 에디시옹 드 라 플렌 륀, 1992년.

하는 길 위에 있었고, 내 육체적·정신적 고통에서 치유되기 위해 내 존재에 호소했다. 그리고 내 존재 안의 사랑의 힘이 이 호소에 응답했다. 내가 '마음의 지주들'이라고 부르는 근육 위에서 움직인 테니스 공 2개가 내 몸의 중심부에서 쉬고 있던 사랑의 에너지를 침체 상태에서 끌어냈다. 내가 행한 정신신체 운동(mouvement psychocorporel)***이 그때껏 질병으로 긴장된 채 지나치게 나 자신에게만 향해 있던 내 인격에 좀 더 폭넓은 경험을, 좀 더 넓은 시각을 열어주었다. 정신신체 운동은 사랑의 축으로 가는 길을 열어주었다. 사랑의 축이란 인격과 존재의 깊은 곳에 있는 에너지 사이, 나와 내 자아 사이의 소통이며, 카를 G. 융이 설명한 바에 따르면 나와 내 자아를 이어주는 축이다.****

나는 이런 순결한 부분이, 이런 사랑의 힘이 내 안에 존재한다는 것을 일부러 모른 척했다. 평생 내 바깥에서 사랑을 찾았고, 나 자신을 파괴하느라 녹초가 되었다. 어느 날 나는 자가치유에 전념하기 위해 모든 것을 버리고 파리로 갔다. 나는 여러 달 동안 내 방어기제에 대해 연구했다. 그리고 정신신체 운동 덕분에 나 자신을 되찾았다. 마침내 내 깊은 존재와, 내 사랑의 축과 만났다. 이 경험은 내 관절들을 괴롭히던 치유할 수 없는 질병에 맞서는 자가치유 과정 내내 나를 지지

*** 나 자신에 관한 이 신체적 작업은 이후 내가 발전시킨 '방어기제에서 해방되는 법'의 출발점이었다.

**** 나와 내 자아를 이어주는 축(l'axe moi-soi)이란 의식하는 나와 나 개인의 총체 사이의 관계를 가리킨다. "우리가 자아를 불합리하고 정의할 수 없는 어떤 것으로, 우리와 대립되지 않고 우리가 굴복하지 않는, 그러나 지구가 태양 주위를 돌듯 내가 그 주위를 도는 어떤 것으로 감지할 때, 개별화의 목표는 달성된 것이다." 카를 G. 융, 『나와 무의식의 변증법』, p. 106.

해주었다. 내 안에 순결하고 흠 없는 부분이 있다는 깊은 느낌이 힘겨운 순간들을 이겨내도록 도와주었다. 내 육체적 · 정서적 고통을 점차로 해방시키려고 노력하는 과정에서 의심도 일어났다. 내가 진찰을 받았던 대중요법 전문 의사들이 내가 얼마나 심각하게 병들었는지 말해주었고, 나는 병에서 낫지 못할 거라 생각하면서 낙심했다. 그러나 나는 내 안에서 해방된 에너지를, 은총을, 아름다움과 사랑을 느꼈다. 무엇으로도 더럽힐 수 없는 힘과 능력이 내 안에 존재한다는 것을 알 수 있었다.

이 사랑의 축이 조금씩 하나의 의식으로 변모했고, 이 의식이 끊임없이 재발할 수도 있었던 정서적 의존에서 벗어나도록 나를 도와주었다. 내 안에 순결하고 흠 없는 부분이 있다는 의식은 내가 다시는 파괴적인 상태로 돌아가지 않도록 도와주었다. 나는 사랑의 기반을 갖게 되었다. 사랑이 갇혀 있던 나를 해방시켰다. 사랑은 나를 나 자신에게서 해방시켰다.

사랑의 축은 모든 것을 통해 발견할 수 있다. 그것은 의식적 인격과 근원적 상처에 의해 한 번도 더럽혀진 적 없는 우리의 순결한 부분과 의사소통을 하도록 허락하는 내면의 길이다.

사랑은 두려움, 조건화, 사랑을 제한하는 육체적 · 정신적 생존반응 밑에 파묻혀 있는 경우가 많다. 사랑의 축은 몸 안에 있다. 그것은 우리의 수직축과 수평축 너머에 존재한다. 사랑의 축은 골반, 흉곽, 두개골 격막의 재조정을 허락해주는 깊은 호흡과 직접적으로 관련이 있다. 그것은 흉곽 또는 복식 호흡 너머에 존재하고, 들숨의 질서에 속한다. 그것은 사랑의 충동이다. 이것을 통해 육체와 정신, 영혼과 인격이 재통합될 수 있다. 우리는 우리를 가두고 있는 여러 장애물 때문에 오랫동안 배회하고, 감히 응답하지 못하면서도 사랑의 충동을 느낀다. 하지만 우리 자신을 믿어도 된다. 왜냐하면 우리의 순결한 부분은 **어떻게 사랑해야 하는지**뿐만 아니라 **사랑하는 법 자체**를 알고 있기 때문이다.

이 순결한 부분은 사랑과 치유의 힘을 갖고 있으며, 사랑의 근원적 상처 너머로, 정서적 욕구들 너머로, 원한과 결핍 너머로 우리를 데려갈 수 있다. 이 부분은 지상에 강생한 우리 존재의, 우리 영혼의 근본적 특성들 쪽으로 우리를 인도한다. 감옥의 문을 열고, 화려한 겉치레 장식을 제거하고, 철책들을 없애고, 유폐의 고통과 사랑의 억제에서 벗어나게 한다. 이렇게 하여 사랑은 우리를 우리 자신으로부터 해방시킨다.

내면의 태도

사랑의 축은 일종의 내면적 태도이다. 자기 방어를 그만둘 때, 그리고 상처에서 출발한 사랑을 멈출 때 사랑의 축에 도달할 수 있다. 그것은 의지적 행동의 결과가 아니다. 우리는 의지를 통해 방어물 속으로 침투할 수 없다. 바로 이런 이유로 우리가 사랑에 관한 세미나에 참석하고, 아쉬람에서 명상을 하고, 사랑에 관한 책을 읽는 것이다. 사랑의 축이 우리 안에 저절로 생길 거라는 보장은 없다. 우리가 사랑을 부르지 않는다면, 사랑의 풍부함을 경험하고자 하는 깊은 소망을 우리 안에 일깨우지 않는다면, 고통 속에서 만족하고 우리 자신을 넘어서 도달하고자 하는 위험을 무릅쓰지 않는다면, 깊은 사랑 안으로 들어가기는 힘들 것이다.

내 환자였던 루이가 기억난다. 루이는 나에게 말했다. "나는 사랑할 수 없어요. 한 번도 사랑받아본 적이 없으니까요." 루이는 자신의 인격이 상처받았으므로 사랑이 무엇인지 자신이 알기는 힘들 거라고 생각했다. 하지만 당신 안에, 내 안에, 우리 각자 안에 사랑이 있는 것과 마찬가지로 루이 안에도 사랑이 있었다. 모든 것이 내면의 태도에 달려 있다. 루이와 실베트처럼. 루이는 상처에서 출발해 사랑했다. 그래서 불안했고, 자신은 사랑받지 못했기 때문에 사랑할 수 없다고 생각했다. 한편 실베트는 정신분석을 받고, 다양한 연수에 참가하고, 여러 세미나를 거쳤음에도 불구하고 학대에 기반을 둔 사랑을 경험했다. 깨닫고 행동할 수 있는 여건이었지만, 항상 잘못 사랑받았다. 그녀는 버림받았다는 상처에서 출발한 사랑에 똬리를 틀고 앉았다. 다시 말해 자기 방어와 의존의 태도를 취했다. 이것은 그녀의 상처받은 인격이 어린 시절 이후 경험한 2가지 태도였다. 사실 실베트 본연의 존재는 버림받았다는 상처를 간직한 실베트의 인격보다 훨씬 더 깊고 넓었다. 그러나 그녀는 그 사실을 몰랐다. 그녀는 자신의 정서적 욕구들에 집착했고, 자신의 결핍과 강박들에 영향을 받았다. 그녀는 필요한 훈련들을 모두 받았지만 태도를 바꾸지 못했다. 루이와 실베트 둘 다 습관을 바꾸지 못했다. 그들은 자기들이 받은 상처의 거울이나 다름없는 사람들과 관계를 맺었다. 사실 그들 안에는 상처받은 사랑을 창조적 사랑으로 변모시키고 승화시킬 수 있는 도구들이 있었다. 그러나 그들은 사랑의 충동에, 다른 것을 경험하고자 하는 충동에 부응하지 못했다. 태도를 바꾸고 자신을 새롭게 탐색하는 유연성이 부족했던 것이다. 그들은 유폐 상태에서 살았다. 사생활에서는 물론 일에서도 그랬다. 그들은 사랑이 자신을 구원해주기를, 근원적 상처에서 치유해주기를 기대했다. 하지만 이런 태도는 수동적이며, 창조적이지 못하다.

근 원 적   상 처 에 서   사 랑 으 로

:: 어느 날 나는 한 남자를 만나 깊이 사랑했다. 그 남자를 크사비에라고 부르겠다. 내 존재 전체가 그의 존재와 공명했다. 그 또한 나를 사랑했다. 만남을 거듭할수록 우리 내면과 우리 사이에 존재하는 거대한 잠재력을 느낄 수 있었다. 그 사랑에서 관대함이 흘러나왔고, 우리의 마음과 몸이 넓게 펼쳐졌다. 우리는 함께 전율을 경험했고, 그 전율이 주변의 다른 사람들에게도 영향을 미쳤다. 그런데 불행하게도 크사비에는 자신이 과거에 한 경험들로 내 근원적 상처를 건드리는 법을 정확히 알고 있었다. 나는 크사비에가 내 상처받은

부분을 아프게 하리라는 것을 본능적으로 느꼈다. 크사비에에게 그렇게 할 수 있는 잠재력이 있다는 것을 느꼈다. 하지만 놀랍게도 크사비에는 나에게 상처를 주지 않았다. 우리 사이에 펼쳐지는 사랑의 힘이 우리를 위대한 어떤 것에 입문시키려 한다는 예감이 들었다. 그 입문으로 인해 상처받을 가능성도 있다는 것을 나는 알고 있었고 마음의 준비가 되어 있지 않았다. 그래서 나는 그 관계에서 물러났다. 우리가 서로에게 느끼는 사랑이 우리를 생에 입문시키는 것을 허락하지 않았다. 논리적으로 설명할 수는 없었다. 나는 내 상처에 이끌려, 두려움을 따라 반응했다. 나는 사랑의 신비를 비켜갔다. 나 자신과 만나는 것을, 그 남자와 만나는 것을 거부했다. 크사비에와 헤어진 뒤 2년 동안 나는 내적으로 크사비에에게 붙들려 있었다. 그리고 내 앞에 다른 남자 폴이 나타났다. 폴은 내가 필요로 하던 안락함과 안정감을 주고 나와 함께해주었다. 우리의 관계에 위협적인 것은 아무것도 없었다. 폴과의 관계는 그리 자극적이지도 않았다. 나는 사랑의 신비에 한 걸음 다가갔다고 느꼈다.

사랑의 상처는 우리를 치유한다. 상처가 사람을 치유한다는 것은 모순일까? 당연히 그렇지 않다. 상처는 우리를 우리의 좀 더 깊은 차원으로 데려간다. 우리를 성장시키기 위해, 사랑하는 법을 알고 있는 우리 자신의 숨겨진 부분으로 우리를 이끈다. 제설차에 치이는 사고로 아들을 잃은 자크의 이야기가 이것을 잘 보여준다. 아들의 죽음은 그에게 충격을 주었고, 그때껏 그가 폭력 속에서 사랑하게 했던 내면의 상처를 들추어내었다. 아들의 죽음으로 유발된 상처는 말로 표현할 수 없을 만큼 처참했다. 그러나 그 상처 덕분에 자크는 자기 안에 있는 깊은 어떤 것과, 즉 개인 및 부모로서의 무의식적 상처와 접촉했다. 그는 증오를 강화하는 선택을 할 수도 있었다. 그러나 그가 경험한 우울증이 그를 너무도 연약하게 만들었고, 그는 깊은 심연으로 끌려들어갔다. 그는 아들을 잃은 일을 계기로 내면의 상처를 재발견했고, 사랑을 다시 발견했다.

다음과 같은 시나리오를 상상해보자. 여러분에게 곪은 상처가 있다. 여러분은 상처와 아픔을 잊기 위해 진통제를 바르고 상처를 덮어두었다. 상처를 깨끗이 하거나, 그 상처가 나을 것인지 악화될 것인지 시간을 두고 살펴보지 않았다. 이 상처가 과연 치유될까? 다음과 같은 시나리오도 상상해보자. 당신이 사람들에게 상처를 받았다. 당신은 그 상처에 신경을 썼고, 그 상처가 곪았고 매우 아프다는 것을 잊을 정도로 상처 준 사람들에게만 골몰했다. 무슨 일이 일어날까? 상처는 계속 아프고 곪아터질 것이다. 우리에게 상처를 준, 혹은 우리를 학대한 사람들에게만 집중하면 우리 안에 있는 것, 우리를 아프게 하는 것으로부터 점점 멀어진다. 상처는 그렇게 우리를 파괴한다. 그렇다면 상처 준 사람들을 용서해야 하나? 그것으로 충분할까? 용서는 위안을 준다. 나는 상담 치료를 하는 동안 용서가 타인과의 관계에 도움을 준다는 사실을 확인했다. 그러나 우리 자신의 근원적 상처에 도움을 주지는 않는다. 용서는 일종의 진통제이다. 증상을 완화해주기는 하지만 완전히 낫게 해주지는 않는다.

일단 생긴 상처는 그대로 존재한다. 이 사실을 부인하면 자신과 주변 사람들에게 끔찍한 결과가 일어날 것이다. 이 사실을 부인하면 사랑에 고통을 준다. 상처는 그것이 유발하는 고통을 통해 본질에, **상처를 치유하는 것**에, 더 나아가 살고 사랑하는 것에 책임을 지도록 주의를 끌어당긴다.

동물은 상처를 입으면 물러나서 상처를 핥는다. 자기 상처를 돌본다. 우리도 그렇게 해야 한다. 근원적 상처를 돌보아야 한다. 그 상처가 우리를 삶의 본질로 이끌기 때문이다. 그 상처가 우리 몸과 우리 존재의 핵심으로 이끌기 때문이다. 그 상처가 우리의 과거, 우리의 현재, 우리의 미래가 만나는 은혜로운 사랑의 축을 향해 밀어대기 때문이다. '핵심의 핵심의 핵심으로', '중심의 중심의 중심으로' 우리를 밀어대기 때문이다. 상처로의 회귀는 존재의 깊은 곳에 붙잡혀 있는 사랑을 해방시키는 데 매우 중요하다. 상처로 회귀하면 자아 속에 존재하는 사랑이, **신성한** 차원에 존재하는 진심이 펼쳐질 것이다. 이러한 회귀는 닫힌 마음을 열린 마음으로 변모시킨다. 성스러운 차원 속의 진심은 내면의 어린아이에게서 생겨난 에너지이다. 어린아이의 시선과 움직임에서 나오는, 육체가 함께 전율하는 상냥함이다. 상처받기 쉬운 부분이 우리를 심오함으로 이끈다.

:: 나는 상처로부터의 자기 방어에 대해 생각하면서 상처가 다시 나타날 때까지 폴과 계속 감정을 나누었다. 폴은 안심시켜주는 사랑

을 갖고 있었고, 나에게 그 사랑을 주었다. 얼마나 놀라웠는지! 크사비에와의 관계에서 내 사랑의 인격이 좌절을 겪은 직후의 일이었다. "당신은 어떻게 사랑받길 원하죠?" 나는 그 대답을 알고 있었다. "당신은 상대방과 똑같은 방식으로 사랑할 수 있나요?" 아니다, 나는 그럴 수 없었다. 그렇게 그때껏 내가 남자들과의 만남에서 회피했던 상처가 드러났다. 나는 이번에는 회피하지 않기로 결심했고, 용기로 무장했다. 크사비에에게 그랬듯이 폴에게 마음을 닫을 수도 있었다. 그러나 나는 사랑하는 남자에게 버림받을 것을 각오하고 마음을 열었다. 내 사랑의 경험 속에서 매우 중요한 단계였다. 사랑받을 때 사랑하기란 쉬운 일이다. 반면 상대방이 자신을 사랑하지 않을 때 사랑하는 것은 문제가 다르다. 이것은 내가 평생 동안 피했던 일이었다. 그래서 나는 다른 여자와 인생의 한순간을 보내고 있는 내 남자친구에게 계속 마음을 열기로 결심했다. 폴이 자신이 필요로 하는 것을 탐험하는 동안, 나는 내 상처를 껴안고 기다렸다. 버림받는다는 상처 말이다. 나는 내 사랑법에, 사랑에 대해 내가 가진 의식에 머리를 숙였다. 그리고 상처받은 내 인격의 유희를 관찰했다. 나에게는 마음을 닫을 온갖 이유가 있었다. 희생자로서 표출하는 분노, 부당하다는 느낌, 소유욕, 질투, 복수심 등등. 그러나 이 모든 것은 내 고통을 증가시키고 나 자신과의 내밀한 관계를 구속할 뿐이었다. 죄인도 없었고, 희생자도 없었고, 용서도 없었다. 사랑 그리고 나 자신과 마주한 내 존재만 있었다. 폴을 그만 사랑할 이유가 없다는 것을 확인하기란 나에게는 매우 어려운 일이었다. 물론 내가 겪는 고통의 관점에서 볼 때는 온갖 이유가 있었다. 하지만 내면에서는 폴이 학대자가 아님을 수긍하고 있었다. 그의 행동은 충분히 납득할 만했다. 그는 자신의 억압된 차원들을 탐험할 필요가 있었다. 그때까지 그는 착한 소년 콤플렉스, 완벽한 남자 콤플렉스에 갇혀 있었다. 게다가 폴은 다른 여자를 사랑했다. 왜 내 쪽에서 그를 붙잡지 못했던가? 그는 자기가 원하는 대로 사랑할 권리가 있었다. 이유는 별로 중요하지 않았다. 내 안에 존재하는 사랑에 나를 열면서 나는 내가 그의 감시자가 아님을 깨달았다. 그의 마음은 그의 것이었고 내 마음은 내 것이었다. 그런데 이 사실을 받아들이기가 매우 힘들었다. 그때까지 나는 어린아이처럼 사랑했다. 나는 내가 사랑하는 남자들에게 이렇게 말했다. "나를 사랑해줘요. 하지만 나를 정면에서 바라보고 내 상처를 고치려 드는 것은 사양해요." 나는 그들에게 말했다. "당신이 내 버림받은 경험을 염려해준다면 나도 당신을 사랑할 거예요."

스스로 치유하는 과정 속에서 나 자신의 순결한 부분과 만났지만, 내 앞에 있는 남자를 사랑하지 않을 이유들이, 빠져나갈 구멍을 마련할 이유들이, 진짜로 사랑에 뛰어들지 않을 이유들이 아직 내게 남아 있었다. 폴은 내가 크사비에와 만날 때 대면하기를 원치 않았던 것, 즉 버림받지 않을까 하는 두려움을 감당하도록 나를 도와주었다. 폴 덕분에 나는 진짜로 사랑에 뛰어들 수 있었고, 마침내 사랑에 뛰어들었다. 치유와 해방으로 나아가기 위해 사랑이 내 안에 그 신비한 힘을 발휘하도록 허락하면서.

사랑의
충동

내 주변 사람들, 즉 배우는 과정에 있는 학생들, 자기 인생의 남자 혹은 여자를 찾기를 바라며 인터넷을 뒤지는 친구들을 볼 때, 세미나 참석자들이나 강연회 청중과 대화를 나눌 때, 조카들의 이야기를 들을 때, 그리고 여성 잡지를 읽을 때, 나는 사랑의 조건화가 그렇듯 사랑의 추구 역시 측량할 수 없을 만큼 무한하다는 것을 느낀다. 진료실에서 암에 걸린 환자들이 남편이나 아내와의 갈등을 이야기할 때, 혹은 친구들이 사랑의 쓴맛에 대해 이야기할 때, 나는 우리가 사는 지구 전체가 심각한 사랑병을 앓고 있음을 깨닫는다. 대부분의 사람들이 자기 안에서 자신이 마음대로 사용할 수 있는 그러나 그들의 눈에 보이지 않는 에너지를 찾는다. 반면 타인에 대한 사랑은 매우 고통스럽고 도달하기 불가능한 어떤 것으로 여긴다. 나는 이런 관점이 모순이라고 생각한다. 우리는 타인을 사랑하는 것을 목숨이라도 걸어야 하는 일로 여기는 것이다. 무엇이 사랑을 그토록 무서운 것으로 만드는 걸까? 사랑의 무한한 측면 때문일까? 사랑의 선도적 능력 때문일까? 아니면 아까 내 경험에서 이야기했듯이 사랑이 자신의 상처와 대면하는 두려움을 유발하기 때문일까?

우리는 상처받는 것이 두려워서 사랑하기를 두려워한다. 우리는 배신당하는 것이 두려워서 사랑하기를 두려워한다. 우리는 상처와 대면하는 것이 두려워서 사랑하기를 두려워한다. 사랑하는 것에 대한 두려움은 우리를 우리 바깥에 있게 한다. **우리의 바깥**에는 '만일 ~한다면 나는 너를 사랑할 거야', '나를 사랑해줘. 하지만……' 같은 조건화된 사랑들이 존재한다. 이런 사랑법은 사랑의 충동에 대한 검열을 요구한다. 그런데 사랑하고자 하는 충동은 생명 유지에 필수적이다. 사랑의 충동은 곧 생에 대한 충동이고, 인생을 창조적으로 만드는 충동이다. 사랑의 충동에 자신을 맡기면 우리 자신과 만날 수 있고 우리 자신을 재발견할 수 있다. 참호 안에 머무른다면 우리의 폐쇄성만을 발견할 뿐이다. 이 폐쇄성은 우리 자신의 가치를 떨어뜨리고 우리를 우리 자신으로부터 멀어지게 한다.

사 랑 에   대 한   두 려 움

이제 사랑에 대한 두려움을 이야기하기에 아주 좋은 대목에 이르렀다. 두려움과 공포는 단지 우리가 어머니로부터 물려받는 사랑법에만 영향을 미치는 것은 아니다. 말을 더듬는 것 같은 일상의 버릇에도 영향을 미친다. 내 환자들 중에는 말을 더듬는 버릇을 가진 사람이 여럿 있었다. 그들은 그 버릇을 떨쳐내려고 무척 애를 썼다. 나는 내가 그들을 닮았음을 깨달았다. 나는 유창한 척했다. 그러나 사실은 말을 더듬었다. 나는 버림받을까봐 너무나 두려운 나머지 상대방이 나를 버리기 전에 내가 먼저 상대방을 버렸다. 이것은 버림받는 것을 두려워하는 사람들이 흔히 구사하는 전략이다. 나는 그런 식으로 내 존재의 매우 깊은 곳에서 나를 괴롭히고 내 발전을 방해하는 상처를 피했다. 여러 번의 연애를 경험한 뒤에야 비로소 버림받는 일과 마주할 수 있었다. 나는 얼마나 많은 남자들과 이별했던가? 얼마나 많은 남자들을 버렸던가? 이런 회피 전략은 내 정서적 성숙과 인생의 발전을 지연시켰다. 나중에야 그것을 깨달았다. 나는 진정성 있게 사랑에 임하지 못했다. 생을 온전히 마주하지 못했다. 이상하게도 나는 상대방을 버리면서 나 자신을 버렸다. 나 자신과 숨바꼭질을 했다. 나는 내 감정들에 대해 상대방에게 거짓말을 했고, 특히 나 자신에게 거짓말을 했다. 그 후 나는 내가 크게 잘못했다는 것을 깨달았다. 사랑의 충동을 회피하고, 사랑의 충동에서 나 자신을 방어하고, 진정한 사랑으로 나를 이끌어줄 수도 있었던 경험들을 증발시켜버린 것이다. 그러다가 마침내 사랑을 만났다. 용감해서 그럴 수 있었던 것은 아니다. 나에게는 선택의 여지가 없었다. 사랑하거나 아니면 다시 병을 앓거나, 양단간에 결정을 내려야 했다.

방어물에서 벗어나 사랑하기

우리가 사랑에 두려움을 느끼는 것은 우리 자신에 대해 아는 것이 두려워서이다. 사랑이 우리를 진정한 삶에 입문시키는 과정에서 우리 자신의 모습과 맞닥뜨리기 때문이다. 2부에서 이야기한 몬트리올의 작가는 사랑 속에서 자기 자신을 잃는 것을 두려워했기 때문에 사랑을 두려워했다. 내 친구 안나는 다시 상처받는 것이 두려워서 사랑을 두려워했다. 많은 사람이 사랑을 하면 약해지고, 자기를 방어해야 하고, 자신의 콤플렉스를 일깨워야 하고, 자신만의 참호로 돌아가야 한다고 생각한다. 그래서 사랑을 두려워하는 것이다. 우리는 앞에서 설명한 모든 형태의 사랑을 경험할 수 있다. 그러나 좀 더 나아가도록 하자.

사랑은 우리 자신의 깊은 내면과 만나게 해준다. 사랑은 우리로 하여금 우리 자신을 의식하게 해준다. 사랑은 우리가 자신의 피상성과 이별하고 내면에 잠기도록 해준다. 물론 사랑은 두려움을 유발할 수 있다. 우리가 상처를 대면하도록, 그리고 그 상처에서 벗어나도록, 치유되도록 몰아대기 때문이다. 나는 이 미묘한 과정을 내 환자들과 함께했다. 사랑이 그들에게 용기를 주었고, 그들이 자신의 상처를 마주하고 치유되도록 이끌었다. 내 환자들이 사랑에 자신을 맡길 수 있었던 것은 죽음에 맞닥뜨렸기 때문이었다. 하지만 사랑을 발견하기 위해 죽음의 순간을 기다릴 필요가 있을까? 사랑에 우리를 맡기기 위해 '더 이상 잃을 것이 없는' 순간까지 기다릴 필요가 있을까? 정 그래야 한다면 죽음을 각오하고 사랑을 선택해야 할 것이다!

　죽음을 각오하고 사랑하면, 사랑을 발견하기 위해 죽음을 선택하면, 전혀 새로운 차원의 삶으로 다시 탄생할 수 있다. 이 세상에 태어나 인격이 형성되는 동안 우리는 다양한 형태의 사랑을 경험한다. 그 결과, 우리 중 대부분이 자신으로부터 멀어지고 자신의 깊은 본성과 결별한다. 내가『계기, 파괴적 고통을 승리의 고통으로 변모시키기』에서 설명한 바와 같이, 이런 과정이 개별화의 길을 구성한다. 성격장애적 사랑을 하는 가족에게서 물려받은 최초의 사랑법부터 시작하여 온갖 형태의 사랑들이 개별화의 길을 구성한다. 그러나 여기에 머무르지 말자. 참호의 위장물 뒤에, 방어물 뒤에 머무르지 말자. 그래야 진정한 사랑을 향해 발전할 수 있다. 물론 진정한 사랑으로 향하는 길은 두려움을 불러일으킬 것이다. 사랑의 진실이 우리 내면에서 모순된 힘들을 서로 만나게 하기 때문이다. 우리의 힘과 연약함을 서로 만나게 하기 때문이다.

사 랑 은　연 약 함　속 에 서　싹 튼 다

사랑은 우리에게 진정한 삶을 가르쳐주고, 우리로 하여금 우리의 연약한 부분과 마주하게 한다. 조건화와 근원적 상처를 통해 습득한 왜곡된 사랑들과 이별하고 진정한 사랑을 하려 할 때, 우리는 자신이 불안정해지는 것을 느끼기도 하고 사랑의 충동 앞에서 벌거벗은 느낌을

받기도 한다. 사랑은 그렇게 우리를 다시 탄생시킨다. 질병이나 죽음
도 사랑과 비슷한 작용을 한다. 사랑이 우리를 죽음의 느낌에 접근시
킨다는 점에서 말이다.

　진정한 사랑을 향해 가다 보면 그 전까지는 한사코 회피했던, 마치
어린아이 같은 순진무구함과 연약함을 경험하게 된다. 이런 연약함은
우리에게 이롭다. 이런 연약함이 우리를 존재의 가장 깊은 충동으로
이끌고, 우리의 방어물을 깨뜨리고 없애버린다. 우리로 하여금 우리
영혼의 핵심적인 특성들, 그중에서도 선의, 친절함, 상냥함, 초연함,
너그러움, 수용, 존경, 자유로움과 함께하게 한다. 사랑은 우리로 하
여금 안정감을 경험하게 한다. 사랑 말고 다른 것은 아무것도 존재하
지 않는다. 신기하게도 연약함은 우리에게 깊은 안정감을 준다. 이 안
정감은 우리의 예상을 훨씬 뛰어넘는다. 사랑의 연약함은 의심, 두려
움, 착각 등 우리를 진정성에서 멀어지게 하는 모든 것을 없애준다.
순수한 충동, 순진무구하고 낙천적인 어린아이의 자발적 충동을 억제
하는 모든 것을 사라지게 한다. 연약함 속에서 힘이 솟아오른다. 지배
하는 힘, 냉혹하고 차가운 힘, 통제하는 힘이 아니라, 고요하고 연약
하면서도 강력한 힘이다.

　나는 치유에 다가가는 환자들에게서 내가 **계기 효과**(effet déclic)라
고 이름 붙인 현상을 많이 보았다. 이 기적적인 현상은 사랑이 가진
고요하면서도 연약한 힘을 통해서만 설명할 수 있다. 진정한 사랑의
힘에 접하는 순간, 병에 걸려서, 이해받지 못해서, 사랑받지 못해서
고통받던 개인들은 치유 에너지와 사랑에 감싸인다. 계기는 앞에서

설명했듯이 내적 태도의 변화이다. 수년 동안 취해온 태도, 즉 삶과 사랑에 대한 자기 방어의 태도 대신 변화를 일으키는 고요한 충동이 솟아오른다. 분리가 있던 곳에 결합이, 통합이 자리한다. 세상에 대한 새로운 시각이 나타난다. 그 자신의 현존이 드러난다. 이것이 바로 진정한 사랑이 가진 고요하고 연약한 힘이다. 앞에서 말한 폴린은 칼에 찔린 여자를 품에 안았을 때 이런 현상을 경험했다.* 그 순간부터 그녀가 수년 동안 경험한 성격장애적 사랑이 진정한 사랑으로 변모했다. 미워하는 마음이 갑자기 사라져버렸다. 그녀는 나에게 말했다. "온기가 가슴 가득 차올랐고, 왜 지금껏 사람들을 미워하며 살았을까 자문했죠." 폴린은 '계기'를 경험한 것이다. 대체 무엇이 폴린으로 하여금 그녀 안에 살고 있는 사랑의 힘에 접근하게 한 걸까? 무엇이 그녀로 하여금 진정한 사랑의 연약함에 마음의 문을 열게 한 걸까? 무엇이 자크로 하여금 아들의 죽음과 그로 인한 우울증 이후로 진정한 사랑에 다가가는 계기를 경험하게 한 걸까? 진정한 사랑을 경험하기 위해서는 왜 이런 중대한 사건들이 필요할까? 방어적 인격과 이별하고 **가장 훌륭한 자아**(le meilleur de soi)로 접근하도록 허락하는 사랑 말이다. 왜 우리는 사랑이 우리 자신과 대면하게 만드는 것을 두려워할까?

우리와 사랑 사이에는 무엇이 있을까? 가면들, 두려움, 상처, 집착, 착각, 구원받고자 하는 욕망, 충족되지 않은 욕구. 그리고 또 무엇이

---

* 208~220페이지를 볼 것.

있을까? 거기에는 불안, 자기도취, 상처받은 내면의 어린아이, 고통 받는 것에 대한 두려움 등이 있다. 용기를 내 더 깊이 들어가보자. 우리와 사랑 사이에는 이 모든 것을 뛰어넘는 신비가 존재한다.

내면
에너지

우리를 고무하는 2가지 내면의 에너지가 있다. 이 에너지들은 서로 모순되어 보일 수도 있다. 하지만 이 에너지들은 우리 자아에, 우리 내면에 있는 심오한 존재에 똑같은 작용을 한다. 우리가 강함 속에서 연약함을 발견하고, 연약함 속에서 강함을 발견하는 것처럼 말이다. 이 에너지들은 언뜻 볼 때는 모순되어 보일지 몰라도 공존할 수 있으며 상호 보완적이기까지 하다. 우리 존재의 조화로움이 이 2개의 에너지에 달려 있다. 하늘과 땅, 해와 달이 존재하듯 우리의 육체에도 오른쪽과 왼쪽, 우월한 부분과 열등한 부분이 있다. 우리의 육체는 대립되는 짝에서 동시에 기능한다. 우뇌에 연결되는 부교감신경은 감수성과 청각을 관장하며(음기), 좌뇌에 연결되는 교감신경은 논리력과 계산 기능 등 좀 더 합리적인 측면을 관장한다(양기). 정신신체의학에서는 부교감신경을 여성적 가치에 연결시키고, 교감신경을 남성적 가치에 연결시킨다.

대립적인 힘들의 결합

카를 G. 융은 우리 인간이 불가분의 존재로 태어난다고 말했다.* 융의 말에 따르면, 우리는 어머니와 결합되어 있다가 탄생이라는 경험을 통해 어머니와의 최초의 분리를 경험한다. 그 순간 이후 우리는 늘 타인과의 결합 관계를 다시 수립하려고 애쓴다. 이렇듯 우리는 삶의 초반기부터 타인과의 일체성을, 태아기에 어머니와 경험한 일체성을 다시 경험하려고 노력한다.

어머니와의 양자관계에서 분리될 때처럼 분리가 잘 이루어지면 평온한 성격을 띤다. 분리의 경험은 유년기, 청소년기, 그리고 성인기 초반의 인격 형성에 큰 영향을 끼친다. 이 과정은 우리의 의사와 상관없이 일어난다. 또한 분리는 우리 자신의 깊은 본성과의 결별을 초래할 수 있다. 우리는 분리의 경험에 따른 영향을 받고 자라면서 '본래의 나와 다른 나'를, 왜곡된 형태의 사랑 속에서 형성되는 거짓 인격을 갖게 되기 때문이다.** 우리가 나이를 먹을수록 개별화의 욕구를, 자아의 재통합의 욕구를 느끼는 것도 바로 이것 때문이다.

* 『자아와 무의식의 변증법』.
** 『계기, 파괴적 고통을 승리의 고통으로 변모시키기』.

우리 외부의 사건들은 내면적(정신적) 삶의 전환점이 되는 사건과 동시에 일어남으로써 개별화와 재통합을 도와준다.*** 꿈과 전조(前兆) 등의 방법을 통해서 말이다. 융은 다음과 같이 결론을 맺었다. "우리는 불가분의 존재로 태어나며, 분리를 거쳐 재통합에 다다른다.****" 나 자신으로서 다시 존재하려는 이런 욕구에는 마치 시계추처럼 리듬이 있다. 우리의 내면은 해와 달, 양과 음, 남성과 여성, 의식과 무의식 등 대립되는 힘들의 결합으로 이루어진다. 이 힘들은 상호 보완적이며, 시계추의 움직임처럼 두 극단 사이를 왔다 갔다 한다. 오직 사랑의 축에서 이 대립적 힘들이 결합된다. 왜냐하면 사랑의 축만이 대립적 힘들의 조화에 기반을 둔 내면적 태도를 발전시켜주기 때문이다.

시 계 추 처 럼   균 형   잡 기

우리는 자신의 깊은 본성에서 멀어질수록 시계추의 한쪽 극단에 치우치는 경향이 있다. 동양 의학은 인체를 음과 양의 조화로 설명하며, 음기나 양기가 지나치게 강해지면 건강에 이상이 온다고 진단한다. 물리치료사나 접골사들도 인체의 중심이 왼쪽이나 오른쪽으로 치우

*** 융은 외적 삶의 의미 있는 사건과 내적(정신적) 삶의 전환이 동시에 일어나는 경우가 많다고 말했다. 『공시성과 파라셀시카』, 파리, 알뱅 미셸 출판사, 1988년.
****『자아와 무의식의 변증법』.

치면 몸에 불균형이 온다고 말한다. 시계추의 한쪽 극단에 지나치게 치우치면 신체뿐 아니라 내면적(정신적) 세계 그리고 타인들과의 관계에도 불균형이 생긴다. 우리의 정신 또한 빛과 그림자, 인격과 영혼, 의식과 무의식 등 대립되는 짝들로 이루어진다. 콤플렉스 역시 대립되는 짝들에 기초한다. 착한 여자-나쁜 여자 콤플렉스가 좋은 예이다. 성스러운 아이-상처받은 아이의 개념 역시 서로 대립적이다.

이렇듯 우리 인간은 대립되는 극성(極性)들로 이루어진다. 이 극성들은 불균형 상태에 놓일 수 있다. 이것이 인간 존재의 신비를 만들어낸다. 구체적 이해를 돕기 위해 죽도를 사용하는 검도를 예로 들어보겠다. 죽도로 적의 몸을 치려면 우선 자기 몸을 한 번 쳐야 한다. 죽도가 몸에서 떨어지면 타격을 인정받을 수 없다. 더 자세히 살펴보자. 자기 죽도와 결합된 검도사는 자기의 내면과도 결합되고, 고요한 힘에 고무된다. 검도사가 힘에만 의지한다면 그의 타격은 빗나갈 것이다. 반대로 그가 마음에서 솟아나는 고요한 힘을 이용한다면 타격은 정확할 것이다. 무엇이 검도사의 타격을 정확하게 만들까? 죽도의 움직임을 경험하려는 내면적 충동이다. 사랑에서도 마찬가지다.

판단하려는 성향이 우리를 고무하는 대립적 에너지들을 불안정하게 만든다. 우리가 우리의 연약함을 유감스러운 것으로 판단한다고 가정해보자. 그러면 우리는 연약함과 반대되는 강함이라는 극단에 치우칠 것이다. 그것은 결국 우리 안에 불균형을 만들어낸다. 사실 우리는 강함만큼이나 연약함도 필요로 한다. 우리는 또한 감수성과 행동을, 여성성과 남성성을 필요로 한다. 우리 자신에 대해 판단하는 것은 우리의 충동을 검열하는 것이다. 검도의 예로 돌아가보자. 검도 선생들은 자주 이렇게 말한다. "타격에 대해 생각하지 마세요. 타격 자체가 되세요." 우리는 이 말을 사랑에도 적용할 수 있다. 그러면 다음과 같은 명제가 성립할 것이다. "사랑에 대해 생각하지 맙시다. 사랑 자체가 됩시다."

우리가 사랑을 하면서 무엇인가를 판단하면, 좋은 것과 나쁜 것을 평가하고, 계산하고, 비교하면, 내적으로 불균형해질 위험이 있다. 갈 팡질팡하고, 분열되고, 균형을 잃을 위험이 있다. 그러면 사랑에서 벗어나게 된다.

여 성 성 과   남 성 성

우리의 내면 세계는 정신적 원형들*에 의해 고무된다. 대립되는 짝들, 즉 여성성/남성성, 음기/양기, 달/해가 우리의 내면 세계를 사로잡는다.

앞에서 이미 언급했듯이, 이 힘들은 우리의 신경체계에 기록되어 있다. 해의 힘은 교감신경 속에, 달의 힘은 부교감신경 속에 기록되어

---

* 정신적 원형들은 모든 인간에 공통되는 주요한 이미지들의 중심에 존재하는 핵이다. 융에 따르면 정신적 원형들은 우리가 현실을 상상하는 방법을 조건 짓는다. 정신적 원형들은 전(前)이성적 정신기관들에 비유되며, 우리를 인간으로 만든다. 『영혼과 삶』, 파리, 르 리브르 드 포슈, 1995년.

있다. 이 에너지들이 우리의 내면 세계를 구성하며, 이 에너지들이 추는 춤이 우리의 일상에 양분을 제공한다. 조제트의 경우를 살펴보자.

:: 　조제트는 나를 만나러 와서 이렇게 말했다. "성생활에 의욕이 없어졌어요. 도무지 정신을 차릴 수가 없어요. 아이들 때문에 화가 나고, 남자친구를 위해 아무것도 할 수가 없어요. 집에 있으면 내가 마치 유령처럼 느껴져요." 이런 증상은 그녀가 은행에서 경영진으로 승진한 지 1년 뒤에 나타났다. 조제트는 자신이 더 이상 '좋은 엄마'가 아니라는 죄책감을 느꼈다. 그리고 남자친구와의 관계에 위기를 맞았다는 느낌을 받았다. 조제트는 숫자를 계산하고 결과를 예측하는 직장의 남성적 에너지 속에서 시간을 보내며 중요한 결정들을 내려야 했다. 다시 말해 해의 능력을, 양기를, 그녀 안에 존재하는 남성성을 주로 사용했다. 물론 달의 힘에도 도움을 청했다. 혁신적, 창조적으로 일해야 한다고 생각했기 때문이다. 하지만 어쩔 수 없이 불균형이 존재했다. 그녀가 겪은 증상들이 그것을 증명했다. 조제트는 스트레스를 받았다. 남자들로 이루어진 환경에서 끊임없이 경쟁해야 했기 때문이다. 그녀는 자신이 가진 해의 힘에 많은 도움을 구했다. 그 결과 교감신경이 매우 자극되었다. 하루 일과를 마칠 때쯤이면 자신의 몸을 온전히 느끼지 못했다. 그저 머리를, 좌뇌를, 양기를 느낄 뿐이었다. 우뇌에 해당하는 음의 에너지, 휴식, 이완, 상냥함, 관능성은 닫혀 있었다. 조제트의 어깨는 경직되어 있었으며, 호흡을 잘 하지 못했다. 조제트는 자신이 여자가 아닌 것 같은 느낌이 든다고 말

했다. 그녀의 여성적 에너지에 비해 남성적 에너지가 지나치게 발달하고, 여성적 가치에 비해 남성적 가치가 지나치게 우위를 점했던 것이다. 조제트는 우뇌로 돌아가 균형을 되찾을 필요가 있었다. 조제트는 정신신체 운동을 통해 활력과 성적 욕구를 되찾고, 주변 사람들과의 관계도 재수립했다. 그리고 일과는 잠시 거리를 두었다.

실뱅은 조제트와 완전히 반대되는 일을 경험했다.

:: 실뱅은 안마사인데, 비디오 게임과 텔레비전에 대한 의존이 커져서 나를 만나러 왔다. 실뱅은 몬트리올의 어느 스파에서 일주일에 6일을 일했다. 보통 하루에 7명의 손님에게 안마를 해주었다. 스파에서 그는 인정받는 안마사였다. 그는 손님들의 긴장을 풀어주기 위해 손님들이 하는 이야기를 경청하고 수용적으로 행동했다. 그렇게 하루를 보내고 나면, 자신이 누구인지 알 수가 없었다. 실뱅은 말했다. "나는 손님들의 몸속에서, 그들의 긴장 속에서, 그들의 정지된 호흡 속에서 나 자신을 잃어버렸어요. 때로는 자동차를 어디에 주차했는지조차 잊어버려요. 내가 바라는 것은 단 하나뿐이에요. 아무 생각 없이 텔레비전 앞에 누워 있는 거요." 실제로 실뱅은 저녁 시간에 아무 일도 하지 않았다. 아무 생각도 하지 않기 위해, 아무것도 느끼지 않기 위해 텔레비전을 보거나 비디오 게임을 할 뿐이었다. 실뱅에게는 음의 에너지, 여성적 에너지가 과도했고, 남성적 에너지를 위한 자리는 없었다. 나는 그가 균형을 되찾도록 무술을 배워보

라고 권했다. 그가 남성적 측면들을 계발하는 데 도움이 될 것 같아서였다. 그러나 실뱅은 무술을 두려워했다. 상처 입을까봐 두려워했고, 무술 애호가들을 '마초'로 여겼다. 그래서 나는 상대방을 이기는 것이 목적이 아니라 공격 시도를 무(無)로 만드는 것이 목적인, 그리고 내가 느끼기에는 남성적인 동시에 여성적인 무술인 합기도를 그에게 소개했다.

여성성/남성성의 대립은 우리 몸에도 해당된다. 이런 이중성은 또한 우리의 내면 세계를 구성한다. 이 이중성은 문화와 집단 무의식, 그리고 부모의 영향을 받은 매우 생생한 정신적 원형을 보여준다. 오늘날 내가 내 여성적인 부분과 남성적인 부분을 경험하는 방식은 어린아이 때 주변 사람들의 여성적/남성적 에너지와 맺었던 관계에 영향을 받는다. 이를테면 여자인 나는 매우 남성적이었던 어머니와 매우 여성적이었던 아버지 밑에서 자랐다. 아버지는 감수성 예민하고, 다른 사람의 말에 귀를 잘 기울였으며, 상냥했다. 여성적인 남자였던 내 아버지가 나의 남성 관계에 영향을 미쳤다. 그래서 내가 무의식중에 아버지처럼 여성적인 남자를 찾았던 것이다. 그런데 남편의 그런 감수성을 경시하는 남성적인 어머니에게 양육되었기 때문에, 내가 설령 여성적인 남자를 만난다 하더라도 어머니가 아버지에게 그런 것처럼 그 남자를 연약하다고 판단할 수도 있다. 이런 영향들 때문에 나는 스스로 분열되었다고, 내적으로 갈팡질팡한다고 느낀다.

이것은 내 사랑에 어떤 결과를 초래할까? 대답은 간단하다. 만일 내 안에서 싸움이 벌어진다면, 그리고 내가 불균형하다면 사랑의 축을 받아들이기 힘들 것이다. 내가 육체적, 정신적으로 분열되어 있다면 사랑하는 데 어려움을 겪을 것이다. 내가 여자라면, 그런데 남성적 가치에 의해 변화하여 내 여성성을 잊어버릴 지경이 된다면, 나는 어쩔 수 없이 균형을 잃을 것이다. 마찬가지로 내가 남자인데 남성성은 한쪽으로 내팽개쳐둔 채 여성성에만 이끌린다면 역시 균형을 잃을 것이다. 우리가 살고 있는 사회는 획일적인 것에 가치를 부여한다. 많은 남자들이 그들의 여성성을 희생하고 남성성에 높은 가치를 부여하며, 많은 여자들이 그들의 남성성을 희생하고 여성성에 높은 가치를 부여한다. 이런 사람들은 그런 측면에 상처를 받았기 때문에 그렇게 행동한다. 그런데 이런 입장은 극단적이다. 사회적, 문화적, 가정적 속박에서 벗어나기를 원한다면 이런 극단적인 입장에서 해방되어야 한다. 반대로 여성성과 남성성이 개인 속에서 균형을 이룬다면, 그리고 그 개인이 개별화의 길을 간다면, 그의 깊은 내면과 창조적 잠재력 속에서 사랑이 흘러나올 것이다.

진정한 사랑은 내적 에너지들의 조화를 필요로 한다. 그리하여 계기가 만들어지고, 존재의 깊은 충동이 시계추의 움직임처럼 정확하게 표현된다. 우리에게는 여성성과 남성성이 모두 필요하다. 사랑의 경우도 마찬가지다. 우리는 우리 안에 존재하는 사랑에 귀를 기울여야 한다. 또한 이 사랑을 경험하고, 이 사랑이 움직이게 하고, 사랑을 위해 행동에 착수해야 한다. 자아의 깊은 측면들 사이의 조화로부터 시작하여 사랑을 작동시키면 사랑의 충동이 우리를 세상에 다시 탄생시킬 것이다.

이제 사랑을 기다리거나 지나치게 사랑하지 말고, 매일 **사랑이 존재하게** 하자. 우리의 내면이 균형을 이룬다면 그렇게 할 수 있다.

창조적
커플

창조적 커플이 되려면 두 사람 안에 굳건한 사랑의 기초가 마련되어 있어야 한다. 사랑의 기초는 자기 자신과 친밀할 수 있는 능력 그리고 대립되는 내적 측면들 사이의 조화에서 온다. 나는 앞에서 설명한 왜곡된 형태의 사랑들을 경험한 뒤 마침내 창조적 사랑에 도달한 커플을 여럿 보았다. 남자 둘, 여자 둘, 또는 남자 하나와 여자 하나로 구성되는 이 커플들은 조건화된 사랑과 융합 그리고 의존의 욕구를 넘어서서 서로 사랑했다. 이들은 또한 증오와 갈등 속에서 서로 사랑했다. 이들은 왜곡된 형태의 온갖 사랑을 경험한 뒤 마침내 자유롭게, 초연하게 서로 사랑하게 되었다.

상대방을 사랑하고 매일 지속적으로 사랑을 추구하기 위해서는 내면이 균형을 이루어야 한다. 다시 말해 의식과 무의식 사이에 원만한 관계가 형성되어야 한다. 또한 자신이 가진 사랑의 충동에 민감하게 반응하는 만큼 상대방의 사랑의 충동에도 민감하게 반응해야 한다. 또한 행동에 착수해야 한다. 처음 행동에 착수하는 것도 중요하지만, 매일 새롭게 실천하는 것이 중요하다. 창조적인 관계를 이루려면 상대방에게 권력을 행사하지 않으면서 사랑을 경험하는 것이 중요하다. 자신의 욕구만 만족시키려 하지 말고, 마음의 감옥의 철책을 다시 드높이지 말아야 한다. 특히 상대방이 내 입장에서 사랑해주기를 기대해서는 안 된다.

사 랑 의   기 초

사랑의 굳건한 기초는 사랑하고 사랑받는 각 개인의 의식에서 나온다. 사랑하는 의식은 자아의 중심에서 흘러나와 내적으로는 그 자신의 자아로, 외적으로는 상대방에게로 향하는 에너지이다. 이 에너지는 사랑에, 우리를 둘러싼 모든 것에 존재한다. 이 에너지가 우리를 둘러싸면 상대방에게 우리의 욕구들을 투사하지 않고, 손 놓고 앉아 상대방의 사랑을 기다리지도 않는다. 창조적 사랑을 하는 커플에게 이 기초는 반드시 존재하며 사라지지 않는다. 이것은 하나의 현존이며, 이 불꽃은 항상 살아 있다. 창조적 커플을 이루는 두 사람이 모두 이 불꽃에 기름을 공급하는데, 이 불꽃은 창조적 커플에게 안정감을 부여한다. 이것 덕분에 타고난 각자의 품성들이 조롱받지 않고 자유

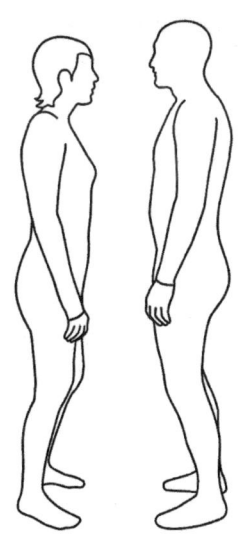

[창조적 사랑을 경험하는 커플의 신체 자세]

롭게 표현된다. 이 품성들은 안정감, 인정, 신뢰, 존경, 호의, 수용, 공
정함이다. 이 품성들은 각자가 가진 근원적 욕구들이 충족될 때, 각자
가 가진 사랑의 상처가 더 이상 상대방에게 투사되지 않을 때 원만하
게 자리를 잡는다. 그리하여 욕구들이 영혼의 특성들로 변모하게 해
준다. 그럼으로써 창조적 사랑이 가능해진다. 이런 커플이 되려면 무
엇이 필요할까? 인간적이고 근본적인 품성들, 사랑의 기초, 구체적
행동이 필요하다.

| '넓은 강'을 건너기 |

창조적 사랑을 하는 커플은 각자의 자아만을 사랑하지 않으며 그 자체로서 작은 우주를 이룬다. 창조적 사랑을 하는 커플은 열린 태도로 타인들에게 사랑을 발산한다. 그들은 '넓은 강'을 건넜다. '넓은 강'을 건넜다는 것은 이 책의 앞부분에서 설명한 다양한 형태의 사랑들을 건넌 것을 뜻한다. 혼자서 건넜을 수도 있고, 둘이서 같이 건넜을 수 있다. 중요한 것은 두 파트너가 넓은 강을 건널 때 각자의 안과 밖에서 사랑을 다르게 경험한다는 것이다. 왜냐하면 사랑을 덫으로서 경험하기 때문이다. 사랑의 상처, 충족되지 못한 욕구들에 대한 불평, 결핍, 상대방에 대한 의존, 강박, 투사, 온갖 형태의 자기 방어가 다시 나타난다. 마음이 다시 닫힐 가능성도 있다. 사실 마음을 닫는 것은 마음을 계속 열고 있는 것보다 훨씬 쉽다. 그러나 창조적 사랑을 하는 커플은 각자를 어린아이로 만들고 상처를 주는 사랑과 진정한 사랑을 구분할 줄 안다.

넓은 강을 건너는 것은 개별화 과정의 일부이다. 우리는 커플 관계로 동행할 수 있지만, 동시에 개별적인 삶을 살아야 한다. 개별화 과정은 한 사람의 자아에만 관련된다. 개별화는 우리 자신의 길을 가겠다는 의지의 표현이다. 또한 우리 안에 있는 사랑과 우리가 상대방에게 가지는 사랑을 변질시키는 사랑의 조건화로부터 해방되겠다는 선언이며 실제적인 행동 개시이다. 선택은 개인의 몫이다. 매일 **상대방에게** 사랑을 경험할 수는 없다. 우선은 **나 자신에 대한** 사랑을 경험해야 한다. 그러면 **상대방과 함께** 사랑을 경험할 수 있을 것이다.

만일 커플 중 한 사람만 이것을 경험하면 그 사람은 위축될 것이다. 커플 관계의 기초는 변화하고, 사랑에 대한 갈망도 전과 같지 않을 것이다. 때로는 강을 건너지 못한 사람이 그것을 경험하도록 일시적 이별이 필요할 때도 있다. 그 사람은 집착이라는 작은 섬에서, 정서적 의존이라는 부두에서, 원한이라는 기슭에서 시간을 보낼 것이다. 각자가 자유롭게, 자신의 리듬으로 이 과정을 경험할 것이다. 강을 건너는 것은 진정한 사랑에 대한 뚜렷한 참여이다. 이 참여는 피상적이지 않으며, 반드시 협정을 필요로 하지도 않는다. 그것은 무엇보다도 자신에 대한 충실함의 결과이며, 자아의 다양한 특성들 사이의 조화의 결과이다.

각자가 자신의 고유한 내적 조화를 경험하지 않는다면 강을 건너는 과정은 수행될 수 없다. 파트너 중 한 사람의 여성적 측면이 고통을 받는다면, 그가 남자든 여자든 상대방에게 어린아이처럼 집착할 것이고, 왜곡된 사랑으로 돌아가려는 위험을 무릅쓰게 될 것이다. 반대로 파트너 중 한 사람의 남성적 측면이 부족해지면, 그 사람은 사랑에 참여하기를 두려워할 것이다. 그 사람은 사랑에 적극적으로 참여하기보다는 '의도적인 모호함'을 선호할 것이다. 여성적/남성적 측면들이 아직 고통스러운 과거에 붙들려 있으면 강을 건너기가 힘들다. 각자가 고유의 내적 조화에 따라 발전하지 못한다면 커플 관계에서 사랑의 창조적 표현을 경험하는 것이 힘들어진다. 어떤 커플들은 한 사람이 상대방을 돕는 것은 물론 상대방이 넓은 강을 건너도록 이끌어주기도 한다. 미셸과 쥘리에트 커플이 좋은 예이다.

:: 미셸은 어머니가 돌아가신 후 우울증을 앓았다. 그래서 쥘리에 트가 5년 동안 마치 짐수레를 끄는 말처럼 커플 관계를 혼자서 이끌 었다. 다행히 미셸은 어려움에서 벗어났다. 한편 쥘리에트는 5년이 라는 시간 동안 자신에 대한 믿음을 다시 발견했다. 전에는 늘 미셸 에게 의지했던 반면, 이제는 자기 자신을 의지하게 되었다. 자아를 조직하고, 창조하고, 실현할 수단들을 발견한 것이다. 미셸과 쥘리 에트 커플은 이 새로운 사랑의 충동에 떠밀려 다시 사랑을 시작했 다. 그리고 더 폭넓은 공유에 기반을 둔 새로운 사랑을 경험했다.

또 다른 예로 장 피에르와 엘리자베스 커플이 있다.

:: 결혼 7년차인 장 피에르에게 어린 시절의 정신적 외상에서 해 방되는 날이 왔다. 그는 문득 자신이 아내에게 마음을 열 수 있음을 깨달았다. 사랑할 준비가 되었다. 사실 엘리자베스는 결혼생활 내내 남편의 소극적인 태도 때문에 고통받았다. 남편 장 피에르는 그녀 곁에 있으면서도 마치 없는 듯한 느낌을 주었다. 그래서 엘리자베스 는 자기 방어 뒤에 몸을 숨기고 기다렸다. 사랑할 준비가 된 장 피에 르는 다시 시작하자고, 둘이서 함께 창조적 계획들을 발전시키자고 엘리자베스에게 제안했다. 엘리자베스는 망설였다. 자신이 다시 시 작할 만큼 남편을 많이 사랑하는지 고민했다. 마침내 엘리자베스는 시도해보기로 결심했다. 두 사람은 새로운 사랑의 충동에 양분을 공 급받았고, 기초에서 다시 출발했다.

사랑하면 사랑의 충동이 해방되고, 사랑을 억제하면 창조적 잠재력이 억압된다.

| 창조적 공허함 |

넓은 강을 건넌 뒤에는 창조적 공허함과 만나게 된다. 두 파트너가 커플 관계 안에서 창조적 공허함을 경험할 수 있도록 이것을 길들이는 것이 중요하다. 공허함은 사랑에 항상 존재하기 때문이다. 사랑은 신비이다. 우리는 그것을 붙잡을 수 없고, 항아리 안에 보존할 수도 없다. 우리의 인격으로는 그것을 받아들이기가 힘들다. 우리의 인격이 왜곡되어 있다면 더욱 그렇다. 우리의 인격은 사랑의 현실에, 사랑의 신비에 자신을 맡기는 것을 힘들어한다. 사랑이 이렇게 쉽게 파악되지 않는다는 것을 감내하는 일 역시 힘들다. 그것은 두려움을 유발할 뿐만 아니라, 우리를 무(無)로 돌려보낸다. 한계가 어디인지, 기준점이 어디인지 알기 위해 우리의 의식적 인격을 제어하고, 알고, 분석하고, 계산할 필요가 있다.* 인격은 우리의 내부 세계와 외부 세계 사이에서 필터 역할을 한다. 이 필터가 위축되면 공허함은 견딜 수 없는 것으로 다가온다. 공허함과 충만함, 분리와 결합으로 이루어지는 사랑을 경험하기 위해서는 내면의 공허를 길들여야 한다. 공허함은 사랑에, 삶에, 죽음과 고독에 내재하며, 사랑의 무한함을 경험하게 해준다.

* 나는 『계기, 파괴적 고통을 승리의 고통으로 변모시키기』에서 의식적 인격의 기능들을 설명한 바 있다. p. 28~29.

넓은 강을 건너는 커플에게 이 공허함은 각자 안에 존재하고 두 사람 사이에 존재한다. 이것은 오르가슴의 순간, 호흡 정지의 순간이다. 모든 것이 너무나 충만해서 침묵, 호흡 정지, 죽음 말고는 아무것도 존재하지 않는다. 이것은 일상 한가운데에서 경험하는 침묵의 순간, 정지의 순간이다. 이때 시간은 존재하지 않는다. 이것은 커플이 3자로서 경험하는 강렬한 공유의 순간이다. 두 사람 그리고 그들 두 사람을 둘러싸고 감싸는 사랑이 이 3자를 이룬다. 서로에게 자신을 맡기는 두 사람의 결합으로 창조된 사랑 말이다. 이 사랑은 물리적으로 만질 수 없고, 시간을 초월한다. 이 사랑은 서로에게 자신을 맡기는 두 사람을 지지해주는 모태이다.

둘 보 다   더   넓 은

이제 내 개인적인 이야기를 하겠다. 바로 내 남편과 나의 관계에 대한 이야기이다.

:: 그날 우리는 강렬한 사랑을 경험했다. 우리는 오르가슴을 향해 함께 나아가고 있었다. 절정을 향해 치닫는 동안 침묵이 우리에게 내려앉았다. 우리의 성기에서 머리까지 에너지가 상승하고, 우리는 매우 빠른 속도로 절정을 향해 올라갔다. 보통 나는 에너지가 머릿속에 차오른 뒤 내 위쪽에서 해방되어 내 몸의 모든 세포 속으로 되

돌아가는 느낌을 받았다. 그런데 그날은 그렇지가 않았다. 에너지가 머리에 계속 머물렀다. 두개골에 심한 경련이 느껴졌다. 그 순간 남편이 외쳤다. "마침내 열쇠를 찾아냈어!" 다음 순간 나는 우리의 에너지가 그의 머리를 통과하는 것을 느꼈다. 그가 성적인 힘의 창조적인 상승을 경험한 것은 그때가 처음이었다. 그에게 그것은 분명한 해방이었다. 잠시 후, 그가 마침내 '천국'의 문을 열 수 있게 되었다고 내게 말했다. 우리는 서로 얼싸안은 채 마음에서 마음으로, 몸에서 몸으로 위대한 공허함을, 침묵을 경험했다. 사랑의 의식이 우리를 감쌌고, 우리는 최고의 희열 속에 있었다. 더 이상 아무것도 존재하지 않았다. 우리는 둘이 아니었다. 둘을 합친 것보다 훨씬 더 폭넓은 에너지였다. 우리는 우리보다 훨씬 더 넓은 어떤 것에 우리를 맡겼다.

커플이 공허함 속에서 서로 만날 때, 상대방의 모든 것을 이해할 수는 없다는 사실을, 모든 것을 알 수는 없다는 사실을 받아들일 때, 호흡과 침묵을 받아들일 때, 그들은 그들 각자보다 더 넓은 공간에, 그들 두 사람의 공간을 합한 것보다 더 넓은 공간에 길을 열게 된다. 나는 이 공간을 **둘보다 더 넓은** 공간이라고 부른다. 1+1=3이라는 공식이 이것을 상징한다. 둘을 합친 것보다 더 넓은 공간은 상대방과의 분리에서 온다. 이 분리는 삶이 순환하도록, 사랑이 각자에게, 그리고 둘 사이에 전율하면서 존재하도록 해준다. 우리가 상대방의 삶, 그의 움직임, 그의 자유, 그의 사랑, 그의 다름, 그의 창조성을 받아들일 때 우리는 그가 개별적 존재임을 받아들이는 것이다. 상대방은 자기만의 개성을 가진 사람으로서 관계 속에 존재한다. 그렇게 온전한 자격을 가진 개인이 된다. 그럼으로써 둘은 각자 상대방에게 창조적이고 호의적인 존재가 된다. 여기에서 호흡이, 이완이 이루어진다. 사랑은 물론 창조성과 본질이 존재하게 된다. 둘 각자는 융합과 분리를, 관계와 자유를, 관계에의 참여와 개별화를 허락하는 모태이다. 그리하여 각자 사랑의 신비를 경험할 수 있다. 창조 속에서 사랑이 꽃필 수 있다. 그리고 커플의 일상은 영감의 원천이 된다.

성 (性)

성적인 힘이 사랑 속에서, 사랑을 의식하면서 경험된다면 생명 유지에 필수적이고 육체 전체에 양분을 공급하는 창조적 힘이 된다. 그러나 이 힘이 성적 충동이나 지배욕을 충족시키려는 한 가지 목표에만 갇혀버리면 마음에도 영혼에도 양분을 공급하지 못한다. 이 힘이 우리의 내적 불균형에 지배받으면 우리가 사랑의 내적 축을 따라가면서 성을 경험하기가 힘들어질 것이다. 우리는 우리의 성을 검열하면서, 부정하면서, 혹은 육체적 욕구를 만족시키기 위해서만 사용하면서 가둬놓을 수도 있다. 그러면 성으로 표현되는 생명의 힘이 초기 단계에서 더 이상 발달하지 못하고 남아 있게 된다. 성행위는 마음이 닫힌 채로 이루어진다. 반대로 정서적 욕구들을 채우겠다는 목적만 가지고 성을 경험하는 경우도 있다.

우리는 모두 성적인 존재들이고, 그것을 인정해야 한다. 성을 경험하면 우리의 몸을 깊이 느낄 수 있고, 우리 자신의 매우 야만적이고 본능적인 측면들과 접촉할 수 있다. 그럼으로써 우리를 자극하는 힘들의 균형을 유지할 수 있다. 우리가 몸 안에서 우리의 생명 에너지를 경험하면 땅에 단단히 뿌리 내릴 수 있다. 그것이 우리의 영감에, 창조적인 생명의 충동에 양분을 제공한다. 그러나 불행하게도 우리는 모든 것을 가두는 경향이 있다. 모든 것을 '상자 안에 넣어버리는' 경향이 있다. 우리 몸의 열등한 부분과 우월한 부분을 결합해주는 상승을 경험하지 않고, 일시적 욕구들을 충족시키는 데 만족하는 경향이 있다.

창조적 커플에게 성은 단순한 마음을 갖고 자발적으로 참여하는 일상의 창조적 탐험이다. 이들의 성은 자유롭고, 두려움과 투사로부터 벗어나 있으며, 매번 새롭고 색다른 교류가 이루어진다. 이들의 성은 단조롭거나 지루하지 않다. 오직 자발적 교류만 있을 뿐이다. 이들은 성의 기쁨을 주기로 혹은 받기로 미리 결정하지 않는다. 이들의 성은 육체 안에 구현된 두 영혼 사이의 만남이다. 이들은 성을 통해 친밀함과 사랑을 공유한다. 성을 통해 자발적으로 친밀함을 탐험하며, 골반, 흉곽, 두개골을 통해 에너지를 경험한다. 두 개의 육체, 두 개의 마음, 두 개의 의식이 서로 결합되고, 1+1=3의 공식처럼 고양된 전율을 창조한다.

이 과정을 경험하기 위해 두 사람은 자신의 정체성을 잠시 잃어버린다. '나'는 '우리'가 된다. 자기만족에 기반을 둔 성에 갇히지 않은 하나의 우리, 두 육체, 두 마음, 두 의식이 분리 속에서 서로 만나는 우리이다. 목표는 오르가슴이나 자기만족이 아니다. 목표는 없다. 오로지 과정이, 창조적 사랑으로 가는 길이 있을 뿐이다. 이것은 자유로운 발전이며 상대방과 결합하도록 허락해준다. 개인성은 거대한 전체 속에서, 창조적인 공허함 속에서 사라진다.

이것이 반드시 의식적으로 이루어지는 것은 아니다. 성에서 사랑의 힘을 탐험하는 것은 무의식적 과정일 수도 있다. 성은 창조적 행위의 다양한 양상들 중 하나일 뿐이다.

사 랑 의   신 비

우리와 사랑 사이에는 무엇이 있을까? 미지가, 신비가 있다. 놀라운 것은 우리가 사랑을 연구할 수도, 이해할 수도 없다는 것이다. 사랑의 왜곡된 형태들을 분석할 수는 있다. 하지만 창조적 사랑을 분석할 수는 없다. 죽음이나 삶을 이해할 수 없는 것과 마찬가지다. 그러나 죽음, 삶, 개별화 과정의 증인이 될 수는 있다. 우리는 사랑의 증인이 될 수 있고, 당사자가 될 수도 있다.

사랑이 신비임을 인정한다면, 분리를 받아들이고 의존으로부터 해방되어야 한다. 하지만 우리는 우리 안에 존재하는 신비를 실험하기 위해 사랑의 신비와 융합할 때가 많다. 나는 내 접근법을 처음 배우는 정신치료사들에게 치유의 열쇠는 정신치료사 안에 있는 것이 아니라 치료받는 사람 안에 있다고 자주 말한다. 고통스러워하는 사람이 해방의 열쇠를 쥐고 있다. 사람 사이의 관계도 마찬가지다. 일단 사랑의 신비에 사로잡히면 모든 것이 가능해진다.

사랑에 우리를 맡기면 사랑은 우리를 지탱해준다. 이것은 우리의 인격을 요구하는데, 우리의 인격은 통제하기를 좋아한다. 사랑이 우리를 지지해주도록 우리가 허락하면, 우리는 상대방을 알고 사랑을 안다는 환상에서 놓여나게 된다. 흔히 우리는 상대방을 안다고, 사랑을 안다고 생각하는데, 이것은 매우 잘못된 생각이다. 이런 생각을 품는 것은 사랑에 달린 날개를 끊어버리는 것이나 마찬가지다. 사랑에 우리를 맡기면 우리는 '사랑이 우리에게 날개를 달아주는' 느낌을 받는다. 실제로 자주 그렇게 말한다. 이것은 사랑이 우리를 고양시키고 사랑의 신비와 접하게 해준다는 간접적인 증거이다. 사랑이 우리를 지탱해주는 것은 사실이다. 사랑이 우리를 의존과 고통의 화려한 감옥에서 꺼내준다는 의미에서 말이다. 때때로 사랑이 우리를 잊은 느낌이 든다 해도 그렇다. 사랑은 일상의 현실을 일깨우는 날카로운 눈길을 통해, 고통과 상실에 의미를 부여하는 날카로운 눈길을 통해 계속 우리를 지탱해준다.

사랑은 상대방을 사랑한다는 점에서 의미가 있을까? 그렇지 않다. 왜냐하면 진정한 사랑 속에서 상대방은 더 이상 존재하지 않고 우리 자신의 일부가 되기 때문이다. 그렇다면 사랑은 자기 자신을 사랑한다는 점에서 의미가 있을까? 그렇지 않다. 사랑 속에서 우리는 더 이상 존재하지 않고 상대방의 일부가 되기 때문이다. 나를 사랑하는 것이 곧 상대방을 사랑하는 것이고, 상대방을 사랑하는 것이 곧 나를 사랑하는 것이다.

원한에서 벗어나기 위한 시각화

시각화 작업을 시작하기 전에 우선 여러분이 누구에게 원한을 느끼는
지부터 알아야 한다. 여러분에게 원한을 불러일으킨 어떤 사건에서
시작할 수도 있다. 시각화 작업의 목표에 다다르기 위해 여러분이 원
한을 느끼는 사람을 **원한의 대상**(objet de ressentiment)이라고 부르도록
하자. 원한의 대상은 시각화 작업을 진행함에 따라 변할 수도 있다.
한 대상과 함께 시각화 작업의 첫발을 내디뎠다가 다른 대상에게로
옮겨갈 수 있다. 예를 들어 처음에는 배우자를 원한의 대상으로 떠올
렸지만, 시각화 작업을 진행함에 따라 어머니나 아버지의 이미지가
저절로 떠오를 수도 있다. 그러면 자연스럽게 대상을 바꾸어 시각화
작업을 계속하라. 이것은 여러분이 어머니나 아버지에게 원한을 느끼
고 있음을, 그러나 그 감정을 억눌렀음을 뜻한다. 배우자는 그 대체물
이었다.

- 필요로 하는 것을 모두 충족받는 자신의 모습을 상상해보라. 충만한 사랑, 가족 안에서 느끼는 기쁨, 일하면서 느끼는 기쁨, 굳건한 재정 상태. 이것은 여러분의 원한의 대상과 관련이 없다.
- 그런 다음 여러분의 원한의 대상이 필요로 하는 것을 모두 충족받는 모습을 상상해보라. 그것에는 여러분의 도움이 개입되지 않는다. 여러분은 여러분 없이 충족된 삶을 사는 그 사람의 모습을 본다.
- 이제 두 모습을 함께 시각화하라. 첫 장면에서 여러분은 여러분이 필요로 하는 것을 모두 충족받는다. 둘째 장면에서는 여러분의 원한의 대상인 그가 필요로 하는 것을 모두 충족받는다. 2~3초 동안 이 두 장면을 나란히 상상하라.
- 끝으로 감사하라. 여러분이 느낀 것을 일기에 기록하고 곰곰이 생각해봐도 좋다.

3주 동안 하루에 한 번씩 이 과정을 반복하라.

이 시각화 작업이 여러분의 감정을 분출시킬 수도 있다. 특히 초반에는 더 그렇다. 그래도 여러분의 육체적·정신적 반응들을 기록하면서 계속해보라. 이 작업이 너무 어렵다면 억지로 밀어붙이지는 마라. 그것은 여러분이 아직 원한에 집착하고 있다는 뜻이다. 며칠 혹은 몇

주 동안 기다려보라. 그런 다음 다시 시작하라.

　오직 사랑만이 여러분의 원한을 치유해주고 여러분이 희생자 입장
에서 벗어나게 해준다는 것을 잊지 마라.

: 감사의 말 :

내 지우(知友), 뤼시 두빌, 크리스틴 앙젤라르 박사, 그리고 이 책을
위해 조사를 해준 장 갈리아르디에게 감사한다. 매일 집필하는 동안
나를 지지해준 영혼의 친구 제롬 앙제에게 감사한다. 친구들인 제이
드, 쉬잔, 루이, 기, 그리고 니콜라에게 감사한다. 이들의 사랑의 경험
이 나에게 많은 영감을 주었다. 내 환자들과 학생들의 용기와 진정성
에 감사한다. 프랑수아즈 제즈의 조언들에 감사한다. 교정을 봐준 마
리즈 바르방스에게 감사한다. 내게 창조적 사랑을 경험하게 해준, 지
금은 고인이 된 남편 로베르 N. 에티에에게도 감사의 말을 전하고 싶
다. 끝으로 이 책을 만드는 동안 함께 작업하며 조언을 아끼지 않은
편집자들에게 감사의 말을 전한다.

'진정한 사랑'을 찾아가는 길

흔히 우리는 사랑을 운명적으로 찾아오는 어떤 것으로 여긴다. '사랑은 교통사고 같은 것'이라고 말하기도 한다. 수십 년 동안 다른 환경과 생각 속에서 자란 두 사람이 만나 하나가 되는 일에는 정말로 '운명'의 힘이 개입되어야 하는지도 모르겠다. 그런 놀라운 일이 일어나려면 마치 '사고'가 나듯 서로에게 급격히 반하는 마술과 같은 화학반응이 일어나야 할 것도 같다. 하지만 어쩌면 우리는 사랑을 둘러싼 깊고 폭 넓은 메커니즘에는 무지한 채 두 사람의 사랑이 시작되는 마술적이고 화학적인 반응에만 지대한 관심을 갖는 것은 아닌지……

이 책은 태아기부터 시작되는 사랑의 메커니즘을 상세히 다루고 있다. 저자는 태아기에 어머니와 아버지로부터 느낀 사랑의 감정이 유년기와 청소년기를 거쳐 성년기의 사랑에까지 큰 영향을 미친다고 말한다. 말하자면 우리는 한 사람의 개인으로서 독자적으로 사랑하는 것이 아니라, 부모와 조부모, 그 위의 조상들로부터 세대를 거쳐 전해 내려온 여러 가지 요소들의 영향을 받아 사랑하는 것이다. 저자는 개인의 사랑에 부정적인 영향을 미치는 이런 요소들을 '근원적 상처'라고 부른다. 방치, 배신, 거부, 모욕, 부인, 학대, 부당함 등의 '근원적 상처'들이 우리가 타인과 맺는 관계의 토대가 된다는 것이다.

세대를 이어 되풀이되는 상처들과 부모나 가족으로부터 받은 투사 등이 어우러져 '사랑하는 인격'이 형성된다. 어머니로부터 충분한 사랑을 받고 밀착 관계를 잘 이룬 뒤, 그 밀착 관계에서 잘 떨어져 나와 아버지 및 타인들과 긍정적인 관계를 맺은 사람들은 성인이 된 뒤 사랑을 할 때도 큰 어려움을 겪지 않고 긍정적이고 창조적인 사랑을 할 수 있다. 하지만 어머니로부터 충분히 사랑받지 못했거나, 어머니와의 밀착 관계에서 제대로 떨어져 나오지 못했거나, 아버지와 원만한 관계를 맺지 못한 사람은 성인이 된 뒤 사랑을 할 때 어려움을 겪는 일이 많다. 아버지와의 관계는 어머니와의 관계 못지않게 중요하다. 아버지와의 관계는 아이가 태어나서 처음으로 낯선 사람과 맺은 관계이기 때문이다. 유년기에 '오이디푸스 콤플렉스'를 어떻게 경험했는지도 영향을 미친다. 우리는 이런 수많은 요소와 여건들의 바탕 위에서 사랑하는 것이다.

저자는 자신이 상담자로서 만난 많은 사람들의 에피소드를 소개하며 사랑의 다양한 측면과 특징들을 설명하고, 진정한 사랑을 방해하는 근원적 상처에서 치유되는 방법을 제시한다. 또한 지나치게 밀착된 사랑인 '융합적 사랑'의 폐해를 이야기한다. '융합'은 두 사람이 사랑을 이루는 데 꼭 필요한 단계이지만, 저자가 말하는 '진정한 사랑'은 '융합'에서 벗어나 서로를 자유롭게 해주는 사랑이다. '융합적 사랑'에만 머무르는 사람들은 '진정한 사랑'과 '창조적 사랑'을 경험하지 못한다. 사랑하는 두 사람의 영혼이 하나가 되는 '융합' 단계 뒤에는 '분리'와 '이유(離乳)' 단계가 뒤따라야 한다. 사랑 문제로 인해 괴로움을 겪는 사람들은 '융합' 이후의 '분리' 단계를 제대로 수행하지 못한 경우가 많다.

저자는 증오와 원한에 사로잡힌 사람들이 하는 상처 주는 사랑, 일명 '성격장애적 사랑'에 대해서도 설명한다. 이런 사랑을 하며 괴로워하는 사람들을 위해 마음의 감옥에서 벗어나 진정한 사랑에 몸을 맡기라고 권한다.

저자가 말하는 '진정한 사랑'、'창조적 사랑'은 새처럼 자유롭고 우주처럼 광대하고 대양처럼 풍부한 사랑으로 보인다. 우리는 누구나 이런 사랑을 꿈꾼다. 그러나 그것에 다다르기 위해서는 자신의 내면을 자세히 들여다보고, 자신과 상대방의 상처를 직시하고, 상처를 인정하고, 상처와 마음의 감옥에서 벗어나기 위해 적극적으로 노력해야 한다. 이 작업은 단기간에 완성되지 않는다. 장시간에 걸친 부단한 노력을 요한다. 그렇게 노력하는 동안 때로는 벽에 부딪칠 것이고, 때로는 넘어지기도 할 것이다. 그러나 저자의 안내에 따라 한 단계 한 단계 실천하다 보면, 넘어지더라도 다시 일어나 걸어가다 보면, 성숙한 사랑에 성큼 다가서 있는 자신을 발견할 수 있을 것이다.

주변을 둘러보면 모두들 비슷비슷한 사랑의 문제들을 갖고 있다. 사랑하는 사람에 대한 집착 때문에 고통스러워하고, 상대방의 마음을 좀 더 열지 못해 고민하고, 다람쥐 쳇바퀴 돌듯 똑같이 계속되는 사랑의 패턴에 답답해하고, 사랑하지만 서로에게 상처만 줘서 힘들어한다. 『사랑 충동』은 이런 고민을 가진 사람들이 옆에 두고 읽으면서 많은 도움과 안내를 받을 수 있는 책이다.

저자의 안내에 따라 자신의 마음을 들여다보고, 상대방의 상처를 이해하고, 마음 아프지만 때로는 서로에게 조금 거리를 두다 보면 어느새 '진정한 사랑' 속에서 삶의 풍부함을 만끽할 수 있지 않을까?

2012년 봄 최정수

사랑 충동

초판 인쇄 2012년 6월 12일
초판 발행 2012년 6월 15일

지은이 마리 리즈 라봉테
옮긴이 최정수
본문 디자인 성인기획
표지 디자인 송디자인
종이 세종페이퍼
인쇄 영신사

펴낸이 최은숙
펴낸곳 옐로스톤
출판 등록 2008년 3월 19일 제396-2008-00030
주소 (121-838) 서울시 마포구 동교동 150-11 백초빌딩 4층
전화 02-323-8851
팩스 031-911-4638
전자우편 dyitte@gmail.com